2022년, 시진핑의 신장정

나남
nanam

나남신서 1856

2022년, 시진핑의 신장정

2016년 5월 25일 발행
2018년 2월 5일 3쇄

지은이 오일만
발행자 趙相浩
발행처 (주) 나남
주소 10881 경기도 파주시 회동길 193
전화 (031) 955-4601(代)
FAX (031) 955-4555
등록 제 1-71호(1979.5.12)
홈페이지 http://www.nanam.net
전자우편 post@nanam.net

ISBN 978-89-300-8856-5
ISBN 978-89-300-8655-4(세트)

책값은 뒤표지에 있습니다.

나남신서 1856

2022년, 시진핑의 신장정

오일만 지음

나남
nanam

2022, The New March of Xi Jinping

by

Oh, Il Man

nanam

머리말

시진핑(習近平) 국가주석이 중국의 역사를 새롭게 만들고 있다. 2012년 11월 집권 이후 3년, 중국에서는 무수한 변화가 일어났고 그 소용돌이의 핵에 시 국가주석이 자리하고 있다. 시진핑의 5세대 지도부 출범 전후로 내로라하는 전문가들의 예측은 보기 좋게 빗나갔다.

전임 국가주석인 장쩌민(江澤民)-후진타오(胡錦濤) 세력 간에 타협의 산물로 등장한 시 국가주석은 예상과 달리 빠른 속도로 1인 독주 체제를 갖췄다. 모두가 예상했던 시진핑 국가주석-리커창(李克强) 총리의 쌍두마차 체제는 무너졌고, 강력한 반 부패 투쟁을 통해 당(黨)·정(政)·군(軍) 권력을 한 손에 거머쥐었다.

집단지도체제 아래서 무난히 순항할 것으로 예상했던 태자당(太子黨, 당·정·군·재계 고위층 인사들의 자녀)-상하이방(上海幇, 상하이 관료 출신)-공청단(共青團, 공산주의청년단) 간의 3각 구도는 깨졌고, 각 파벌의 핵심 권력들 다수가 차디찬 감방으로 보내졌다. 아무도 예상하지 못한 반전이 일어난 것이다.

평생을 은인자중하며 본색을 드러내지 않았던 그가 전광석화처럼 권력을 집중시킨 과정은 한 편의 드라마와 같다. 2015년 전승절 때, 톈안먼(天安門) 망루에 선 그는 전 세계를 향해 시황제의 등극을 알렸다. 시 국가주석은 강력한 개혁을 추진하기 위해, 기존의 직무를 분산했던 권력구조를 깨고 다양한 영도소조(領導小組)와 위원회를 만들어 스스로 조장을 겸직하면서 당·정·군을 휘어잡으며 중국 최고 지도자의 면모를 보이고 있다. 덩샤오핑(鄧小平) 이후 유일한 사례다.

이 책은 시진핑 집권 3년의 행로를 추적하면서 2022년 그의 임기까지 중국이 어떤 궤도로 움직일 것인지를 분석한다. 그리고 마오쩌둥 이후 최대의 권력 투쟁이라고 불렸던 보시라이-저우융캉의 권력탈취 음모의 배경을 통해 중국의 권력구도 변화를 살핀다.

또한 골수에 박힌 공산당원으로서의 시진핑의 정치철학과 혹독한 시련 속에서 단련된 그의 내면세계를 알아본다. 시진핑이 꿈꾸는 중국의 미래를 살피면서 새롭게 형성된 시진핑 측근들의 전면적인 등장도 눈여겨볼 대목이다. 그 측근들은 대부분 조직의 장이 아니라 '부부장' 또는 '부주임' 등 2인자의 타이틀을 가지고 실제 조직과 인사를 장악한다는 특징이 있다. 천시(陳希) 중앙조직부 부부장을 비롯해 황쿤밍(黃坤明) 당 중앙선전부 부부장, 허이팅(何毅亭) 중앙당교 부교장이 대표적이다.

자신의 막강한 권한을 권력의 무한 확대와 경쟁자 제거에 사용할 것인지, 아니면 개혁개방의 설계사 덩샤오핑이 했던 것처럼 중국 정치의 제도화를 위해 사용할 것인지는 전적으로 시진핑의 몫이다. 중국 수립

후 태어났지만 중국공산당의 혁명을 위해 일생을 바친 부친의 은혜를 입은 시진핑이 중국공산당의 미래를 위해 어떤 선택을 할 것인지 궁금하다.

현재 '중국 붕괴론'과 '중국 대세론'이 거세게 교차하고 있다. 단편적인 중국 관련 정보가 쏟아지면서 중국의 실상이 상당 부분 왜곡된 것도 사실이다. 이를 고려하여 한층 충격적인 소재를 찾는 황색언론들의 무분별한 보도로 혼란스러울 독자들에게 더욱 객관적인 정보를 제공하기 위해 노력했다.

리영희 선생은 《우상과 이성》에서 "밝은 것이면 밝은 대로 어두운 것이면 어두운 대로 진실을 진실로 보고 판단할 줄 모르는 국민은 세계에서 뒤떨어지게 마련이다"라고 갈파했다. 마찬가지로 왜곡되고 단선적인 시각에서 중국을 분석하기보다는 객관적인 자료를 토대로 가감 없이 진실을 보려는 자세가 필요하다. 이 책은 거대하고 복잡하게 돌아가는 중국의 실상을 제대로 이해하기 위해 균형 잡힌 시각을 토대로 집필되었다. 시진핑 체제가 집권할 2022년까지 중국 정치·경제시스템의 작동원리를 분석하고 이를 토대로 중국의 세계 패권 전략이 어떻게 수립되고 현실에 적용되는지를 살펴볼 것이다.

중국의 권력구도는 혼돈 그 자체다. 덩샤오핑은 3세대 지도자인 장쩌민에 이어 4세대 지도자로 후진타오까지 지명한 뒤 사망했다. 덩샤오핑의 권위에 눌린 장쩌민이 울며 겨자 먹기로 후진타오에게 권력을 넘겨줬지만 그 이후의 권력구도는 사실상 백지상태였다. 보시라이와 저우융캉 등 신 4인방이 대권을 넘보는 쿠데타 모의를 진행할 정도로 권력 투쟁이 심각했다. 2017년에 열리는 제 19차 전국대표대회에서 중국의 권력구도가 어떻게 변화할 것인지를 분석하면서 중국의 3대 파벌인 태자당과 상하이방, 공청단의 앞날 또한 살펴볼 것이다.

경제성장률이 6%대로 떨어진 신 창타이 시대를 맞아 세계 패권 전략으로서 5세대 지도부의 책략과 대담한 발상의 전환도 흥미롭다. 봉건주의의 상징인 공자(孔子)를 앞세워 소프트 파워 대국으로 발돋움하려는 계획에는 모략의 대가다운 심모원려(深謀遠慮)가 담겨 있다.

중국은 사회주의 시장경제체제라는 거대한 실험을 40년 이상 전개하고 있는 국가이다. 신중국 설립(1949년)은 물론이고 그 이후 문화대혁명의 실패와 개혁개방의 대전환을 거쳐 2010년 일본을 제치고 G2에 오른 후 오늘날에 이르렀다. 이 책에서는 신중국의 아버지로 불리는 마오쩌둥을 비롯해 덩샤오핑, 장쩌민, 후진타오, 그리고 시진핑까지 5명의 중국 지도자들이 걸어온 길과 그들이 구사한 리더십을 분석하며 중국의 국가통치의 원리를 규명하려 애썼다.

중국의 현실은 복잡하다. 대내적으로는 중국공산당의 부패와 빈부격차, 그리고 고도성장을 멈춘 경제현실에, 대외적으로는 군사굴기에 따른 동아시아 지역의 영토 분쟁 격화 등이 맞물렸고 한반도에도 그 파고가 소용돌이치는 형국이다.

2016년 새해 벽두부터 미국과 중국 간의 세계 패권 경쟁이 가시화됐다. 2016년 1월 6일 북한의 4차 핵실험이 도화선이 됐다. 지난해 남중국해를 중심으로 힘겨루기에 머물렀던 양국의 패권다툼은 2016년 한반도를 중심으로 본격화되는 양상이다. 북한의 4차 핵실험을 신호탄으로 미국은 한·미·일 삼각 군사협력체제를 복원하기 시작했고, 2016년 2월 7일 북한의 장거리 미사일(로켓) 발사는 한반도와 동북아 정세를 근본적으로 변화시켰다.

미국의 고고도미사일방어체계(THADD, 사드)의 한국 내 배치 결정은 한반도를 중심으로 '한 · 미 · 일' 대(對) '북 · 중 · 러'라는 동북아 신(新) 냉전을 초래하는 양날의 칼로 다가온다. 사드 배치는 북한의 고도화된 핵미사일 능력을 억제하는 차원에서 이뤄졌지만, 중국과 러시아는 미국 주도의 미사일방어체제(MD)가 자신들의 국가안보를 근본적으로 위협한다는 판단을 내렸다. 중국은 정교한 레이더망을 갖춘 사드가 자신들의 턱 밑으로 배치되면서 자국의 핵미사일을 무력화시켜 양국 간 군사균형이 급격하게 무너질 것을 우려하고 있다.

사드에 대한 중국의 두려움은 엄청나다. 중국은 '항장무검 의재패공'(項莊舞劍 意在沛公, 항장이 칼춤을 추는 속내는 유방을 죽이는 데 있다), '사마소지심 노인개지'(司馬昭之心 路人皆知, 사마소의 야심은 누구나 다 안다) 등의 고사성어까지 인용할 정도다. 미국을 칼춤을 추면서 유방(중국)의 목을 노린 항장과 위나라 황제를 살해하고 권좌에 오른 사마소에 비유한 것이다. 미국이 북핵을 겨냥하는 척하면서 궁극적으로는 중국을 목표로 사드를 배치했다는 주장이다.

한반도에서 본격화된 미 · 중 간 패권 경쟁과 군사적 대결은 필연적으로 한 · 중 관계에 먹구름을 가져올 수밖에 없는 구도이다. 동중국해와 남중국해에서 시작된 미국과의 군사적 대결은 2049년 중국의 건국 100주년까지 지속될 것이 확실하다. 세계 패권국인 미국의 대중국 포위 전략과 이에 맞선 중국의 대미 포위망 돌파 전략을 살피며 강대국 틈새에 끼인 우리의 생존 전략을 모색하는 것도 의미가 있을 것이다.

애증의 북 · 중 관계 역시 우리의 관심사다. 항일전쟁과 한국전쟁

(중국에서는 항미원조전쟁)을 통해 혈맹으로 성장한 양국이 김일성-김정일-김정은으로 이어지는 3대 세습체제를 거치며 그 관계가 어떻게 변화했는지 살펴보았고, 이를 토대로 시진핑 시대 북·중 관계의 미래를 분석했다. 남북 균형 전략을 펼치는 시진핑 지도부의 전략은 과거 북한의 중·러 등거리 외교와 흡사한 측면도 있지만, 우리는 그들의 복잡한 계산법을 제대로 파악해 적절하게 대처해야 할 것이다.

박근혜 정부에 신 밀월 관계로까지 불렸던 한·중 관계는 북한의 4차 핵실험 이후 급격하게 냉각되고 있다. 비슷한 시기에 집권한 '박근혜-시진핑' 두 권력자가 초기 개인적 유대감을 통해 양국 관계를 진전시킨 것은 사실이지만 한·미 군사동맹과 한·중 전략적 동반자 관계가 미·중 패권 경쟁에서 근본적으로 양립하기는 어려운 구조라는 점을 이해할 필요가 있다. 한반도에 대한 중국의 외교안보 전략을 제대로 숙지하는 동시에 건설적인 한·중 관계 정립이 절실한 시기다.

고대 로마 제국이 내부 원인에 의해 붕괴했듯이, 중국의 현 체제 역시 외부 원인보다는 내부 원인에 의해 붕괴될 가능성이 높다. 중국공산당이 '절대 빈곤에 빠진 민중의 능동적이고 광범위한 지지를 받아 혁명에 성공한 역사적 배경'을 고려할 때, 빈부격차와 공산당의 부정부패는 중국을 심각한 체제 붕괴의 위험으로 내몰 수 있다. 중국이 처한 빈부격차의 실상과 부정부패의 현상에 대해 아는 것도 중국 사회를 이해하는 데 중요한 포인트가 될 것이다.

또한 붕괴된 사회주의 이념을 대신해 중국 인민들을 결집하는 통치수단으로 부활시킨 교묘한 애국심 고취 전략 역시 중국을 이해하는 데 중요한 요소가 될 것이다.

전후 미국이 짜 놓은 국제질서에 편입해 눈부신 경제성장을 이룩한 중국이지만 이에 만족하지 않고 스스로 새로운 국제질서를 창출하려는 움직임도 눈여겨볼 대목이다. 2016년 군사굴기의 해를 선언하며 핵 공격 방어부대인 로켓군과 육군통합사령부인 육군지휘기구 창설, 항공모함 추가 건조를 통한 강력한 해군 건설 등 군사대국을 향한 발걸음도 예사롭지 않다. 더불어 세계 기축통화인 달러화에 대항해 세계 금융패권에 도전장을 던진 중국은 2008년 금융위기 이후 위안화의 국제화에 시동을 걸었다.

시 국가주석이 복잡한 대내외적 상황에서 강력한 권력 추구에 나선 것은 역으로 중국이 직면한 문제가 만만치 않다는 것을 보여 준다. 중국은 급격한 경제성장 속에서 빈부격차와 지역격차, 정치적 자유화 요구 등에 직면해 있다. 그뿐만 아니라 최근 불거진 홍콩의 직접선거 요구와 신장위구르의 독립 투쟁 등 내부적 갈등도 산적한 상황이다. 더욱이 G2로서 미국과 상호 존중하는 '신형 대국 관계' 형성, 동북아의 안정과 평화 유지 등도 그가 리더십을 보이며 풀어야 할 숙제이다.

책을 출간하며 느끼는 아쉬움을 뒤로하고 졸작이나마 이 책이 출판되기까지 수고를 아끼지 않은 나남출판사 여러분과 조상호 회장님께 감사의 말씀을 전한다.

2016년 4월

오 일 만

나남신서 1856

2022년, 시진핑의 신장정

차례

• 머리말 5

1. 시진핑이란 사나이

난득호도의 고수 시진핑 21
그가 걸어온 길 24
시진핑의 차별 전략 27
마오쩌둥과 덩샤오핑의 손자 28
시진핑의 역사적 책무 29
시진핑은 공산당파 32
시진핑의 용인술: 인맥 34
시진핑의 리더십 38
시진핑을 뒷받침하는 후야오방의 제자들 40
축구광 시진핑 42
시진핑의 연봉 44

2. 시황제의 등극, 신 권위주의 시대 열다

권력은 총구에서 나온다 47
시진핑 1인 독주체제, 집단지도체제 허물어지나 49
시진핑의 새로운 통치술: 중앙 영도소조 52
2020년 집권 청사진 54
시진핑의 법치주의: 4개 전면 전략 55

3. 잔혹해진 중국의 권력 투쟁

신 4인방 일망타진하다 57
백계왕 저우융캉 58
후진타오의 심복, 링지화 60
초토화된 신 석유방과 쓰촨방 62
뇌물 백태 63
저승사자, 중앙기율검사위원회 66
권력 투쟁의 본산, 중국공산당 67
시진핑 체제 3년, 핵심 권력 절반 교체 69
반 시진핑 선봉장, 장더장 70
시진핑과 장쩌민 72
장쩌민파의 반격, 홍콩 사태 74
반 시진핑 세력의 거점, 전국인민대표대회 76
권력의 물꼬를 바꿔 놓은 왕리쥔 사건 78
후진타오의 반간계 79
공산당의 '묵계'를 깨뜨린 보시라이 83
불세출의 모략가, 쩡칭훙 88
공산당의 권력 투쟁 방식 93

4. 중국 현대사 - 홍전의 투쟁

중국 역사의 흐름: 홍전의 역사 97

변신의 귀재, 중국공산당 102

비정한 권력 투쟁사 105

신중국을 이끈 5명의 지도자 107

중국공산당의 앞날 109

중화부흥의 집념 112

새로운 권력의 총구, 중앙 영도소조 115

공산당의 독특한 결정시스템 117

중국 정치의 풍향계, 중산층 119

장기집권 프로젝트, 신형도시화 계획 122

5. 중국의 파벌 정치

파벌의 양면성 127

2017년 제19차 전국대표대회 권력 투쟁 131

벼랑 끝에 몰린 공청단 134

신 태자당의 출현: 시진핑의 친위부대 137

태자당의 기원 141

학연으로 똘똘 뭉친 태자당 144

불사조 상하이방 146

장쩌민, 집권 전성기를 맞다 150

시진핑의 바통, 누가 잇나? 153

시진핑 시대의 태자당 핵심, 위정성 154

시진핑의 롤모델 덩샤오핑 157

토사구팽 당한 시중쉰 159

톈안먼 사건으로 좌천된 시진핑 161
덩샤오핑 가문과의 화해 162
흔들리는 2인자 리커창 총리 164

6. 시황제의 세계 패권 전략

바둑을 통해 시진핑 시대를 읽다 167
신의 한수, 일대일로 전략 171
현대판 대장정 173
에너지 안보 전략의 핵심 174
일대일로 한반도와 동북아 연계 전략 176
고속철도 신화 178
물러설 수 없는 경제 전쟁 181
해군 강국에 목숨 거는 시진핑 183
시진핑의 국가방위 전략 187
시진핑의 《손자병법》, '이이제이' 전략 189
미국을 겨눈 칼, 상하이협력기구 193
시황제와 차르 푸틴 손을 잡다 197
팍스 아메리카나에 맞서는 전략적 밀월 198
한당 제국을 꿈꾼다 201
세계 패권의 디딤돌, 과학굴기 203

7. 중국의 신 병기, 소프트 파워

소프트 파워에 승부수 던진 시진핑 207
소프트 파워의 첨병, 중국의 문화산업 210
중국의 영화굴기 212
차이나 머니의 할리우드 공략 215
세계 언론계 장악에 나선 마윈 216
양날의 칼, 중국의 인터넷굴기 219
시진핑 시대의 문자옥: 만리방화벽 222

8. 중국 패권주의 뿌리는 공자

중화주의 메카, 공자학원 227
문화아이콘, 공자 229
21세기 중화부흥의 키워드 232
공자 부활에 승부를 건 시진핑 234
중화민족주의 대해부 236
부활한 민족주의 238

9. 미·중 21세기 군사 대결

투키디데스의 함정 241
중국과 미국의 화약고, 남중국해 242
세계 원유 수송로 난사군도 248
미국의 주적은 중국 250
미·일 군사동맹, 중국을 겨냥하다 253
신중국군 역사 다시 쓰다, 로켓군 창설 256

시진핑의 군 개혁 258
중국의 해외 군사기지 262
숨 막히는 미 · 중 첩보전 267
미 · 중의 사이버 전쟁 270

10. 중국 경제의 청사진, 신 창타이

시진핑 시대: 경제전략 신 창타이 273
시진핑 시대의 고민, 환경오염 279
발목 잡는 국가 부채 281
두 자녀 시대에 도래한 중국 283
팍스 차이나를 꿈꾸는 중국 경제 286
통화전쟁: 위안화, 세계 4위 통화로 289
용호상박(龍虎相搏), 금융전쟁 294
2020년 이후 중국 경제의 자화상 297
바오류 시대, 한국의 대응 299
시진핑의 노림수, 국유기업 개혁 300
중국의 야심 전략, 인터넷+경제 정책 304
경제 대통령 마윈, 양쯔강의 악어 306
무협지에서 창의력을 배운다 309
뇌물은 NO 협력은 OK, 마윈의 반격 310
중국 경제의 새로운 기수, 촹커 313

11. 북한 조련사, 시진핑

애증의 북 · 중 관계 319
시진핑, 북한을 어떻게 인식하고 있나? 323
2인 3각의 북 · 중 관계 326
중국의 대북 사령탑 교체 329
친중파 '장성택' 처형 330
롤러스케이트 타는 북 · 중 경제협력 333
황금가치를 지닌 북한의 지하자원 및 항만 개발 336
막무가내의 북한식 경제협력 337

12. '매의 눈'으로 한반도를 바라보다

시진핑의 한반도 전략 341
한 · 중 수교 23년, 순망치한(脣亡齒寒) 경제 343
한 · 중 관계의 교두보, FTA 345
한 · 중 경제교류 새로운 창구, 후강퉁 348

13. 시진핑 시대의 다크호스

시진핑 시대 인물들 351
소방대장 왕치산, 반부패 투쟁 사령탑으로 352
시진핑의 1급 책사, 왕후닝 355
시진핑의 그림자, 리잔수 359
극빈층 노동자의 초고속 승진의 신화, 왕양 361
6세대 선두주자 ①, 후춘화 364
6세대 선두주자 ②, 쑨정차이 367

6세대 선두주자 ③, 루하오 370
6세대 선두주자 ④, 저우창 374
6세대 선두주자 ⑤, 딩쉐샹 376
총결산, 험난한 시진핑의 신장정 378

• 참고문헌 384

1. 시진핑이란 사나이

난득호도의 고수 시진핑

시진핑을 한마디로 평가하기는 어렵다. 대권을 쥐는 과정에서 마오쩌둥처럼 복잡한 성격도 보였지만 일상생활에서는 덩샤오핑처럼 담백한 면도 있기 때문이다.

그에게 제일 적합한 용어를 찾는다면 아마도 난득호도(難得糊塗)가 아닐까 한다. '총명하기는 어렵고, 총명한 사람이 어리석어 보이기는 더욱 어렵다'는 의미로, 청나라 문인 정판교(鄭板橋)의 말인데 지금도 많은 중국인이 좋아하는 경구다. 덩샤오핑의 유언인 도광양회(韜光養晦)와 그 의미가 일맥상통한다. 난세에 살아남는 처세술을 가르친 말이다. 《손자병법》(孫子兵法)에서 '자신의 의도와 실체를 드러내지 않는 사람이 이긴다'고 했는데 이는 시진핑이란 인물을 두고 한 말처럼 들린다.

그가 대권을 거머쥔 것에는 이런 처세술도 한몫했다. 좀처럼 자신의 속내를 드러내지 않는 것으로 유명한 시진핑은 지방에서 조용히 인맥을 쌓으며 기회를 기다렸다. 중앙정치에서 크게 두각을 드러내지도 않았고 권력을 장악하기 위해 인위적인 노력을 기울인 흔적도 없다. 다만 공청단과 태자당의 치열한 권력 투쟁에서 전형적인 '어부지리'(漁父之利)의 전략을 썼다. 당시 공청단을 이끌던 후진타오 전 주석이 자신의 후계자로 '리커창' 카드를 내밀자 태자당의 리더 장쩌민은 격렬하게 반대했다. 그 과정에서 타협책으로 공청단과 태자당 모두에게 거부감이 없는 시진핑이 최고 권력자로 낙점된 것이다.

시진핑의 철학은 평실(平實), 저조(低調), 겸화(謙和), 대기(大氣)란 네 단어의 좌우명에 압축되어 있다. 소박하고 수수한(평실) 성품을 바탕으로, 재능과 능력을 뽐내지 않는 처세(저조)와 겸허함, 온화함(겸화)을 통해 사람을 끌어들이면서 대범하고 당당(대기)하게 일을 처리했다.

그는 지방 말단 관리로 사회생활을 시작하면서 '청렴하게 큰일을 하겠다'는 포부를 세웠다. 정치를 하는 한 재산 모으기는 포기했다. 일생 동안 별다른 큰 업적을 내지 못할 수도 있겠지만, 최소한 청렴한 관리로 남겠다고 다짐했으며, 승진을 최상의 목표로 삼지 않았다.

그는 "능력이나 네트워크가 뛰어나다고 해서 승진하는 것은 아니다. 천시(天時)와 지리(地利), 인화(人和) 등 조건이 어우러져야 가능하다. 이는 사람이 할 수 있는 일이 아니다. 그래서 승진에 욕심을 두지 않겠다고 마음먹었다"고 말했다.

시진핑은 후덕재물(厚德載物)이라는 말을 좋아한다. 인화단결은 그의 리더십의 특징이다. 지도자로 낙점되는 과정에서 어느 파벌도 그를 거부하지 않았다. 그가 좋아하는 역사적 인물 역시 진시황(秦始皇)이나 한무제(漢武帝), 당태종(唐太宗) 같은 화려한 영웅이 아니라, 후한을 연 유수(劉秀)나 촉나라를 세운 유비(劉備)처럼 인화단결을 중시한 인물들이다.

산전수전 다 겪으며 조용한 처세로 2012년 11월 당 총서기에 등극했지만 이후 그는 승부사로서 진면목을 발휘하기 시작했다. 자신의 발목을 잡았던 상하이방과 태자당을 향해 부패 척결을 앞세워 가차 없이 칼을 뽑아들었다. 아무도 예측하지 못한 반전이었다. 그의 본질적 정치철학은 장쩌민, 후진타오 전 주석들보다 훨씬 보수적이면서 철저하게 마오쩌둥과 덩샤오핑 노선을 견지한다. 그가 집권 직후, 한 포럼에 참석해 "마오쩌둥을 무시하는 것은 공산당의 붕괴를 초래하고 중국을 큰 혼란에 빠뜨릴 수 있다"고 경고한 것도 이러한 맥락이다.

시진핑은 자신의 집권에 반대해 정변을 모의한 것으로 알려진 신 4인방에 창을 겨눴다. 2014년 8월 태자당의 핵심인 보시라이(薄熙來) 전 충칭(重慶)시 서기를 법정에 세워 단죄한 데 이어 장쩌민의 군부 대리인이었던 쉬차이허우(徐才厚) 전 중앙군사위원회 부주석, 상하이방의 핵심인 저우융캉(周永康) 전 중앙정치국 상무위원을 차례로 감옥에 넣었다. 최근에는 공청단의 핵심이자 후진타오 전 주석의 비서실장 격인 링지화(令計劃) 전 통일전선공작부 부장을 부패혐의로 낙마시켰다. 시 국가주석이 사실상 1인체제를 굳힌 것이다. 마오쩌둥보다 더 무서운 책략가가 아닐까 하는 생각이 든다.

그가 걸어온 길

시진핑은 어떤 삶을 살아왔을까. 그의 과거는 시진핑 시대의 미래를 가늠하게 하는 풍향계이다. 5세대 지도부의 핵심인 그가 대권을 장악하는 과정을 보면 흥미진진하다. 한 편의 대하드라마를 보는 것처럼 시련과 역경을 딛고 일어서는 그의 인생 역정은 압권이다. 2022년까지 중국을 이끌게 된 그가 어떻게 중국의 최고 통치자가 되었는지 살펴보자.

시 국가주석은 1953년 6월 공산당 중앙선전부 부장인 시중쉰(習仲勳)과 그의 부인 치신(齊心) 사이에서 태어났다. 아버지 시중쉰은 중국혁명 과정에서 혁혁한 공로를 인정받은 건국 공신이다. 1913년 10월 산시성 푸핑현(富平縣)의 부농 가정에서 태어나 13세 때 혁명에 참가했고, 15세 때 학생운동에 뛰어들었다 체포되어 감옥에서 공산당 당원이 된 인물이다. 그는 1950년 시베이(西北) 최고 사령관이던 펑더화이(彭德懷)가 한국전쟁에 참전하자 시베이 5개 성의 당·정·군의 권력을 장악하여 시베이왕(西北王)으로 불렸다. 시중쉰은 다른 공산당 간부와 달리 검소한 생활로 유명했다. 자녀들의 옷을 여러 번 기워 입히거나 형제자매들의 옷을 물려 입게 하는 등 근검절약하는 가풍을 지켰다.

시진핑은 유년기부터 고난의 길에 들어섰다. 그가 9세이던 1962년 가을에 일어난 류즈단(劉志丹) 사건은 그의 삶을 송두리째 바꿔 놓았다. 중화인민공화국 건국 100대 영웅 중 한 사람으로 추앙되는 류즈단은 '산간 혁명의 근거지'인 시베이 홍군 및 시베이 혁명근거지의 창건자다. 그는 1936년 4월, 33세의 젊은 나이에 혁명전투 중 전사했다.

문제는 이런 류즈단의 생애를 묘사한 소설이 공교롭게도 '산간이 중앙홍군을 구했다'는 마오쩌둥(毛澤東)의 가장 아픈 부분을 건드렸다. 류즈단과 함께 혁명을 했던 시중쉰은 권력 투쟁의 소용돌이에 휘말렸고, 소설 출판을 승인했다는 죄목으로 하루아침에 반 혁명분자로 몰렸다. 부총리직에서 해임된 것은 물론이고 무려 16년간 구금과 감호생활을 해야 했다.

부친이 갑자기 숙청된 뒤 1966년 문화대혁명까지 터지면서 시진핑은 고위간부 자녀들이 다니는 학교에서까지 쫓겨나 농촌으로 하방(下放)됐다. 농민의 몸에 득실거리는 이가 옮겨올까 봐 그들이 가까이 오는 것조차 두려워했던 시진핑은 처음엔 농촌생활을 견디지 못하고 3개월 만에 베이징(北京)으로 몰래 돌아갔다가 적발돼 구금될 정도로 변화된 생활에 적응하지 못했다.

하지만 다시 농촌으로 돌아와 벼룩, 음식, (농촌)생활, 노동, 사상 등 5대 관문을 통과하면서 농민들과 친숙해졌고 나중엔 하방된 량자허(梁家河) 산촌마을의 서기로까지 승진했다. 7년간의 하방생활을 통해 민중의 삶을 철저히 체득할 수 있었던 그는 "칼은 돌 위에서 갈고, 사람은 어려움 속에서 단련된다. 나의 성장 진보는 산베이(陝北)에서 시작됐다"고 회고했다. 이런 경험 때문인지 그에게는 다른 태자당 소속 고위관리들에게서 풍기는 오만함이나 자만심은 보이지 않고 서민적 정서가 느껴진다. 그가 다른 태자당과 비교되는 것을 싫어하는 것도 이 때문이다.

1978년엔 실각했던 부친이 65세 나이로 정계에 복귀하면서 시진핑에게도 행운이 따랐다. 시중쉰은 경제특구의 구상을 처음으로 제시한 인물이다. 광둥성 서기로 재직하던 1979년 초 특구 설치의 필요성을 덩샤오핑에게 강력히 제기했다. 덩샤오핑은 이를 받아들여 선전, 주하이 등 4곳에 특구를 설치했다. 덩샤오핑의 개혁개방이 성공을 거두게 된 것은 시중쉰이 처음으로 제안한 특구가 광둥성에서 성공한 덕분이었다. 이 때문에 시중쉰은 중국에서 '개혁의 선구자'로 추앙받는다.

시진핑도 아버지 후광을 업고 활동했다. 1979년 명문 칭화(清華) 대학 공정화학과를 졸업한 뒤 국무원 판공청에서 경뱌오(耿彪) 부총리의 비서로 배치됐다. 경뱌오는 당시 중국공산당 중앙정치국 상무위원이자 국무원 부총리로 중앙군사위원회 비서장까지 겸하고 있었다. 부친 덕분에 얻은 행운이었다. 하지만 1982년 3월, 시진핑은 장래가 보장된 막강한 권력 자리에서 사직하고, 허베이성(河北省) 정딩현(正定縣)의 부서기로 지방정부 공무원의 길을 택했다. 시 국가주석은 당시 "중앙에서의 한가하고 편안한 생활이 오히려 나를 초조하고 불안하게 만들었다"고 회고했다. 이 선택은 시진핑의 장래 운명을 바꾼 결정적 사건이 되었다.

허베이성 정딩현 부서기로 3년간 재직한 뒤 32세엔 샤먼(廈門) 시 부시장이 되었다. 부친의 건의로 설치된 경제특구 중 하나인 샤먼시에 특별 배치된 것이다. 이어 연해 지역의 푸젠성장과 저장성장을 잇달아 역임했다. 1997년 15대 전국대표대회에서는 보시라이를 포함한 5세대 태자당 인사들이 중앙위원회 중앙위원과 후보위원 선거에서 대거 탈락했지만 시진핑은 덩샤오핑의 장남 덩푸팡(鄧樸方)과 함께 중앙위원회 진입에 성공했다.

시진핑의 차별 전략

대부분의 고위관리는 자신의 임기 내에 정치적 업적으로 삼을 만한 성과를 거두려고 한다. 또 전임자와의 차별을 위해 가능한 한 전임자의 성과를 깎아내리고 새로운 노선과 정책을 펼치려고 한다. 하지만 시진핑은 정반대였다. 가능한 한 전임자의 정책 노선이나 추진 과제를 폐기하지 않았다. 그리고 새로운 일을 추진하더라도 반드시 자신의 임기 내에 성과를 내겠다는 과욕을 부리지도 않았다. 정치적 업적이 잘 드러나지 않는 것도 이런 업무 자세와 연관이 있다.

중국에는 '관리가 새로 부임하면 세 가지 새로운 일을 벌인다'(新官上任三把火)는 말이 있다. 새로 부임한 관리가 서둘러 정치적 공적을 쌓으려다 큰 실수를 하게 된다는 경계의 말이기도 하다.

시진핑은 이런 일을 하지 않았을 뿐 아니라 되레 거꾸로 했다. 푸젠의 대리성장으로 임명됐을 때 그는 업무의 연속성과 인화, 두 가지를 강조했다. 그는 전임 성장이 다져 놓은 기초 위에서 일할 것임을 명확히 하며, "업무란 릴레이와 같은 것으로 바통을 잘 이어받아서 잘 들고 달려야 한다"고 언급했다. 더불어 지도부 간 불화를 경계해 "지도자는 정무에 종사하면서 사람과 사람의 관계를 처리하는 데 정력의 70%를 써야 한다"고 강조했다.

시진핑은 정치적 업적은 걸출하지 않았지만 어디에서든 지도부 내에서 내홍(內訌)이 일어나지 않도록 노력했다. 정딩, 샤먼, 닝더, 푸저우 등 그 어느 곳에서도 그와 함께 근무를 하면서 갈등을 빚은 사람은 없었다.

마오쩌둥과 덩샤오핑의 손자

시진핑의 정신세계를 들여다보자. 그는 철저한 공산주의자라는 점을 잊어선 안 된다. 그는 중국공산당에 대한 무한한 자부심과 애정을 숨기지 않는다. 이런 측면에서 마오쩌둥이나 덩샤오핑의 정신세계와 닮은 점이 많다. 중화권 매체들은 "시 국가주석의 정신세계를 보면 그는 시중쉰의 아들이 아니라 마오의 손자인 것 같다"는 이야기를 전한다.

중화부흥을 주창하는 민족주의 사관(史觀)도 마오쩌둥과 비슷하다. 서구식 다당제와 자유·보통·비밀·평등 선거 등 이른바 서구식 정치개혁에 대해 결연하게 반대한다. 시 국가주석의 집권 직후 각 대학에 일곱 가지 금지조치가 내려졌다. 이 조치에는 대학 내에서 보편적 세계가치, 언론의 자유, 시민 사회, 인권, 공산당의 역사적 오류, 권력 및 부유층, 사법 독립 등에 대해 토론하지 말라는 내용이었다. 서구식 가치는 중국에서 통용될 수 없다는 단호한 입장을 전달한 것이다. 시진핑은 민족 간, 국가 간 이익이 대립할 때는 물론 공산당 권력이 위기에 처할 경우 언제든지 무력까지도 동원할 수 있는 인물이다.

하지만 그는 경제 노선에서는 덩샤오핑을 추종한다. 사회주의적 시장경제의 개방 노선을 적극적으로 지지한다. 반면 미국식 자유주의 시장경제는 중국에 혼란만 가져온다는 생각이 강하다. 중국에서 경제활동의 자유는 당과 국가가 제시하는 가이드라인을 넘을 수 없다. 그 또한 덩샤오핑처럼 실사구시(實事求是)를 바탕으로 실용주의를 추구하는 현실론자로 볼 수 있다. 2014년 덩샤오핑 탄생 110주년 기념식에 참석한 시 국가주석은 "덩샤오핑이 당이 흔들릴 때 결연히 무력을 사용했던 것도 혁명을 고수하려는 애국의 결단이었다"고 칭송했다. 온화한 미소 뒤에 강철 같은 심장을 숨겨 놓은 인물이 바로 시진핑이다.

시진핑은 체질적으로 신중하고 관후한 인품을 소유했다. 아버지 시중쉰의 DNA로부터 일탈하기는 어려울 것이다. 시장(市場) 친화적이며 실용적인 그의 정책 역시 아버지 시중쉰의 영향을 받은 까닭이다.

종합적으로 시진핑이 이끄는 중국은 실사구시를 바탕으로 개혁개방 정책을 유지하면서 이념적으로 서구식 다원적 민주주의 수용은 단호하게 반대할 것이 확실하다. 적어도 시 국가주석이 집권하는 2022년까지 공산당 일당체제를 중심으로 부국강병의 정책을 펼 것으로 보인다.

시진핑의 역사적 책무

시진핑 시대는 1978년 덩샤오핑이 설계한 '개혁개방 정책'을 총결산하고, 그동안의 양적 변화를 질적 변화로 업그레이드하는 임무를 맡았다. 시진핑은 자신에게 주어진 임기(2012~2022년) 동안 이런 시대적 과제를 냉철하게 인식하고 있다. 취임 이후 3년 동안의 행보를 보면 그가 그리는 중국의 앞날이 드러난다.

중국 언론은 시진핑이 이끄는 정책을 '모델 2.0'으로 비유한다. 〈인민일보〉(人民日報)는 "시 국가주석이 시행 중인 변혁은 덩샤오핑 시대부터 시행돼 온 중국식 개혁개방의 질적인 변화"라고 의미를 부여했다. "지난 2년간 그가 밝힌 시정 이념과 시행 조치들을 종합하면 정치, 경제, 문화 등 전 분야에서 기존의 발전, 안정 및 개혁 양식과는 다른 새로운 모델을 만들고 있다"는 평가도 내렸다.

중화인민공화국이 설립된 후 지금까지 세 가지 모델이 존재하는데 마오쩌둥 시대 '소련 모델', 덩샤오핑 시대 '모델 1.0', 현 시진핑 시대 '모델 2.0'이다. 기존 덩샤오핑 모델의 업그레이드 버전이 바로 시진핑의 개혁개방 정책이다. 시진핑이 추구하는 '모델 2.0'의 핵심은 정치의 민주화, 경제의 시장화, 문화의 중국화, 통치의 법치화, 사회의 자치화, 환경의 생태화, 정당의 청렴화 등 7대 키워드로 압축된다.

시진핑 시대 정치민주화는 어떤 모습일까. 이는 시 국가주석이 2014년 9월 5일 베이징 인민대회당에서 열린 '전국인민대표대회(전인대) 성립 60주년 대회'에서 밝힌 방향이다. 시 국가주석은 "서방식 정치제도방식을 답습한 여러 방안은 중화민족을 멸망의 위기에서 구하지도, 반제・반봉건이라는 역사적 임무를 완성하지도 못했다"고 단언했다. 이어 "신해혁명 이후 중국은 입헌군주제와 군주제 부활, 의회제, 다당제, 대통령제 등 각종 방식을 실험하고 많은 정치세력과 대표적 인물들이 등장했으나 모두 정확한 답안을 찾지 못했다"고 지적했다.

그의 발언에는 향후 중국의 정치개혁과 관련해 명확한 메시지가 담겨 있다. 중국의 일당독재에 대한 서방의 비판과 민주화 요구에 공개적 반론을 편 것으로 서방국가들이 채택하는 다당제 도입은 절대로 안 된다는 의미다. 아울러 중국 특색의 사회주의의 길을 결연히 걸어 나가겠다는 의지를 피력한 것이다.

시 국가주석은 '공산당이 영도하는 다당협력과 정치협상제도', '당쟁 갈등의 방지' 등을 정치제도 개선을 위한 불가결한 전제조건으로 내세우며 서구식 민주주의의 도입에 부정적 입장을 거듭 주장했다.

재미있는 표현도 사용했는데, 귤화위지(橘化爲枳)라는 고사성어를 인용한 것이다. '귤이 회남에서 나면 귤이 되지만, 회북에서 나면 탱자가 된다'(橘生淮南則爲橘 生于淮北爲枳)를 인용하면서 "외국 정치문명의 유익한 성과를 참고해야겠지만 중국의 정치제도의 근본을 절대로 버려서는 안 된다"고 강조했다.

그는 "960만 제곱킬로미터의 국토와 56개 민족이 있는 중국이 누구의 방식을 따라야 하는가, 누가 우리에게 무책임하게 이러쿵저러쿵 말할 수 있겠는가. 남의 좋은 것이라고 해도 스스로 흡수해 소화시켜야지 통째로 삼키거나 맹목적으로 모방하려다 본 모습을 잃어버려서는 결코 안 된다"고 덧붙였다.

도입 60년을 맞은 전국인민대표대회제도에 대해 "중국 특색 사회주의 제도의 중요한 구성부분이자 중국의 국가 정치체계와 통치능력을 지탱하는 근본적 정치제도이며, 인류의 정치제도 역사에서 중국 인민이 만들어 낸 위대한 창조물"이라고 의미를 부여했다.

그는 "이 제도를 지속적으로 개선해 국가와 민족의 미래운명을 인민들 손에 쥐어 주어야 한다"고 강조하면서 "인민이 국가의 주인"(當家作主)이란 표현을 수차례 사용했다. 이는 시 국가주석이 국가통치에 전체 인민들의 의지가 더욱 직접적으로 반영될 수 있도록 관련 제도를 대폭 개선하겠다는 점을 시사한 것이다.

시진핑은 공산당파

중국 '5세대 지도부'를 이끄는 시진핑은 개혁파인가 아니면 보수파인가. 이를 규명하기 위해 중화권 언론에서는 그의 박사학위논문과 공개 연설문, 그를 아는 사람들과의 인터뷰는 물론 그가 속해 있는 '태자당'에 대한 분석까지 다양한 시도를 했다.

결론부터 말하자면 시진핑은 '공산당 사명'에 충실한 공복(公僕)이다. 이 말의 함의는 매우 중요하다. 그는 공산당의 생존과 번영에 대한 충성심을 인정받아 당 원로들의 두터운 지지를 받고 있다.

시진핑은 혁명 원로의 아들로 태어나 이제 공산당의 기득권을 유지하는 최고의 'CEO' 자리에 올랐다. 그는 부패로 얼룩진 공산당의 위상을 바로 잡고 공산당 권력 유지를 위해 노력할 것이다. 민생 문제에 대한 필요한 조치를 세우고, 강대국으로 부상한 중국에 대한 국민의 열망에 부응하면서 자신감 넘치는 '세계적 지도자' 이미지를 내세울 것이다. 그리고 미국 대통령처럼 그의 해외 순방 때 더욱 자주 그의 부인을 동반할 것이다.

덩샤오핑은 집권 초기에 마오쩌둥에 대한 비판으로 자신을 차별화함으로써 본인의 개혁 이미지를 구축했다. 그러나 시진핑은 다르다. 이미 좌우의 지지를 모두 받고 있고, 좌우가 서로 '시진핑은 우리 편'이라고 생각하기 때문이다.

대표적인 예가 시진핑이 총서기로 등극한 후, 중국의 대표적 진보 성향 주간지 〈난팡(南方) 주말〉 기자들이 정부의 언론 검열에 맞서 집단파업을 일으켰을 때 이 사건을 처리한 그의 태도이다. 그는 좌우를 모두 품었다. 개혁파와 보수파로 갈라진 중국 시민이 파업 신문사 주위에 몰려들어 서로 '시진핑은 우리를 지지한다'고 우기는 진풍경을 빚기도 했다. 이 사건은 시진핑의 정치 성향을 시험하는 첫 관문이었다.

시진핑은 2012년 12월 연설에서 '법치주의'를 강조했다. 공산당 새 지도자의 입에서 나온 '법치주의'란 용어는 큰 사회적 반향을 일으켰다. 중국 헌법에도 '언론의 자유'가 보장되어 있어 개혁파들은 시진핑이 법치주의와 언론의 자유를 허용할 것이라고 보았다. 기자들이 '용감히' 파업을 선택한 데에는 이처럼 뭔가 믿는 구석이 있었기 때문이다.

보수파들은 파업에 참여한 기자들과 그 지지자들을 서방세력에 동조하는 '매국노'로 매도했다. 서로 시진핑이 자기편이라고 우기는 가운데 양쪽 모두 사건 처리를 '당(黨)의 처분'에 맡겼다.

시진핑은 어느 편도 들어주지 않았다. 파업에 참가한 기자들을 해직시키지도 않았고, 기자들이 퇴진을 요구한 광둥성 검열 당국 책임자를 파면하지도 않았다. 이것이 시진핑의 스타일이다.

흔히 중국의 현대 역사를 '개혁 전의 30년'과 '개혁 후의 30년'으로 나누는데, 시진핑은 여기서도 '중립'을 지켰다. 그는 "개혁 전의 30년이 개혁 후의 30년을 부인할 수 없고, 개혁 후의 30년이 개혁 전의 30년을 부인할 수 없다"고 말하며 비켜나갔다. 그는 개혁파도, 보수파도 아니다. 그는 공산당파다.

시진핑의 용인술: 인맥

권력의 크기는 인맥이 좌우한다. 1인 권력자와 그를 감싸고 있는 인맥, 즉 친위부대가 형성되는 것은 필연적 수순이다. 시 국가주석의 인맥은 다양한 루트에서 충원되었다. 그의 고향 산시성 출신이거나 그곳에서 근무 경험이 있는 산시방(陝西幇), 혁명 원로의 자제나 동문인 신 태자당〔라오펑유(老朋友) 그룹〕, 그가 푸젠·저장·상하이 등 지방에 근무할 때 신임했던 측근 그룹이 그의 인맥의 3대 핵심이다. 중국 리더십 연구 권위자인 리청(李成) 박사(미국 브루킹스연구소 선임연구원)에 따르면 이들이 3각 편대를 이뤄 시 국가주석의 권력을 확고히 하고 있다고 한다.

중국 역사학자 장리판(章立凡)은 "시 국가주석의 왕세자 기간이 매우 짧아 집권 이후 인사 측면에서 선택가능한 범위가 좁았다"고 평가한다. 시진핑의 용인술(用人術) 특징은 '철저하게 아는 사람을 쓴다'는 것이다. 그러나 그의 용인술에 대한 따가운 지적도 나온다. 시진핑 집안사람들이란 뜻의 '시자쥔'(習家軍)이란 말도 이런 맥락에서 나온 것이다. 잘 아는 사람을 적재적소에 기용한다는 측면도 있지만 인사 선택 범위가 좁아 폐쇄적인 정책결정시스템으로 이어진다는 의미다. 시 국가주석 집권 초기에는 장쩌민 전 주석의 상하이방과 후진타오 전 주석의 퇀파이(團派, 공청단 출신 정치세력), 태자당 간의 삼각 구도로 출발했지만 지금은 시 국가주석 군단인 시자쥔과 퇀파이 간 권력 쟁탈전으로 변했다고 분석한다.

산시방은 2012년 시진핑의 당 총서기 취임과 동시에 부상했다. 문화대혁명 시기 생사고락을 같이한 왕치산 중앙기율검사위원회(중앙기율위) 서기는 산시방의 대표주자다. 2012년 9월 링지화에 이어 당 중앙판공청 주임을 맡은 리잔수(栗戰書)도 1998~2003년까지 산시성에서 근무한 산시방이다. 중앙판공청 주임은 우리나라로 치면 대통령 비서실과 경호실을 합친 막강한 권력기구이다.

시 국가주석은 1982년 3월, 29세 때 허베이성 정딩현 부서기로 지방근무를 시작했는데, 비슷한 시기 이웃 지역인 허베이성 우지(無極)현 당서기직을 맡은 인물이 리잔수였다. 둘은 스스럼없이 국가의 앞날과 자신들의 고민을 털어놓으며 호연지기를 길렀다. 시 국가주석은 2011년 리잔수가 당서기로 있던 구이저우(貴州)성을 4일간이나 방문하여 이듬해 있을 권력 승계에 대비해 많은 논의를 하고 국가 권력의 청사진을 마련한 것으로 알려졌다.

라오펑유 그룹은 일명 신 태자당으로 불린다. 류사오치(劉少奇) 전 국가주석의 아들인 류위안(劉源) 전 인민해방군 총후근부 정치위원, 류허 중앙재경영도소조 주임, 천시 중앙조직부 부부장이 대표주자다. 류위안 전 인민해방군 총후근부 정치위원은 시 국가주석 집권 초부터 시진핑 군부의 핵심 인물이었다. 쉬차이허우 전 중앙군사위원회 부주석 비리 사건 조사를 총지휘한 주역이기도 하다. 류허 중앙재경영도소조 주임은 시 국가주석의 중학교 동문으로 중국 경제의 '신 창타이'(新常態)를 디자인한 인물이다. 칭화대학 동문인 천시 중앙조직부 부부장은 2013년 4월부터 조직부에서 시진핑 인맥을 만든 핵심 인물이다.

시 국가주석이 약 25년간 지방정부에서 근무하며 인연을 맺은 사람들이 그의 권력기반 강화와 국정 수행에 핵심적 역할을 하고 있다. 허베이·푸젠(福建)·저장성과 상하이(上海)시 근무 당시 맺은 인연이지만 능력이 검증된 측근을 통해 국정을 이끌겠다는 시 국가주석의 의지가 반영된 것이다.

중국 지도자들 대부분은 지방정부 근무를 통해 경험을 쌓으면서 함께 일한 사람들을 중용하는 관례가 있다. 장쩌민 주석 이후 보편화된 현상이다. 리청 박사는 〈시진핑의 이너서클〉이란 보고서에서 시 국가주석이 지방근무 시절 형성한 주요 인맥을 소개했다.

우선 푸젠성 인맥을 보자. 자오커스(趙克石) 인민해방군 총후근부장과 차이잉팅(蔡英挺) 난징(南京) 군구 사령원은 푸젠성 퉁안(同安)에 본부를 둔 31집단군에서 근무하며 인연을 맺었다. 차이잉팅은 시 국가주석이 2012년 11월 중앙군사위원회(중앙군사위) 주석에 오른 후 첫 번째로 승진시킨 군부 고위급 인사이다. 시 국가주석의 집권 후반기 중앙군사위원으로 승진될 가능성이 크다.

허리펑(何立峰) 발전개혁위원회 부주임과 차이치(蔡奇) 국가안전위원회 판공실 부주임 역시 1985년 푸젠성 샤먼시에서 일할 때 만났다. 당시 부하 직원이었던 황쿤밍은 항저우(杭州)시 서기로 있다가 중앙선전부 부부장으로 발탁됐다. 시 국가주석이 상하이 당서기 시절에 만난 인물은 딩쉐샹 중앙판공청 부주임이다. 그는 중국 정계의 떠오르는 별로 불린다. 그리고 양샤오두 중앙기율위 부서기는 상하이 중앙기율위 서기 출신이다.

무엇보다 저장성(浙江省) 인맥이 중요하다. 저장성은 시 국가주석이 2002년부터 5년간 당서기로 근무하며 중앙 무대로의 진출을 준비한 곳이기 때문이다. 그는 저장에서 경제와 사회, 문화, 법치, 개혁,

당 건설, 반 부패 등 치국(治國)을 위한 각종 정책을 설계하고 또 시험했다. 시진핑의 치국 전략을 이해하기 위해선 당시 저장성 언론에 실렸던 그의 글을 분석해야 한다는 말이 나올 정도다.

시 국가주석은 저장성 당서기 등으로 근무할 때 저장혁신을 의미하는 '저신'(哲欣, 철흔)이란 필명으로 '즈장신위'(之江新語) 칼럼 232편을 〈절강일보〉(浙江日報)에 연재한 적이 있다. 즈장은 저장을 뜻하는 것으로 시진핑 시대 약진한 측근 그룹을 종합해서 중국 언론들이 '즈장신군'(之江新軍)으로 부르는 이유다. 이들은 시진핑의 생각과 통치 철학에 대해 누구보다 잘 알고 있다. 그의 혁신 리더십을 미리 경험한 개혁 선봉대 격으로 볼 수 있다. 시 국가주석은 당시 칼럼을 연재하면서 국가 청사진을 가다듬으며 미래를 준비한 것이다.

현재 '즈장신군'의 선두 그룹들이 지방 요직을 장악한 상태다. 샤바오룽(夏寶龍) 저장성 당서기, 리창(李强) 저장성장, 천민얼(陳敏爾) 구이저우성장, 바인차오루(巴音朝魯) 지린(吉林)성 당서기는 2017년 열리는 제 19차 전국대표대회에서 승진을 위한 실적 쌓기에 나서고 있다. 류츠구이(劉賜貴) 국가해양국장이 하이난(海南)성 대리성장에 임명됐고, 항저우 당서기를 역임했던 황쿤밍 중앙선전부 부부장이 장관급인 상무부 부부장으로 승진했다. 중산(鐘山) 상무부 부부장, 잉융(應勇) 상하이시 부서기, 러우양성(樓陽生) 산시(山西)성 부서기 모두 저장성에서 인연을 맺은 공통점을 갖고 있다.

'즈장신군'의 다크호스는 시 국가주석의 문고리 권력 2인방이다. 2007년 시 국가주석의 상하이 당서기 시절 심복이었던 딩쉐샹은 중앙판공청 부주임 겸 총서기 판공실 주임을 맡고 있다. 2017년 제 19차 전국대표대회 이후 집권 후반기에 리잔수에 이어 중앙판공청 주임(비서실장)을 이어받을 가능성이 높은 인물이다. 푸젠에서부터 저장·상하이까지 시 국가주석의 비서를 맡았던 중사오쥔(鍾紹軍)은 이미 중앙군사위 판공청 부주임으로 변신해 군부 내 시진핑의 심복 역할을 하고 있다. 중국 전문가들은 시 국가주석의 지방 인맥을 200여 명으로 추산했다. 최근 인민해방군 고위 장성 인사에서 베이징군구 사령관에 군부의 즈장신군 격인 난징군구 출신 쑹푸쉬안(宋普選)이 임명됐다.

근래에 중화권 언론에 등장하는 시진핑의 인맥 중 '신 칭화계'가 주목을 받고 있다. 시진핑과 같은 칭화대학 출신을 말한다. '신'이 붙은 이유는 장쩌민 집권 시절 주룽지, 후진타오, 우방궈(吳邦國), 황쥐(黃菊), 우관정(吳官正) 등과 같은 칭화대학 출신의 중앙정치국 상무위원이 잇따라 배출되면서 '대청(大淸) 시대'란 말을 낳았기 때문에 이와 구별하기 위해서이다.

신 칭화계의 핵심 인물은 시진핑의 공정화학과 동창인 천시다. 둘은 학창 시절 이층 침대를 위아래로 쓴 사이로, 천시는 시진핑의 출세와 더불어 칭화대학 당서기에서 교육부 부부장, 랴오닝(遼寧)성 부서기 등으로 승승장구했다.

시진핑의 리더십

시진핑 국가주석은 집권 후 막강권력체제를 확립한 동시에 대중에게는 '시따따'(習大大, 따따는 아저씨라는 뜻)라는 애칭으로 불린다. 시 국가주석은 13억 5천만 명의 열정과 꿈을 모아 종이호랑이로 불렸던 중국을 21세기 대표강국으로 부상시키고 있다.

시진핑 리더십의 핵심은 명확한 비전이다. 그의 국정비전은 '4개 전면(全面)'이다. 4개 전면은 2014년 12월 시진핑이 장쑤(江蘇) 지역 리서치 서베이 기간에 처음 언급한 개념으로, 기존의 '3대 전면'에 '전면적 통치기강 확립'이 추가된 것이다. 4개 전면은 '샤오캉 사회건설, 개혁 심화, 의법치국, 엄격한 당 관리'를 의미한다. 시진핑은 '4개 전면'을 국정비전으로 제시하며, 강력한 추진력과 함께 '중국몽'(中國夢)을 목표로 세웠다.

이와 함께 과감한 결단력과 지휘능력도 특징이다. 시진핑은 어떤 결정을 내리기 전에는 매우 신중한 태도를 취한다. 좀처럼 말도 하지 않는다. 그러나 결정을 내린 순간 비호(飛虎)처럼 이를 실행에 옮긴다. 수차례의 암살 위협에도 굴하지 않고 반부패 투쟁을 지속하면서 장쩌민 전 주석이 지원하는 저우융캉 전 중앙정치국 상무위원과 보시라이 전 충칭시 서기 등 신4인방을 척결한 것이 대표적인 사례다.

2014년 11월 아시아태평양경제협력체(APEC) 베이징 정상회담에서 아베 일본 총리와의 회담은 중국 내 격화된 반일 여론을 고려할 때 쉽지 않은 결정이었다. 당시 측근들도 "득보다 실이 많다"는 이유로 반대했지만 그는 아베 총리의 손을 잡고 중국의 리더십을 세웠다.

경청의 리더십도 돋보인다. 시진핑은 어떤 사안이든 주변의 이야기를 청해 듣는다. 2012년 2월 국가부주석 신분으로 미국을 방문한 시진핑이 조 바이든 미 부통령에게 정치인으로서 소중하게 여기는 가치를 물으며 조언을 청한 것은 유명한 일화이다. 일본의 경제 주간지 〈주간

다이아몬드〉(週刊ダイヤモン)는 “시진핑은 의견을 말하는 쾌감보다 다른 사람의 의견을 경청하는 인내에 가치를 부여한다”고 평가했다.

시민과 어울리는 겸손과 소통의 리더십도 눈에 띈다. 시진핑은 수시로 시장을 찾아 일반 서민들과 음식을 나눠먹으며 대화를 즐긴다. 낮은 곳을 배려하는 그의 특유의 친화력은 자발적인 충성과 헌신을 이끌어내곤 한다.

시진핑은 위기상황에서도 움츠리지 않는 특징이 있다. 그는 중앙정치국 상무위원은 처벌하지 않는다는 ‘형불상상위’(刑不上常委)란 불문율도 과감하게 깨뜨렸다. 기세등등했던 저우융캉 전 중앙정치국 상무위원은 당적이 박탈되어 사법기관에 넘겨져 무기징역을 선고받았다. 위세가 높은 고위간부들도 범죄 내용이 밝혀지면서 속속 감옥으로 가곤 했다.

시진핑은 상대와 권력 투쟁을 하거나 싸움을 하면 필사즉생(必死卽生)의 각오로 임하지만, 협상이 필요할 때는 과감히 손을 잡는다. 2013년 3월, 주석 취임 후 블라디미르 푸틴 러시아 대통령을 만나 역사 동맹의 프레임으로 전략적 협력을 공고히 했고, 아프리카와 중남미 국가들과의 경제 외교를 통해 미국의 대중국 포위 전략을 역으로 돌파했다.

시진핑을 뒷받침하는 후야오방의 제자들

시진핑은 당 총서기를 지낸 후야오방(胡耀邦)과 밀접한 관계가 있다. 후야오방은 아버지 시중쉰의 절친한 혁명동기였고, 후진타오 전 국가주석과 이어주는 역할을 했다. 후야오방을 이해하는 것은 시진핑의 정신세계로 가는 통로가 될 수 있다. 시진핑이 후야오방의 정치유산을 물려받았다고 해도 과언이 아니다.

후난성 창사 출신인 후야오방은 1928년 중국 공청단에 가입했고, 뒤이어 중국공산당에 입당하였다. 후에 마오쩌둥과 주더가 이끄는 홍군에 가담하여 초급장교로 복무하였다. 1931~1935년까지 마오쩌둥과 주더를 대신하여 당권을 장악한 친소련 성향의 지도부('28인의 볼셰비키')는 마오쩌둥에 충성하던 그를 체포하여 사형을 선고했다. 그러나 그를 아끼던 다른 지도자의 도움으로 석방되었고, 그 후에도 성향을 의심받아 장정(長征)에도 처음에는 참가를 거부당하였으나, 이후 작전 중 부상을 당해 친구의 도움으로 부상자로 후송되었다.

1977년에는 중국공산당 조직부장이란 요직을 맡았으며 마오쩌둥 사후, 덩샤오핑의 지원을 받아 1982년부터 중국공산당 총서기로 재직했다. 당시 그는 보다 급진적인 자유화 조치를 시도했는데, 이로 인해 개혁개방 초기에 나타난 경제 문제와 이데올로기 문제 등으로 보수파의 공격을 받았고 1987년 중국공산당 중앙위원회 총서기직에서 사임했다.

권력에서 밀려난 그는 실의 속에서 지내다 1989년 회의석상에서 심근경색으로 쓰러져 사망했다. 그의 죽음을 추모하는 학생들과 시민들이 벌인 시위가 확대되어 톈안먼 사건의 시발점이 됐다.

이런 후야오방이 후진타오 인맥과 연결된 것은 공청단이란 매개체 때문이다. 후진타오는 알려진 대로 공청단에서 성장해 중앙권력을 장악한 인물로, 후야오방은 실질적으로 공청단을 이끈 인물로서 자신의 제자 격인 후진타오를 음으로 양으로 도와준 인연이 있다.

시진핑이 2012년 11월, 당 총서기에 등극한 것도 후진타오의 지원에 힘입은 바가 크다. 후야오방과 연결된 시진핑의 집안 내력을 누구보다 잘 아는 후진타오는 젊은 시절 공청단의 대부인 후야오방을 통해 공청단 내부에서 승승장구할 수 있었다. 후야오방은 죽을 때까지 공산당 개혁에 헌신했던 인물이었고, 그의 정치적 유산은 후진타오에 이어 시진핑으로 내려오게 된 것이다.

축구광 시진핑

시진핑은 서민들과 똑같이 줄을 서 만두를 사 먹는 친서민적 이미지가 강하다. 중국인들이 그를 '시따따'나 '시따거'(習大哥)로 부르는 이유다. '큰아버지'나 '큰형'이라는 뜻의 이 표현엔 권위적인 역대 지도자와는 다른 친근함이 묻어 있다.

시 국가주석은 2014년 러시아 언론과의 인터뷰에서 독서와 수영이 취미라고 밝혔다. 그는 따로 시간을 내긴 어렵지만 짬만 나면 늘 책을 든다. 수영은 4살 때부터 배웠고, 산을 타는 것도 즐긴다. 또 축구, 배구, 농구, 아이스하키, 스케이트도 좋아하는 만능 스포츠맨이다.

특히 축구에 대한 사랑은 각별하다. 그는 중국의 월드컵 개최와 우승에 대한 희망을 여러 차례 피력했다. 2012년 2월 아일랜드를 방문했을 때는 축구장에서 구두를 신은 채 공을 차기도 했고, 독일에서 유학 중인 중국 유소년 축구선수단을 찾아 격려하기도 했다. 인터넷에서는 시 국가주석이 축구하는 모습을 담은 만화 캐릭터가 인기라고 한다.

그의 친서민적 행보도 같은 맥락이다. 그는 베이징의 한 만둣집을 홀로 찾아 서민들과 마찬가지로 줄을 서 차례를 기다린 뒤 한국 돈으로 3,500원 안팎의 점심 만두 세트를 사 먹어 눈길을 끌었다. 그는 베이징의 전통 골목길을 시찰하다 처우더우푸(臭豆腐, 삭힌 두부)를 맛본 적도 있다. 롄잔(連戰) 타이완 국민당 명예주석 일행에겐 고향 산시성의 대표 음식인 맵고 넓은 면의 국수 '뺭뺭면'을 대접하기도 했다. 이런 서민적인 풍모로 시진핑은 덩샤오핑 이후 최고의 인기를 얻는 지도자가 됐다.

그러나 그는 포근한 겉모습과 달리 속은 강인하고 엄격하며 빈틈이 없다. 대외적으로 그는 강한 중국을 표방한다. 2012년 11월 중국공산당 총서기에 선출된 뒤 취임 일성으로 "중화민족의 위대한 부흥이란 중국몽을 실현하겠다"고 포효했다. 1840년 이후 서방과 일본 제국주의의 침략에 속수무책으로 당했던 과거의 굴욕을 씻고, 이제 중화의 옛 영광을 되찾겠다는 선언이었다. 일본과의 댜오위다오(일본명 센카쿠열도) 영유권 분쟁은 물론 베트남, 필리핀, 말레이시아 등과의 남중국해 영유권 분쟁에서 물러서는 법이 없다. 중국의 주권과 핵심 이익을 위해선 전쟁도 불사할 각오로 보인다.

시진핑의 연봉

시진핑 국가주석의 연봉과 재산도 관심거리다. 관영 언론 〈차이나데일리〉(*Chinadaily*)는 2015년 1월 20일 시진핑 국가주석의 연 급여가 2만 2,256달러라고 전했다. 시 국가주석과 함께 중국공산당을 이끄는 당 중앙정치국 상무위원 6명의 평균 연봉은 약 1만 8,786달러라고 밝혔다. 이들에게 연봉은 아무 의미가 없다. 권력자와 그의 일가의 자산은 대부분 수백억 원이 넘는다는 것이 정설이다.

2012년 6월 29일 미국 블룸버그 통신이 당시 중국 국가부주석이던 시진핑의 일가 자산현황을 상세히 보도해 파문이 일었다. 중국 전문가들은 시진핑의 당 총서기 등극을 막기 위해 저우융캉 전 중앙정치국 상무위원 세력이 의도적으로 미국 언론에 재산 관련 기사를 흘렸다는 분석도 제시했다.

2011~2012년 집계 기준으로 시진핑의 누나, 매형, 조카 등이 주로 보유한 주식, 부동산 등 자산의 합계는 모두 합하여 7억 6천만 달러 정도였다. 이는 2012년 후룬연구소가 발표한 중국 민간 부호 상위 350명 내에 드는 수준이다.

좀더 자세하게 들여다보자. 시진핑의 매형 덩자구이(鄧家貴)는 '장시(江西) 희토류 및 희귀금속 텅스텐 그룹(이하 장우그룹) 지분 18%를 가지고 있다. 이 회사 자본 규모는 17억 3천만 달러로 알려져 있다. 덩자구이의 지분가치는 단순히 계산해도 3억 1,140만 달러이다. 당시 중국 정부는 첨단산업에 널리 쓰이는 희토류 등을 전략자원화해 공급을 제한하고 있어 희토류 기업 주가도 뛸 수밖에 없는 상황이었다.

시진핑의 누나 치차오차오(齊橋橋)와 남편 덩자구이는 부동산개발업체 '선전위안웨이(深圳遠爲) 투자그룹' 지분도 가지고 있다. 〔시진핑 누나의 성(姓)이 치(齊)가 된 것은 시진핑 어머니의 성을 따랐기 때문이다.〕 치 부부는 선전위안웨이 내 다른 회사 지분도 가지고 있는데 이 자산가치 또한 최소 8,480만 달러 정도다. 시진핑 조카이자 치 부부의 딸도 자산이 상당하다. 2009년 주파수 변환기 생산기업인 '하이코닉스'에 투자한 5억여 원은 3년간 221억 원으로 40배 이상 늘었다.

시진핑 일가는 부동산 투자에도 재능을 보였다. 블룸버그 통신에 따르면 이들이 홍콩에 소유한 한 전망 좋은 빌라를 포함해 최소 이들이 홍콩에 소유한 부동산 자산은 최소 2,410만 달러에 달한다고 한다.

시진핑을 비롯한 중국 최고 지도부의 개인재산 현황도 밝혀졌다. 2012년 11월 공산당 제 18차 전국대표대회를 거쳐 시진핑이 당 총서기가 된 직후 12월 27일 홍콩 〈싱다오르바오〉(星島日報)는 당 상무위원들이 당 중앙위원회에 신고한 재산내역을 보도했다.

시진핑이 신고한 재산은 푸저우(福州), 항저우, 베이징에 한 채씩 있는 집, 그리고 은행예금 230만 위안(약 4억)이다. 재산이 가장 많은 인물은 왕치산 공산당 중앙기율위 서기로, 그는 현금예금 480만 위안과 베이징·광저우(廣州) 소재 집 한 채씩을 신고했다. 상무위원 7명이 보유한 평균 재산 규모는 부동산 1~3채, 저축액 286만 위안 정도였다.

2. 시황제의 등극, 신 권위주의 시대 열다

권력은 총구에서 나온다

시진핑은 2015년 국가주석, 중앙군사위원회 주석을 포함해 국가안전위원회 주석, 중앙재경영도소조 조장 등 핵심 감투만 10개를 쓰고 있다. 당·정·군 권력에 이어 최근 리커창 총리가 맡고 있던 경제 권력까지 접수하면서 사실상 '1인 지배체제'를 완성했다.

중국 정부는 2020년까지 중국 발전의 지도방향으로 마르크스-레닌주의, 마오쩌둥 사상, 덩샤오핑 이론, 장쩌민의 '3개 대표론', 후진타오의 과학발전관과 함께 시진핑 국가주석의 주요 정신인 4개 전면 전략을 관철하기로 했다고 발표했다. 시진핑의 4개 전면 전략이 제 18기 중국공산당 중앙위원회 제 5차 전체회의(5중전회)에서 추인을 받은 만큼 당장(黨章)에 명문화되면서 시 국가주석의 리더십과 1인 독주체제가 더욱 강력해진다는 의미가 있다. 집단지도체제를 표방하는 중국공산당에서 마오쩌둥과 덩샤오핑에 버금가는 권력기반을 확보한 것이다.

중국공산당은 새 지도체제가 들어설 때마다 새로운 주의, 사상, 이론, 지침을 제시했다. 마오쩌둥은 마르크스-레닌주의를 바탕으로 노동자가 아닌 농민을 혁명의 주체로 삼은 '마오쩌둥 사상'을, 덩샤오핑은 흑묘백묘(黑猫白猫) 론을 중심으로 개혁개방, 공산당 영도 등 2개 기본점을 제시한 '덩샤오핑 이론'을 내밀었다. 장쩌민은 중국공산당이 선진 생산력과 선진 문화, 인민의 근본이익 등 세 가지를 대표한다는 '3개 대표론'을 제시해 자본가들을 공산당에 끌어들였고, 후진타오는 조화 사회와 인본주의를 강조한 과학발전관을 제시해 당장에 삽입했다.

시 국가주석이 짧은 기간 내에 권력을 장악한 비결은 무엇일까? 장쩌민과 후진타오와 달리 시진핑은 군 인맥을 가지고 있다. "권력은 총구로부터 나온다"는 마오쩌둥의 말처럼 중국에서 군은 권력의 핵심이다. 덩샤오핑이 죽을 때까지 중앙군사위 주석직을 놓지 않았던 이유도 여기에 있다. 후진타오 전 주석은 전임자였던 장쩌민이 2년 동안이나 군권(軍權) 을 넘겨주지 않아 '반쪽 주석'에 머물렀다.

시 국가주석은 2012년 11월 당 총서기 등극과 함께 후진타오로부터 중앙군사위 주석직까지 넘겨받았다. 시 국가주석은 후진타오 전 주석이 곧바로 넘겨준 군권과 베이징의 태자당 지지를 바탕으로 단시일 내에 권력을 장악했다. 시 국가주석은 칭화대학 졸업 후 중앙군사위원회 판공청에서 국방부장을 지낸 겅뱌오의 비서로 사회생활을 시작해, 이곳에서 군대의 운영시스템을 파악하며 인맥을 구축했다.

군과의 끈끈한 관계는 이후 지방정부 수장 시절까지도 이어진다. 1983년 허베이성 정딩현 서기 때 그는 무장부대 제 1 정치위원을 겸직했다. 또 타이완과 대치하는 푸젠성에서는 닝더(寧德) 군구(軍區) 당 위원회 제1 서기, 푸저우군 분구 제1 서기를 겸하며 군에서 발을 빼지 않았다. 시진핑은 군의 야영지에서 병사들과 함께 영화를 보고 식량과 물자를 보급하며 군 막사를 수선하는 등 병영업무를 체험했다. 푸젠성 당 부서기와 대리성장 시절에는 중국 7대 군구의 하나인 난징군구 국방동원위원회 부주임도 맡았다.

펑리위안(彭麗媛)과의 결혼은 그와 군의 관계를 더욱 돈독하게 만들어 줬다. 중국에서 유명한 국민가수인 펑리위안은 중국 인민해방군 총정치부 가무단 단장까지 지내, 군부대에 막강한 인맥을 보유하고 있다. 한마디로 중국의 군부가 그를 같은 집안사람으로 본다는 말이다.

시진핑 1인 독주체제, 집단지도체제 허물어지나

5세대 지도부가 출범할 당시 대부분의 전문가들이 예측했던 것은 '시진핑-리커창 쌍두체제'였다. 하지만 예측과 달리 시 국가주석의 독주가 두드러진다. 시 국가주석 시대는 신 권위주의 시대로 볼 수 있다. 샤오궁친(蕭功秦) 전 상해사범대학 역사과 교수는 시 국가주석의 집권 3년을 '덩샤오핑 모델의 강화판'으로 총평했다. 장쩌민, 후진타오 집권기와 비교하면 '진더겅진, 팡더겅팡'(緊的更緊, 放的更放)의 8글자로 요약할 수 있다. '죌 때는 더욱 죄고, 풀 때는 더욱 푼다'는 의미다. 이와 함께 시진핑 시대를 '신 권위주의의 황금시대'라고 명명했다.

그렇다. 2012년 11월 시진핑이 당 총서기에 당선된 이후 시 국가주석은 사상 최대 규모의 반 부패 캠페인을 선도하면서 고도로 집약화된 시장개혁을 밀어붙였고, 이데올로기에서는 공산당 일당독재의 신 권위주의를 명확히 정립했다.

중국 국가행정학원 왕위카이(汪玉凱) 교수의 분석에 의하면, 시진핑이 취임 후 최초로 내린 결정은 '부패는 당은 물론 국가도 망하게 한다'는 것이었다. 강력한 반 부패 캠페인으로 공산당의 집권 이미지를 재확립했다. 고도의 중앙집권으로 권한과 책임을 하나로 묶어 중앙정치국 상무위원 9명의 '분할 관리제'의 권력 분산과 저효율을 혁파했다.

시진핑의 권력집중은 하루아침에 이루어지지 않았다. 집단지도체제를 운영한 후진타오 시대는 9명의 상무위원들이 업무를 분장했다. 각자의 영역에서는 그가 최고 권력을 가졌고 만장일치를 통해 의견을 조율했다. 어느 사안에 대해 1명의 상무위원이라도 결사반대하면 해결이 나지 않는 구도였다. 중국 전문가들은 당시 "9명의 상무위원들은 9명의 대통령이며 중국의 이러한 집단지도체제는 미국의 대통령제보다 우월하다"고 주장했다.

하지만 시진핑이 권력을 잡은 이후 이런 방식에 변화가 왔다. 시진핑 시대에 들어서 '하급이 상급에 복종하고, 모든 지방조직은 중앙에 복종하는 것'을 강조한다. 마오쩌둥의 방식으로 돌아간 것이다. 일례로 2015년 1월 16일, 중난하이에서 열린 중앙정치국 상무위원회를 살펴보자. 이날 회의는 5대 기구의 당 조직이 중앙정치국 상무위원회에 업무보고를 하고, 상임위원회는 이 5대 기구의 2014년 업무진행에 대하여 평가를 했다. 5대 기구는 전인대, 국무원, 전국인민정치협상회의(정협), 최고인민법원, 최고인민검찰원이다. 각각 입법, 행정, 사법의 3대 권력을 대표한다. 5대 기구의 서기가 이들 기구의 일인자이다. 예를 들어, 리커창은 국무원 총리이고 이 기구의 서기이다. 장더장은 전인대 위원장이면서 이 기구의 서기이다. 상무위원들은 업무를 분장하고, 이를 시진핑이 총괄하는 구도다.

고개를 숙이며 보고하는 것은 리커창, 장더장 등 상무위원들이 시진핑 앞에서 자신의 위치를 절감하도록 하기 위함이다. 이것이 시진핑이 권력을 집중하는 하나의 묘수였다. '집단영도체제'를 '개인영도'로 바꾼 것이다. 이는 중국공산당 내부에서의 또 하나의 '개혁'이었다. 권력자가 여론을 수중에 장악하고 있으니, 그가 말하면 그것이 법이 됐다.

중국공산당의 원칙은 일원화이고, 이것은 당이 일체를 영도한다는 의미이다. 중앙정치국 상무위원회는 당의 최고 권력기구이고, 5대 기구의 당 조직은 상급 당 조직인 중앙정치국 상임위원회에 업무보고를 하는 것이니 이치상 당연한 일이다. 하급이 상급에 대하여 책임지고, 하급이 상급에 업무보고를 하는 것은 원래 당의 규칙이다. 시진핑의 뜻은 최근 수십 년(덩샤오핑, 장쩌민, 후진타오 시대) 간 당의 규칙이 파괴되었으므로 이를 회복해야 한다는 것이다.

시진핑의 국정 운영시스템은 무엇보다 4세대 지도부에 대한 반성에서 비롯된 측면이 크다. 덩샤오핑 사망(1997년 2월) 이후 유훈정치나 다름없는 집단지도체제는 장쩌민의 3세대와 후진타오의 4세대 지도부를 거치면서 변질되기 시작했다. 1인 독재를 막는 순기능은 컸지만 전체적으로 공산당 리더십의 위기로 다가왔다.

집단지도의 핵심인 9명의 공산당 상무위원들은 자신이 담당한 영역에서 마치 '봉건 영주'와 같이 행세했다. 자신의 분야에서 아성을 쌓아

놓고 자신의 수하들을 곳곳에 배치해 권력을 농단하고 특권을 누렸다. 대표적인 것이 정법위원회를 담당했던 저우융캉의 전횡이다. 그는 공안과 사법을 장악한 뒤 이 분야에서는 마치 황제처럼 굴었다. 급기야 보시라이 전 충칭시 서기 등과 결탁해 대륙의 권력을 거머쥐려는 쿠데타 모의까지 진행했다는 것이 시진핑의 인식이었다.

시진핑은 집권 이후 끊임없이 이런 칸막이 분점상태를 개선해 정책 조정능력을 강화하려고 시도했다. 국정 운영시스템의 개혁을 통해 집단지도체제가 드러낸 문제점을 개선하겠다는 의지다. 권력집중 방지라는 권력적 차원에서의 집단지도체제는 그대로 운영하지만 정책적 차원에서의 국정 운영의 효율성을 높이자는 것이 시진핑의 생각이다.

시진핑의 새로운 통치술 : 중앙 영도소조

시진핑의 새로운 통치술의 대표 격은 국정 운영시스템 개혁을 위한 '중앙 전면심화개혁 영도소조'(中央 全面深化改革 領導小組)이다. 각종 정책영역에서의 영도소조 조장을 직접 맡아 주요 정책영역 간, 이슈 간 정보 교환과 소통을 원활히 하며 이를 통해 권력을 장악하는 방식이다.

제18기 3중전회를 통해 국가안전위원회(국가안전위)를 신설하고 시 국가주석이 직접 위원장을 맡은 것도 같은 맥락이다. 국가안전위원회는 국가안전체제와 국가안전 전략을 총괄하는 막강한 권력기구이다. 중국판 국가안전보장회의로 불리는 이 위원회는 서방국가들의 종합적인 안보기구를 모델로 했지만 공안, 무장경찰, 사법기관, 국가안전부(국안), 인민해방군 대외 관련 부서, 외교부, 각 부처 외사판공실 등을 총괄하는 등 거대한 권력조직이 됐다.

중화권 중국 전문가 중 국가안전위 창설에 우려를 표하는 시각도 있다. 홍콩 시사평론가 조니 라우(劉銳紹)는 "국가안전위 창설은 사회 불안정을 막기 위해 통제를 강화하겠다는 의도를 보여 준 것이지만 결국 사회 안정이란 명분으로 힘과 압박을 가하게 될 것"이라고 우려했다.

시진핑의 '권력집중'은 대부분 신설된 기구나 영도소조 조장을 시진핑이 '독식'하고 있다는 점에서 1인 독재 회귀라는 의혹도 제기된다. 시진핑 체제의 위원회와 영도소조의 조장-부조장 연결망을 보면, 네트워크의 중심에 시진핑이 위치한다. 네트워크상에서 시진핑이 빠지게 되면 전체 연결망의 구조가 무너진다.

장쩌민과 후진타오 시대에는 공청단, 태자당, 상하이방 등 주요 파벌들이 중국공산당의 집권 지위를 훼손하지 않는 범위 내에서의 공존과 제한된 경쟁이 허용되는 권력 과점체제가 형성됐다. 2012년 2월 보시라이 사건을 계기로 표면화된 계파 간 권력투쟁 결과는 그해 11월 제18차 전국대표대회를 통해 상하이방과 태자당의 일방적인 승리로 일단락됐다. 7명의 중앙상무위원 중 후진타오 권력기반인 공청단 계열은 사실상 리커창 1명뿐이다. 태자당과 상하이방 6명 대 공청단 1명의 구도가 되면서 과점체제는 흔들렸고, 시진핑의 강한 리더십 행사가 가능한 조건이 형성되었다.

시진핑은 당권에 이어 군권을 신속하게 장악해 나갔다. 잇단 군 인사를 단행했고 자신의 측근인 중사오쥔(鐘紹軍)을 당 중앙군사위원회 판공청 주임에 임명했다. 그동안 상무위원이 맡고 있던 중앙정법위원회 서기 자리도 중앙정치국 위원급으로 격하시켰다. 중앙정법위원회 서기는 최고 지도부인 상무위원급으로 공안과 검찰, 법원, 무장경찰, 정보기관인 국가안전부까지 장악한 채 막강한 권력을 행사했다. 후진타오 집권 시기 상하이방인 저우융캉 전 중앙정치국 상무위원은 보시라이가 충칭시 서기직에서 해임되는 과정에서 후진타오의 방침에 반기를 들며 보시라이를 비호하는 하극상까지 벌였다.

2020년 집권 청사진

시진핑 시대의 국가전략 청사진이 확정됐다. 2015년 10월 29일 폐막한 5중전회에서다. '중고속 성장' 등을 골자로 한 국가발전 청사진은 '국민경제 및 사회발전에 관한 제 13차 5개년 계획'(13·5 규획)으로 모습을 드러냈다. 미래 발전 전략의 핵심 내용은 '전면적 두 자녀 도입', '중고속 경제성장', '창조 혁신', '빈부격차 해소' 등이다. 시 국가주석이 직접 개혁점검단을 이끌며 추린 개념이다.

핵심 키워드는 '혁신'이다. 과학과 기술, 문화 부문에서 혁신을 통해 경제의 패러다임을 바꾸겠다는 것이다. 기업의 활동을 돕고 혁신의 기운을 불어넣기 위해 노동과 자본, 토지, 기술, 관리 등 모든 자원을 효율적으로 배분하겠다는 의지를 피력했다.

중국 당국은 "중국은 소비를 경제성장의 주된 동력으로 삼을 것이며 최첨단산업을 활성화하는 데 노력할 것"이라고 밝혔는데 이는 '세계의 공장'이라는 기존 이미지에서 탈피하겠다는 의지의 표현이다.

환경보호도 의미가 있다. 개혁개방 이후 '어떤 희생을 감수하더라도 경제성장을 지켜낸다'는 기존의 기조와 뉘앙스가 다르다. 앞으로 중국은 자원을 아끼고 환경을 보호하기 위해 '지속가능한 녹색성장'을 추진한다는 의지다. 이는 중국의 두 가지 목표, 즉 도시화와 농업 현대화로 연결된다. 친환경적인 방법으로 도시화와 현대화를 이뤄내겠다는 것이다. 탄소배출권 거래제에 대한 확고한 의지를 재천명하는 한편 전력과 수자원 이용의 분배시스템 개선도 언급했다.

중국이 경기침체 압박 속에서도 앞으로 5년간 '중고속 경제성장'을 유지하겠다고 못 박은 것은 미래 경제성장률 목표치를 '마지노선'으로 인식되는 연평균 6.5% 이하로는 끌어내리지 않겠다는 의지 표현이다. 중국 지도부는 5중전회 공보(회의결과 발표문)에서 "경제에 대한 중고속 성장을 유지하고 균형적·포용적 발전, 지속가능한 발전을 기초로 2020년까지 국내총생산(GDP)과 도·농 거주민의 1인당 수입을 2010년에 비해 2배 수준으로 끌어올리겠다"고 밝혔다.

중국 지도부는 2020년까지 1인당 GDP를 1만 2천~1만 3천 달러로 잡고 있다. 2020년 중국은 '보통 수준의 부유한'(*moderately well-off*) 사회로 진입하여 덩샤오핑이 제시했던 '샤오캉' 사회가 된다는 의미다.

시진핑의 법치주의: 4개 전면 전략

4개 전면 전략은 앞으로 시진핑 체제의 핵심 사상이론이자 4년간 중국이 나아갈 방향을 제시한 지침이다. 이 지침은 시 국가주석이 2014년

12월 장쑤성 연구토론회 당시 공산당원 스스로의 책임을 강조한 기율 강화를 추가함으로써 4개 전면 전략으로 완성됐다. 이후 시 국가주석은 4개 전면 전략을 반복해 언급했고, 〈인민일보〉 등 관영 언론들도 '중화민족의 부흥을 이끌기 위한 전략적 포석'이라며 강조해 왔다.

4개 전면 전략의 핵심 내용은 이렇다. 공산당과 당원부터 새롭게 마음을 가다듬은 뒤, 중단 없는 개혁과 반 부패 드라이브를 추진함으로써 제 13차 5개년 계획이 끝나는 2020년까지 중국 국민 모두가 안정되고 풍요로운 생활을 누리는 샤오캉 사회를 구현하겠다는 것이다.

'샤오캉 사회'라는 표현은 이번 공보(정부 발표문)에서 총 9번이나 등장할 정도로 중요한 목표였다. 샤오캉 실현에서 한 발짝 더 나아가 중국공산당 창건 100주년이 되는 2021년과 신중국 건국 100주년이 되는 2049년, 즉 '2개의 100년'(兩個一百年) 시기에 맞춰 '중화민족의 위대한 부흥'이라는 중국몽을 실현하겠다는 것이다.

중국의 국가통치 청사진은 공산당 중앙위원회 회의에서 결정된다. 중국공산당 지도부는 2014년 10월 20일부터 4일간 열린 4중전회를 통해 '의법치국(依法治國, 법에 의한 국가통치)의 전면적 추진에 관한 결정'을 통과시켰다.

의법치국의 전면적 추진을 위한 6대 임무와 5대 시스템도 확정했다. 6대 임무에는 ① 헌법 실시의 강화, ② 법치정부 건설 가속, ③ 사법공신력 제고, ④ 주민 법치관념 강화, ⑤ 법치 대오(隊伍) 구성, ⑥ 당의 지도강화와 개선내용이 포함됐다. 5대 시스템에는 ① 법률규범체계, ② 고효율적 법치집행체계, ③ 엄격한 법치 관리감독체계, ④ 강력한 법치보장체계, ⑤ 완비된 당내 법규체계 강화 등이 포함되었다.

3. 잔혹해진 중국의 권력 투쟁

신 4인방 일망타진하다

1949년 신중국 건국 이후 중국공산당 내부의 권력 투쟁은 구조화됐다. 5세대 지도부인 시진핑의 권력 승계를 둘러싸고 건국 이후 최대의 권력 투쟁이 벌어졌고, 그 수법은 더욱 잔혹해졌다. 중국의 대표적인 우파 역사학자인 장리판은 시 국가주석의 권력 승계를 둘러싸고 공산당이 분열 직전까지 가는 최대의 권력 투쟁이 벌어졌다고 주장한다.

이 싸움의 시작은 보시라이의 권력찬탈 기도에서 비롯됐다. 과거 권력 투쟁 사례들과 비교할 때, 퇴로와 체면을 남겨주지 않고 뿌리째 뽑아서 끝장을 보는 잔혹성이 중국 권력 투쟁의 새로운 추세로 자리잡고 있다. 시진핑 국가주석과 맞서며 쿠데타를 통해 그를 권좌에서 끌어내리려 했던 신 4인방 척결이 대표적이다.

2014년 12월 22일 중국 관영 〈신화통신〉(新華通訊)은 "링지화 중국

공산당 전 통일전선공작부 부장이 엄중한 기율을 위반한 혐의로 조사받고 있다"고 보도했다. 링지화의 체포로 시 국가주석 체제를 뒤엎으려 했던 '신 4인방'이 일망타진됐다. 신 4인방은 저우융캉 전 중앙정치국 상무위원, 쉬차이허우 전 중앙군사위원회 부주석, 보시라이 전 충칭시 서기, 링지화 전 통일전선공작부 부장 등 이른바 거물급 '호랑이'들로, 모두 시 국가주석의 집권을 반대했던 인물들이다. 이들은 모두 뇌물수수라는 공통된 죄목으로 감옥에 갔다.

백계왕 저우융캉

저우융캉의 처벌은 중국 현대사에서 쇼킹한 사건으로, 1949년 신중국 성립 후 상무위원이 법적 단죄를 받은 것은 처음이다. 전직 상무위원은 처벌하지 않는다는 공산당의 내부 불문율을 깨뜨린 일로, 공산당 권력시스템 자체에 상당한 변화가 불가피하다는 추론이 가능하다.

2015년 4월 중국 톈진(天津) 시 인민검찰원은 톈진시 제 1 중급인민법원에 저우융캉에 대한 공소장을 제출했다. 저우융캉은 장쑤성 출신이지만 톈진은 그가 석유산업에 종사하면서 본격적으로 자신의 정치적 기반을 마련한 곳이다. 저우융캉에 대한 기소는 최고인민검찰원이 그에 대한 수사를 마무리하고 하부 검찰에 사건을 배당함으로써 이뤄졌다.

검찰은 소장에서 뇌물수수, 직권남용, 국가기밀고의 누설 등 세 가지를 제시했다. 검찰은 체포 당시 그에게 당 기율위반, 뇌물수수, 직위 남용을 통한 주변인의 이익 도모, 당과 국가기밀 유출, 청렴 자율 규정 위반, 간통과 성매수 등 여섯 가지 혐의가 있다고 언론에 발표했지만 공소장에서는 세 가지 혐의만 적시했다. 기소 과정에서 저우융캉과 중국 당국 사이에 모종의 협의가 있었다는 반증으로 볼 수 있다.

저우융캉은 2015년 6월 11일 무기징역을 선고받았다. 판결 다음 날 당 중앙은 '저우융캉 위법 범죄사건 및 교훈에 관한 통보'를 한국의 중앙부처 과장에 해당하는 현처(縣處)급 간부 이상에 하달했다. '통보'에는 공개된 세 가지 죄목 외에도 권력 탈취, 비선조직 정치활동, 당 조직 변경 음모, 당의 기율과 규범 위반 문제가 중점적으로 적시된 것으로 홍콩 언론들은 보도했다. 당 간부에 대한 일종의 경고인 것이다.

검찰의 공식 기소에서는 빠졌지만 당초 저우융캉의 범죄혐의로 밝힌 간통, 성매수를 둘러싸고 중화권 언론은 다양한 사실을 공개했다. 중국에서 보편화된 권색(權色)·전색(錢色) 교역 현상은 그동안 단죄된 권력형 범죄에서 공통으로 등장한다. 권색·전색 교역이란 권력이나 돈으로 성을 거래한다는 뜻으로 '성상납'을 의미한다.

저우융캉이 보시라이 전 충칭시 서기 등으로부터 상납받은 정부(情婦)만 28명에 이른다고 한다. 이들은 저우융캉에게 직접 생활비 등을 받으며 정부의 역할을 하면서 간접 권력을 행사하기도 했다. 이른바 '바오양'(包養)의 관계다. 중국공영채널 중앙방송(CCTV)의 아나운서를 중심으로 연기자, 대학생 등 여러 직군이 망라돼 있다. 유명 아나운서 선빙은 저우융캉에게 몸 로비를 한 대가로 중앙정법위원회 정보센터 부주임까지 올라간 인물로 알려졌다.

저우융캉은 천하의 난봉꾼으로 악명이 높아 백계왕(百鷄王, 100마리 암탉을 거느리는 왕)으로 불린다. 그가 중국석유천연가스집단(CNPC)에 재직하던 시절부터 400여 명의 여성과 동침하면서 백계왕이란 별명을 얻었다고 한다.

그보다 28살 어린 두 번째 부인 자샤오예(賈曉燁)도 CCTV 아나운서 출신이다. 저우융캉의 측근인 리둥성(李東生) 전 공안부 부부장이 CCTV 사장 시절, 자샤오예를 '기쁨조'로 저우융캉에게 소개했고 이를 인연으로 두 사람이 부부가 됐다고 한다. 저우융캉이 자샤오예와 결혼하기 위해 전처 왕수화(王淑華)에 대한 살인을 교사했다는 루머도 정설로 굳어지고 있다.

당시 중국판 트위터인 웨이보에서는 중국 고위층의 '공공 정부'로 통하는 여가수 탕찬(湯燦)이 저우융캉의 정부 중 1명이라는 글과 함께 검색어 1위를 차지하기도 했다.

후진타오의 심복, 링지화

링지화는 공개석상에 잘 나타나지 않는 인물로 후진타오 전 국가주석의 심복으로 불렸다. 1995년 중앙판공청에 들어간 이래, 후 전 주석을 지근거리에서 보필했다. 중앙판공청은 우리나라로 치면 청와대 비서실에 해당하는 핵심 권력기관이다.

후 전 주석과 링지화는 같은 '퇀파이' 출신이지만, 공청단 시절에는 인연이 없었다. 하지만 1999년 링지화가 중앙판공청 부주임이 되면서 후 전 주석의 입과 귀 역할을 했다. 베이징 정계에서는 "후 전 주석에게는 그림자가 둘 있다. 하나는 링지화, 다른 하나는 천스쥐다"란 우스갯소리가 나돌 정도였다. 천스쥐(陳世炬)는 1985년 후 전 주석이 구이저우성 당서기로 일하면서부터 보좌한 수행비서다.

후 전 주석과 링지화의 관계는 상상을 초월할 정도로 끈끈했다. 후 전 주석은 2002년 11월 당 총서기가 된 후 오랫동안 장쩌민 전 국가주석의 간섭으로 인사권을 행사하지 못했다. 2007년 제17차 전국대표대회부터 전권을 행사했는데, 그 첫 인사가 링지화를 중앙판공청 주임 겸 당 중앙위원에 임명한 것이었다. 후 전 주석은 여기서 그치지 않고 링지화를 제18차 전국대표대회에서 중앙정치국 상무위원에까지 앉히려 했다.

링지화의 불운은 그의 아들 때문이었다. 2012년 3월, 링지화의 아들 링구가 술을 마신 채 베이징에서 페라리를 몰다가 다리 난간에 부딪쳐 즉사하는 사고가 벌어졌다. 놀라운 점은 동승했던 위구르, 티베트 민족인 여대생 2명이 크게 다쳤는데, 모두 반나체로 운전 중인 링구와 성행위를 하다 사고가 났다는 사실이다. 쇼킹할 만한 뉴스였으나 언론에서는 철저히 통제됐다.

링지화와 아내 구리핑은 아들의 사망증명서를 위조해 사건을 덮었다. 사고 처리를 맡은 푸정화 전 베이징 공안국장이 이에 적극 협조했다. 공안 당국의 최고 책임자였던 저우융캉 전 중앙정치국 상무위원이 푸 전 국장에게 사건 은폐를 지시했기 때문이다. 저우융캉은 이 사고를 계기로 링지화까지 끌어들여 신 4인방을 구축한 것으로 알려졌다. 하지만 그의 행각이 알려지면서 2012년 9월 링지화는 통일전선공작부 부장으로 좌천됐고, 상무위원에서 탈락했다.

초토화된 신 석유방과 쓰촨방

시진핑 국가주석이 신 4인방에 대한 숙청을 직접 주도했다. 이들을 처벌함으로써 시 국가주석은 지배체제를 한층 공고히 다졌다. 신 4인방과 그들의 수족만 체포한 것이 아니었다. 저우융캉의 양대 지지세력이던 '석유방'과 '쓰촨방'을 초토화시켰다. 쉬차이허우가 뒤를 봐주던 구쥔산 전 총후근부 부부장, 위다칭 제 2 포병 부정치위원을 비리혐의로 낙마시켜 군부의 군기를 잡았고, 보시라이와 구카이라이 부부를 사법처리해 태자당 내 주도권을 장악했다. 그리고 링지화를 몰락시켜 후진타오 전 주석이 구축한 퇀파이에 일격을 가했다.

특히 저우융캉은 장쩌민 전 주석의 후원으로 중앙정치국 상무위원에 올랐고, 링지화는 후진타오 전 주석의 최측근이었다는 점에서 정치적 의미가 크다. 시 국가주석이 집권 2년 만에 전임 최고 지도자(장쩌민-후진타오)의 입김에서 완전히 벗어났음을 상징하기 때문이다.

신 4인방 척결 이후 반 부패 칼날은 더욱 예리해지고 있다. 2015년 10월에는 쑤수린(蘇樹林) 푸젠성 성장 겸 당위원회 부서기가 기율위반 혐의로 엄중히 조사받고 있다고 밝혔다. 중국 언론에 보도될 정도라면 정치생명은 끝났다고 봐야 한다. 1962년생으로 '류링허우'(1960년대생) 세대인 쑤수린 성장은 6세대 지도부를 구성할 수 있는 차세대 주자로 불렸다. 그는 비리로 무기징역이 확정된 저우융캉이 이끌던 CNPC에서 근무한 인연 등으로 이른바 '석유방'(石油幇)으로 분류된다.

쑤수린 성장은 2007년 랴오닝성 당위원회 상무위원 조직부장 등을 거친 뒤 CNPC와 함께 양대 석유기업인 중국석유화공(SINOPEC, 시노펙)의 CEO 자리에까지 올랐다. 그는 견습공으로 사회생활을 시작해 시노펙의 CEO가 되었고, 38세에 '부부장'급 고위직에 오르는 등 승진 가도를 달렸다. 그의 낙마는 석유 분야에서 근무하던 시절의 비리와 관련 있거나 저우융캉 비리 사건과 일정 부분 연관이 있을 것이란 관측이 나돌았다. 그가 낙마하기 10여 일 전, 중국의 반부패 사령탑인 왕치산 중앙기율위 서기가 푸젠성을 찾은 것에도 주목이 간다. 현지 언론은 쑤 성장의 낙마 직전 왕치산 중앙기율위 서기가 푸젠성을 찾아 기율을 철저히 지켜 '엄격한 당 관리' 원칙을 전면적으로 추진해야 함을 강조했다고 보도했다.

더불어 저우번순(周本順) 허베이성 당서기에 이어 구춘리(谷春立) 지린성 부성장도 낙마하는 등 현직 고위인사들이 줄줄이 물러나고 있어 주목이 간다.

뇌물 백태

몰락한 '신 4인방'이 수수한 뇌물 내역이 알려지면서 중국인들은 분노를 표출했다. 링지화가 권력을 통해 쌓은 부의 규모는 저우융캉의 1천억 위안(약 18조 원)보다 클 것이라는 관측이다. 은닉한 황금, 서화, 골동품이 트럭 6대 분량이라는 보도도 있었다. 그의 동생인 링완청은 "많은 관리가 형에게 뇌물을 제공하고 공직에 오르거나 승진했다"고 진술했다. 쉬차이허우의 비밀 지하창고에서는 뇌물로 추정되는 현금 1톤과 함께 보물 200킬로그램이 발견됐고, 보시라이는 총 40여억 원의 뇌물을 받았다. 그가 쉬밍 다롄스더 그룹 회장으로부터 여대생, 여배우 등 100여 명의 여성을 성상납 받았다는 언론보도도 충격적이었다.

고가의 술이나 명품 시계 및 가방은 뇌물의 단골메뉴다. 루이비통, 샤넬, 구찌는 특히 관리들 사이에서 인기가 높다. 2012년 경영컨설팅 회사인 '베인앤컴퍼니'의 조사에 따르면 중국인들이 전 세계 명품 구매의 25%를 차지한다고 밝혔다.

주택과 땅을 뇌물로 받는 경우도 흔하다. 2013년 베이징의 한 고위 관리는 총 5억여 원 상당의 주택 3채를 뇌물로 받았다가 발각됐다. 주택 외에도 토지와 관련한 모든 것—건축, 매매, 실내장식 등—을 둘러싼 부패도 만연하다. 관료들의 도움으로 싼 값에 토지를 매입하고 그 차액의 일부를 뇌물로 지급하는 방식도 보편적이다. 안후이성의 한 토지개발자는 주택을 건설하기 전에 19명의 관리들에게 뇌물을 지급했다고 털어놓기도 했다.

현금은 여전히 가장 손쉬운 뇌물 수단으로 꼽힌다. 하지만 현금보다 더 은밀한 방법이 바로 선불카드다. 특정 금액의 현금이 충전되어 있는 선불카드는 레스토랑, 백화점, 피트니스 클럽 등 다양한 곳에서 이용 가능하다. 선불카드를 이용한 뇌물 제공은 광범위하게 이뤄지고 있다. 때문에 중국 인민은행(人民銀行)은 2011년 선불카드를 발급받는 사람의 이름을 반드시 등록하도록 규정을 수정했으며, 이는 1만 위안(약 177만 원) 이상의 선불카드를 구입할 경우에 해당한다. 〈인민일보〉가 조사한 통계자료에 따르면 2011년 공산당원 중 4만 명이 현금이나 상품권을 뇌물로 받은 것으로 나타났다. 총 3억 8,600만 위안(약 680억 원)에 해당하는 액수다. 1인당 평균 9,650위안(약 170만 원)을 받은 셈이다.

전자제품, 골동품, 명화는 최근 들어 인기가 높다. 카메라, 캠코더, e북, 아이패드 등은 휴대가 간편하고 세련된 데다 편리하기 때문에 인기다. 중국의 태블릿 전문업체인 '한본'에 따르면 제품의 60%가 선물용으로 판매된다고 한다. 골동품과 명화는 새로 개발된 뇌물이다. 예술적 가치가 뛰어난 데다 현금처럼 너무 노골적이지 않기 때문이다.

원저우시의 전 공안국장이던 왕톈이는 2000년 부패혐의로 체포될 당시 명화 195점, 자기 23개, 서양 조각품 4점, 오래된 동전 495개, 골동품 도자기 220개 등 박물관 전체를 채울 정도로 방대한 분량의 귀중품들을 보유하고 있었다. "부정부패를 조사하는 관리들은 예술에 대한 조예가 깊어야 한다"는 말이 나돌 정도다.

예술품 경매를 통해 '돈세탁'을 하는 경우도 있다. 우선 뇌물을 주고 싶은 사람에게 가짜 혹은 싸구려 예술품 한 점을 선물한다. 그러면 선물을 받은 사람이 이 예술품을 경매에 내놓고, 뇌물 제공자는 경매에 참여해 마치 이 예술품이 진품인 듯 그리고 매우 값비싼 듯 고가에 낙찰한다. 이런 식으로 예술품의 주인은 고액의 현금을 챙기는 것이다. 최근 중국에서는 이처럼 경매 시장이 돈세탁의 온상이 되고 있어 사회적 문제가 되고 있다. 가짜 예술품들이 터무니없이 높은 가격에 판매되는 어처구니없는 일이 종종 발생한다는 점이 이를 증명한다.

저승사자, 중앙기율검사위원회

중국공산당 간부들의 부정부패는 망국병으로 통한다. 중국 인민들은 관료들의 부정부패 행각에 분노하기 시작했고, 그 불만도 깊어지고 있다. 이를 방치할 경우 공산당 일당체제 자체가 붕괴될 수도 있다고 판단한 인물이 시진핑이다. 그는 집권 직후, 강력한 정풍(整風) 운동을 시작했고, 그 선봉에 중앙기율검사위원회가 있다. 이는 중국공산당 최고 사정기관으로 부패 고위 공직자들에게는 저승사자와 같은 존재다.

중앙기율위 서기는 왕치산 상무위원이 맡고 있다. 그는 2013년 초부터 성부급 간부들을 주요 감독대상으로 하는 '중앙순시조'를 구성해 암행감찰을 통해 전면적인 사정(査正) 활동을 시작했다.

중국 언론들은 시진핑 총서기가 부패 척결을 선언한 이후 3년간 고위직과 하위직을 막론하고 18만 명 이상의 당정 관료들이 처벌을 받고 관직에서 물러났다고 보도했다. 고위직을 일컫는 '호랑이'와 하위직을 의미하는 '파리'로 표현된 부패 사범을 일소하고 척결하는 이른바 '타호박승'(打虎拍蠅), 즉 시진핑의 1단계 중국식 부패와의 전쟁 결과이다.

반 부패 투쟁의 선봉인 중앙기율위는 부패조사 및 처리능력을 강화하기 위해 현장 인력을 대폭 확대하는 등 조직 개편을 완료했다. 부패와의 전쟁을 벌이기 위해서는 방대한 중국 전역의 각급 정부 및 산하 기관 조직 실상을 파악하고 부패관리를 색출해야 하기 때문이다.

중앙기율위는 조사인력을 늘려 공직자들의 재산신고 내용에 거짓이 없는지를 검증하는 한편 각종 제보를 바탕으로 각 지역에 조사단을 파견해 부패혐의 의혹을 신속히 처리하고 있다. 또한 일반인들이 중앙기율위에 손쉽게 고위 공직자들의 부패의혹을 제보할 수 있도록 조직, 업무를 대폭 공개했다.

특히 제보를 활성화하면서 각종 부정부패 행각이 수면으로 올라왔다. 류톄난(劉鐵男) 국가발전개혁위원회 부주임 사례가 대표적이다. 류 부주임의 비리는 그의 정부로부터 제보 받은 한 언론인이 웨이보에 관련 사실을 폭로하면서 알려졌다. 최근 5개월간 100여 명의 관리들이 부패혐의로 처벌됐는데 이 중 절반 정도가 웨이보와 인터넷을 통해 관련 비리가 폭로된 사례이다.

권력 투쟁의 본산, 중국공산당

중국의 오랜 격언 중에 '사슴을 쫓는다'(逐鹿, 축록)라는 말이 있다. 여기서 사슴은 '천하'이며, 난세의 혼란기에 군웅들이 천하 권력을 놓고 다툰다는 뜻이다. 이 말은 한나라 초기 한신에게 천하삼분지계(天下三分之計)를 권유했다가 뒷날 반란을 사주한 죄로 체포된 괴통(蒯通)의 말이다. 그가 유방 앞에 불려갔을 때, "진나라가 사슴을 잃자 세상의 모든 군웅들이 이를 쫓았다"라고 비유했던 것이다.

중국공산당 역시 국민당의 장제스(蔣介石)와 중국을 놓고 일전을 겨뤄 권력을 거머쥔 정치집단이다. 외부의 적을 평정하자 공산당 내부에서 최고 지도자 자리를 놓고 숱한 권력 투쟁이 일어났다.

1930년대는 왕밍과 보고, 이립삼 등 러시아 코민테른의 지시에 따르는 러시아 유학파와 토종 국내파인 마오쩌둥의 노선 싸움이 대표적이다. 마오쩌둥은 러시아 유학파들에 늘 밀리다가 대장정 중인 1935년 1월 구이저우성 쭌이(遵義)회의에서 실권을 잡았다. 이후에도 홍군 지도권을 놓고 당시 총서기였던 장궈타오(張國燾)와 마오쩌둥의 사생결단의 권력 투쟁이 있었고, 대장정 이후 옌안 시대에도 사상 투쟁이 격렬했다.

1959년부터 10년가량 국가주석을 지낸 류사오치(劉少奇)는 마오쩌둥과의 권력 투쟁에서 주자파(走資派)로 몰려 실각한 뒤 말년에는 1969년 카이펑(開封)에서 반감금상태로 지내다 생을 마감했다. 한때 마오의 후계자로 지목됐던 린뱌오(林彪)가 마오와 대립하다가 1971년 국외로 탈출하던 중 비행기 추락으로 사망한 것도 권력 투쟁으로 인해 빚어진 비극이었다.

'중국 개혁개방의 총설계자'인 덩샤오핑도 문화대혁명 시기에는 마오에 의해 3번이나 실각했다가 다시 복귀하는 우여곡절을 겪었다. 덩샤오핑은 자신의 측근인 당 총서기 후야오방과 자오쯔양을 희생시키는 대가를 치러야 했다. 1989년 6월 4일 톈안먼 사건 전후로 후야오방-자오쯔양이 실각한 것은 정치민주화 속도 등을 놓고 벌어진 보수파와의 갈등 때문이었다. 톈안먼 사건으로 엉겁결에 권력을 물려받은 상하이방 장쩌민도 당시 베이징의 권력실세였던 천시퉁 베이징 시장과 목숨을 건 권력 투쟁 끝에 생존한 것이다.

후진타오에서 시진핑으로 넘어가는 과도기에는 시진핑에 반대하는 보시라이·저우융캉 세력의 쿠데타 음모가 일어날 정도로 사태가 심각했다. 시진핑은 보시라이 등 신 4인방을 체포해 부정부패 등의 혐의로 정치생명을 끊었다. 지금도 보이지는 않지만 공산당 내부에서는 차기 권력을 향한 치열한 경쟁이 계속되고 있다.

시진핑 체제 3년, 핵심 권력 절반 교체

2012년 11월 시진핑 체제 출범 이후 중국의 핵심 권력층을 구성하는 중국공산당 중앙위원의 절반이 자리이동을 했다. 2012년 말에 열린 제18차 전국대표대회에서 205명으로 구성된 제18기 당 중앙위가 출범했지만 2015년 12월 기준, 205명 가운데 100여 명이 자리가 바뀌었다. 과거 당 중앙위원은 차기 전국대표대회에서 새 중앙위가 구성될 때까지 구성원 자체가 대규모로 바뀐 전례는 없다.

81명의 중앙위원이 새 직책을 부여받았다. 왕양(汪洋) 전 광둥성 서기가 부총리에 임명됐고, 양제츠(楊潔篪) 전 외교부장과 왕이(王毅) 전 타이완 사무판공실 주임이 각각 국무위원(부총리급)과 외교부장으로 이동했다. 류옌둥(劉延東) 전 국무위원은 부총리로, 양환닝(楊煥寧) 전 공안부 상무부 부부장은 국가안전 생산감독관리 총국 총국장으로 이동 배치됐다. 이들은 시진핑 체제에서 승승장구하며 중국을 움직이는 핵심 멤버들이다.

다른 16명의 중앙위원은 권력의 전면에서 '2선'으로 물러났다. 중앙위원에 뽑힌 인물은 65세가 되면 전인대나 자문기관인 정협 등에 배치되어 조만간 퇴직하는 것이 관례이다. 전인대로 이동한 왕민(王珉) 전 랴오닝성 당서기, 저우성셴(周生賢) 전 환경보호부장 등이 '2선'으로 후퇴한 권력자들이다. 시진핑 체제 초반 윈난(雲南)성 당서기를 맡았던 친광룽(秦光榮)의 경우 2014년 10월 전인대로 이동했는데, 당시 그의 나이가 64세 밖에 안됐다는 점에서 '예상 밖 인사'라는 반응이 나오기도 했다.

가장 크게 주목받는 것은 부정부패로 인해 7명의 중앙위원이 낙마했다는 점이다. 이는 중국공산당 역사상 유례가 없는 수준이다. 장제민(蔣潔敏) 전 국유자산 감독관리위원회 주임, 리둥성 전 공안부 부부장, 양진산(楊金山) 전 청두군구 부사령관, 링지화 전 통일전선공작부 부장, 저우번순 전 허베이성 서기, 양둥량(楊棟梁) 전 국가안전 생산감독관리 총국 국장, 쑤수린 전 푸젠성 성장이 바로 그들이다.

권력층의 대대적인 '물갈이 인사'는 시진핑 체제가 최대 과제로 선포한 당 개혁과 직결돼 있고, 시 국가주석의 권력기반 공고화 작업과도 긴밀하게 맞닿아 있다.

반 시진핑 선봉장, 장더장

당 서열 3위인 장더장(張德江) 중국 전인대 상무위원장은 장쩌민 파벌의 핵심 인물이다. 중화권 언론들이 그를 '장쩌민의 대변인'이라고 부르는 이유도 여기에 있다. 장더장은 전국인민대표대회 및 홍콩·마카오 소조 조장 등 자신의 통제하에 있는 권력을 이용하여 시진핑의 각종 정책을 지속적으로 저지한 것으로 알려졌다.

장더장은 1946년 11월 랴오닝성 타이안(台安)에서 태어나, 유년시절부터 줄곧 지린성 창춘(長春)시에서 자랐다. 그는 군인집안 출신으로 부친이 공산당 제1세대 군인인 장쯔이(張志毅)다. 장더장은 문화대혁명 기간에 홍위병으로 활동했고, 연변(延邊) 조선족자치주 왕칭(汪淸)현의 농장으로 하방됐다. 인민공사에서 근로활동과 정치적 표현력이 뛰어났다고 한다. 또한 한반도와 인연이 많은 인물로, 김일성종합대학에 유학을 다녀올 정도로 한반도에 정통하다고 한다.

장더장은 왕칭현에서 평생의 은인을 만났다. 당시 왕칭현 당위원회 상무위원이던 조선족 출신 이덕수(李德洙)이다. 이덕수의 천거로 장더장은 왕칭현 선전조 간사가 됐다. 또한 이덕수는 1972년 장더장을 연변대학에서 공부할 수 있도록 추천했다. 그는 연변대학에서 조선어를 전공, 1978년 8월엔 교환 유학생으로 뽑혀 김일성 종합대학에서 2년간 경제학을 공부했다.

1989년 톈안먼 사건을 계기로 당 총서기에 오른 장쩌민은 이듬해 3월 첫 해외 방문지로 북한을 택했다. 당시 수행단에 포함됐던 장더장은 김일성 종합대학 출신이었기에 장쩌민에게 북한과 관련된 많은 정보를 제공할 수 있었다. 장쩌민은 이때부터 그를 눈여겨봤고 그해 10월 그를 연변주 서기로 임명해 대북 창구 역할을 맡기는 등 두터운 신임을 보였다.

장더장은 저장성 서기로 있던 2002년 항저우에 시찰을 온 장쩌민과 함께 이탈리아 가곡 〈오 솔레 미오〉(*O Sole Mio*)를 번갈아 불러 마치 부자(父子)와 같은 모습을 보이기도 했다. 호사가들은 이를 빗대 장더장의 이름 앞뒤를 바꿔 장더장(江德張)이라며 장쩌민의 성을 붙일 정도였다. 하지만 시진핑 시대가 본격화되면서 낙마한 최고위급 인사 대부분이 장쩌민 파벌에 속한 인물들이었다. 갈수록 장더장의 힘이 약해질 수밖에 없는 상황이 된 것이다.

시진핑과 장쩌민

시진핑과 장쩌민의 파워게임은 시진핑 집권 이후 지속적으로 이어졌다. 장쩌민은 1989년 6월 국가주석 겸 공산당 총서기에 올랐고, 2002년 당 총서기직에서 공식적으로 물러났다. 하지만 그 이듬해까지 군사통제권을 쥐고 있었다. 이후 군사령부는 수년간 장쩌민파 인사들로 채워졌다.

장쩌민은 권좌에서 내려온 후에도 정치적 영향력을 행사했다. 그의 후임인 후진타오 주석 시절에도 중국 전역에 자신의 인맥을 쌓아 나갔으며 막후에서 입김을 불어넣었다. 그는 퇴임한 지 7년째인 2009년 10월 중화인민공화국 국경절 기념식에 등장해 그의 영향력이 지속되고 있음을 극명하게 보여 줬다.

장 전 주석은 2002년 후진타오에게 권좌를 이양하면서 마키아벨리식 권모술수로 막후 실권을 장악했다. 당의 주요 결정을 내리는 상무위원회에 자기 사람을 심으면서 영향력을 유지하는 방식이다.

장쩌민 파벌의 정치 조직망은 전국에 걸쳐 촘촘하게 짜여 있다. 시진핑이 추진하는 반 부패 운동의 핵심 중 하나가 바로 장쩌민 파벌('장파')의 숙청이다. 지금까지 숙청된 장파 거물들의 부패 정도는 상상을 초월한다. 중국인들은 장파의 핵심 인물들이 축적한 부의 규모에 놀라고 있다. 중국인 학자인 정융녠(鄭永年)은 "최근 수년간 중국에서 벌어진 부패를 이해할 수 없다. 부정부패로 수십만 또는 수백만 인민폐(人民幣)를 훔치는 것은 이해할 수 있다. 더 나은 삶을 영위하는 데 그 돈을 쓸 수 있다. 하지만 수십억, 평생 다 쓸 수도 없는 그렇게 많은 돈을 훔치는 것은 도저히 이해가 가지 않는다"고 한탄하기도 했다.

전문가들은 장쩌민이 수년 동안 측근들의 충성과 복종을 확보할 수 있었던 것은 그들의 부패를 눈감아 준 대가로 보고 있다. 그의 권력 굳히기를 도운 이는 쩡칭훙(曾慶紅) 전 부주석인데, 그는 석유 부문에서 부를 축적한 '석유방' 출신으로 주요 권력을 쥐고 있었다. 그는 장쩌민의 측근세력에 관직과 산업을 배분하는 일을 맡았다.

장파의 핵심 인물들은 주요 산업을 나눠 가졌다. 그리고 그들의 가족은 특정 산업을 독점 통제해 경제적 이익을 확보했다. 저우융캉과 그의 가족은 석유 부문을 장악했고, 리펑(李鵬)은 전기 부문을, 장쩌민의 아들은 IT 업계를 좌지우지하는 식이었다.

장쩌민 파벌의 근거지는 상하이다. 2014년 7월 당국은 상하이에서 전면적인 부패조사에 착수해 상하이 관리 11명이 낙마했다. 이는 시진핑이 저우융캉과 쉬차이허우에게 쓴 체포 전략을 장쩌민에게도 활용한 것으로 보인다. 결정타를 날리기에 앞서 목표의 주변 인물들을 조사하고 제거하는 방식이다.

장쩌민파의 반격, 홍콩 사태

홍콩 사태는 중국의 권력 투쟁이 어떤 방식으로 진행되는지를 제대로 보여 주는 사례이다. 전 세계의 이목이 쏠린 홍콩 사태는 정교하게 설계한 한 편의 권력 투쟁 드라마였다. 집권 초기 시진핑 세력이 반 부패 투쟁을 앞세워 장쩌민 세력을 압박하자, 홍콩 사태를 이에 대한 전면적 반격으로 보는 시각이 많았다. 중화권 언론에서는 반 시진핑 세력의 핵심인 장더장이 기획 총괄한 작품이라는 식으로 보도했다. 홍콩 시민들을 분노하게 만들어 시진핑 체제를 곤혹스럽게 하면서 시 국가주석의 반 부패 투쟁을 약화시키려는 책략에서 비롯됐다는 것이다.

구체적으로 보자. 홍콩 주권 귀속 17주년을 맞는 2014년 7월 1일, 홍콩 중심가에서 50여만 명이 참여한 가운데 '민주화 확대와 행정장관 직선에 반중(反中) 파 후보 출마배제 중단' 등을 촉구하는 시위가 일어났다. 이들 시위대가 홍콩 관공서와 금융가가 밀집된 센트럴을 장기 점거하면서 사태는 일파만파로 격화됐다.

중국 당국도 이에 맞서 치밀한 반대시위를 계획했다. 8월 17일 친중(親中) 파 시민 19만 명이 민주파의 센트럴 점거계획에 반대하는 시위를 전개했다. 중화권 언론매체인 〈대기원시보〉(大紀元時報) 에 따르면 홍콩 시위가 격화되면서 장더장은 선전(深圳, 홍콩 바로 위에 있는 중국 신흥도시) 에 직접 가기도 했다고 한다. 목적은 장쩌민파의 '마지막 근거지'인 홍콩에서 '센트럴 점령 반대' 시위운동을 주도하기 위한 사전준비 때문이었다. 장더장은 이 계획을 위해 홍콩의 중공 지하당을 총동원했고 중국에서 사람들을 동원해 인원수를 채웠다. 이를 위해

1~2억 위안의 자금을 사용한 것으로 추정된다.

중화권 언론들은 당시 '장파 최후의 거물, 시진핑에 반기를 들다'라는 톱기사를 보도했다. 당 서열 3위이자 홍콩 문제를 주관하는 핵심 인물인 장더장이 7월 19일 선전으로 가, 3일 동안 렁춘잉 행정장관 및 홍콩 6대 상인 연합회, 건제파 자유당, 경민련, 신민당, 민건련의 핵심 인사와 10여 차례 만난 것이다. 이제 장쩌민이 시진핑에게 반격을 가하는 마지막 카드가 되었다.

이렇게 계획된 친중파의 시위는 민주파가 금융 중심가인 센트럴에서 농성을 벌이는 것에 찬동하지 않는다는 뜻을 보여 주려는 의도였다. 1997년 홍콩이 중국에 귀속한 이래 친중파가 펼친 시위로는 최대 규모였다. 시위 참가자들은 '평화를 지키고 보통선거를 지키자' 등을 적은 플래카드를 앞세우고 '중환(中環, 센트럴) 점거 반대', '폭력 반대' 구호를 외치며 거리를 행진했다. 상당수의 시위대는 중국 국기인 오성홍기를 흔들기까지 했다. 친중파 단체는 한 달간 '센트럴 점령'의 시위 중단과 행정장관 선거의 차질 없는 추진 등을 요구하는 서명운동을 벌여 140만 명 이상의 서명을 받아내 세를 과시하기도 했다.

하지만 시진핑 진영의 반격도 만만찮았다. 2014년 6월 27일 중앙기율위는 완칭량 광저우 서기를 체포했다고 선언했고, 사흘 후인 6월 30일 쉬차이허우의 당적을 박탈하고 군사법원으로 이송하는 동시에 완칭량을 면직 처분한다고 공식발표했다.

광저우는 홍콩의 배후기지로서 완칭량은 홍콩 사업을 진두지휘하는 역할을 했다. 그가 체포된 후 홍콩에 대한 장쩌민 파벌의 통제력은 크게 약해졌고, 이에 장쩌민은 장더장이라는 초임자에게 홍콩 임무를 맡졌지만 장더장의 수법이 미숙한 탓에, 결국 홍콩 계획은 실패했다.

반 시진핑 세력의 거점, 전국인민대표대회

2015년 중국 국무원에서는 전인대 상무위원회 제 14차 회의에 26개 법률개정안을 제출했으나 공개 거부됐다. 이 법률개정안은 행정심사 항목, 상공업 사전등록 허가제, 가격 개혁 등 세 가지로 분류되어 26개 법률이 개정될 예정이었다. 중화권 언론들은 전인대를 장악한 장더장 위원장을 중심으로 시진핑 정권에 대한 장쩌민 집단의 교란 가능성을 보도했다.

리커창 국무원 총리는 공개석상에서 '정부의 명령이 베이징을 벗어나지 못하는 문제'에 대해 연속해서 목소리를 높였다. 2015년 4월 15일, 리커창은 국무원 상무회의에서 통과한 정책들이 각 처장의 '점검'으로 실행되지 못하고 있다고 지적했으며, 4월 21일에는 국무원 통과 서류는 중대한 개정 의견이나 특수한 원인이 없으면 7일 이내에 반드시 내려보내야 한다고 요구했다.

리커창이 제출한 법률개정안은 국무원이 자발적으로 권력을 하부기관에 넘겨주는 것인데 전인대가 심의를 방해한 형국이 됐다. 이는 시진핑-리커창 집권 이후, 장쩌민파의 양대 상무위원인 전인대 위원장 장더장과 중앙선전부 대권을 장악한 류윈산(劉雲山)이 시진핑의 장쩌민파 제거 과정에 끊임없이 대항하고 있다는 의미도 된다. 전인대와 중앙선전부는 시진핑에 대항하는 장쩌민 파벌의 주요 기관이 됐다.

2014년 6월 10일, 장더장과 류윈산의 운영하에 있는 '국무원 신문판공실'은 갑작스럽게 '일국 양제'의 정의를 변칙 수정해 홍콩 각계에 큰 반발을 불러일으켰다. 장쩌민파는 시진핑의 반 부패 '호랑이 잡기'를 방해하면서 불만의 메시지를 보내고 있다는 분석이 끊이지 않았다.

장더장이 노동교양제도 폐지에 앞장섰다는 주장도 나왔다. 2013년 1월 7일, 정치법률위원회(정법위) 서기 멍젠주(孟建柱)는 회의에서 당국이 전인대의 승인을 거쳐 그해 노동교양제도를 중단하겠다고 선포했다. 이 소식은 외부의 관심을 불러일으켰지만 이후 〈신화통신〉, CCTV 및 〈인민일보〉에서 관련 뉴스가 빠르게 삭제됐다.

정법위 소속인 공안은 비록 노동교양 결정기관이지만 노동교양 조례는 실제로 국무원 명의로 전인대에 보고해 승인 후 실행해야 한다. 당시 장더장은 전인대 내무회의에 참석한 멍젠주를 앞에 두고 "노동교양제도 존폐 문제가 '급진개혁' 적대세력의 계략에 빠졌다"며 공개적으로 비난했다고 한다.

시진핑과 중앙기율위 서기 왕치산은 중앙기율위 소조를 중앙 7개 부처에 파견해 조사하려 했다. 주요 목표는 물론 장더장과 류윈산이 장악한 전인대와 중앙선전부였다. 그러자 장더장이 통제하는 전인대는 중앙기율위 조사에 대항하기 위해 국무원의 26개 법률개정안 통과를 공개 거부했다. 장더장이 공개적으로 반 부패 '호랑이 잡기'를 저지했다는 추론도 가능한 대목이다. 장더장은 전인대 상무위원장으로서 중국공산당의 절차와 조직 원칙을 이용해 시진핑 체제에 대항하고 있다는 것이 중화권 언론들의 시각이다.

권력의 물꼬를 바꿔 놓은 왕리쥔 사건

2012년 2월 6일은 중국 현대사에 한 획을 그은 날이다. 6일 저녁 여장(女裝) 차림의 한 건장한 사람이 청우(成渝, 청두-충칭) 고속도로를 달리고 있었다. '그녀'는 긴장한 표정으로 힐긋힐긋 백미러를 통해 미행 차량이 있는지 수시로 점검하면서 여기저기에 전화를 걸었다. 미행이 없음을 확인한 그녀가 도착한 곳은 청두 주재 미국 영사관 앞이었다. 차량에서 내린 건장한 체격의 '여인'은 바로 왕리쥔이었다.

충칭시 공안부장으로 범죄와의 전쟁을 주도했던 왕리쥔이 미행을 따돌리고 미국 영사관에 찾아가 망명을 요청한, 이른바 '왕리쥔 사건'이 중국을 뒤흔드는 순간이었다. 중국 지도부는 경악했고 미국 지도부는 혼란스러워했다. 당시엔 황태자였던 시진핑 국가부주석의 미국 방문 직전에 왕리쥔이 미국 망명을 요청한 것이다. 시진핑이 2012년 11월 15일 제 18차 전국대표대회에서 당 총서기에 오르기 9개월 전 일이다.

왕리쥔 사건이 특별한 이유는 그의 이야기가 아래로는 서민들의 일상생활로부터 위로는 9명의 공산당 상무위원에까지 연계되었기 때문이다. 개혁파와 좌파(左派) 간의 다툼, 음모가(陰謀家)와 정객(政客) 간의 전쟁, 매체의 거짓과 사건의 진상 등 모든 것이 왕리쥔 사건으로 초점이 모인다.

후진타오-원자바오(溫家寶) 체제에서는 권위 있는 인물이 사라져 공산당 내부는 권력게임의 장으로 변했다. 이들은 모두 한 가지 '묵계'(默契), 즉 서로 간에 권력과 이익을 침범하지 않는 것을 지켰다. 공산당 내부의 균열을 막고 공산당 일당체제가 중국을 통치하기 위한 제 1의 규율인 것이다.

그러나 보시라이라는 괴물이 나타났다. 그는 "하늘이 내게 재능을 주셨으니 반드시 쓸 데가 있다"고 공공연하게 말하면서 다른 파벌의 이익을 건드렸다. 그는 중국 최고 지도자가 되겠다는 야심으로 공산당의 규율을 무너뜨렸고 이 과정에서 각 파벌의 연합공격으로 멸문(滅門)의 화를 당했다. 그 단초가 바로 심복인 왕리쥔과의 반목이었다.

왕리쥔 사건은 신중국 건국 이후 62년 만에 처음으로 부부장급(차관급) 관원이 외국 영사관에 들어가 정치적 망명을 신청한 사건이다. '왕리쥔 사건'은 당과 정부, 민간을 뒤흔들었다. 이 소식은 네티즌을 통해 웨이보에 처음 폭로되면서 일파만파로 번졌다. 중국의 공식매체들이 침묵과 왜곡을 일삼는 가운데 웨이보에 실시간으로 알려지면서 전 세계의 이목을 끌었다.

후진타오의 반간계

왕리쥔은 랴오닝성 톄링(鐵嶺) 시에서 8년간 공안국장을 지내면서 현지에 자기 세력을 많이 심어놓았다. 그는 보시라이가 랴오닝성에서 근무하던 기간에 진저우(錦州) 시 공안국장으로 자리를 옮기면서 톄링시 공안국장에 측근인 구펑제(谷鳳傑)를 앉혔다. 왕리쥔 사건이 발생한 일주일 뒤인 2월 13일 랴오닝 관방에서는 톄링시 공안국장 구펑제가 이미 2011년 5월 쌍규(雙規, 영장 없이 최장 6개월 동안 구금・조사하는 것)에 걸려 조사를 받았다. 이듬해 1월 31일에는 뇌물수수 및 출처가 불명확한 거액의 재산을 소유한 혐의로 징역 12년형을 받았다. 그 외 왕리쥔의 단짝이자 톄링시 공안국 상무부국장 푸샤오둥(富曉東) 등 다수가 사건에 연루되었다.

보시라이와 왕리쥔의 갈등 이면에는 보시라이의 가족사가 자리 잡고 있다. 랴오닝성 성장으로 있던 보시라이가 2008년 충칭으로 갈 때 스카우트한 왕리쥔은 그의 집안까지 챙겼다. 외아들 보과과(薄瓜瓜)의 경호도 담당했으며, 부인 구카이라이는 왕리쥔을 '구이쯔'(鬼子, 친한 사이의 애칭으로 쓰임)라고 부를 정도로 가까워졌다.

보시라이와 구카이라이는 욕심이 많은 인물이다. 구카이라이는 사업 파트너이자 연인 관계를 유지해 온 헤이우드에게 2억 파운드의 재무고문 비용을 내야 했는데, 보시라이와 구카이라이는 그에게 돈을 주고 싶지 않았다. 헤이우드는 거액을 받기 위해 2011년 7월 11일 보시라이의 아들을 위협하는 이메일을 보냈고, 이후에도 보시라이 부부가 지난 수년간 국외로 빼돌려 세탁한 자금에 대한 증거자료를 수집했다. 보시라이 부부는 헤이우드의 이런 행동을 알아차렸다.

보시라이 부부는 제 18차 전국대표대회를 앞두고 상무위원 입성에 치명타를 줄 수 있는 헤이우드를 제거해야겠다는 판단을 했다. 이에 구카이라이는 헤이우드에게 자신의 생일이 곧 돌아온다며 그를 충칭으로 불렀다. 헤이우드는 찜찜한 마음이 들었지만, 돈을 받기 위해 충칭으로 향했다. 구카이라이는 난산리징두자 호텔로 헤이우드를 찾아가 자신이 직접 끓인 국을 마시게 했다. 국에는 미리 청산가리를 풀어 놓은 상태였다. 헤이우드는 그 자리에서 절명했다. 2011년 11월 14일의 일이었다.

다음 날 보시라이는 측근인 왕리쥔을 불러 난산리징두자 호텔에서 일어난 살인사건을 처리하라고 지시했다. 현장에 도착한 왕리쥔은 피살자가 헤이우드인 것을 알고 매우 놀랐다. 그는 헤이우드의 사체를 보고 독살된 것임을 알았다. 게다가 호텔에 설치된 CCTV의 영상을 확인하고는 입을 다물지 못했다. 헤이우드의 방에서 마지막으로 나온 사람은 다름 아닌 구카이라이였기 때문이다.

왕리쥔은 보시라이가 자신을 사건 뒤처리 '청소부'로 쓰려는 것을 직감했다. 그는 부검의를 불러 헤이우드의 시신에서 살점을 떼어내도록 지시한 뒤 이를 보관했다. 확인한 CCTV 영상 역시 따로 보관했다. 왕리쥔은 보시라이 부부에 대해 도청은 물론 보시라이의 언행을 녹음해 은밀한 장소에 보관했다. 헤이우드 사건은 그렇게 묻히는 듯했다.

그런데 왕리쥔 밑에서 헤이우드 사건을 조사했던 형사들이 하나 둘 퇴직신청을 했다. 보시라이가 두려웠기 때문이다. 왕리쥔은 이런 상황을 보시라이에게 보고했고, 보시라이는 왕리쥔이 자신을 협박한다고 생각했다. 게다가 왕리쥔이 헤이우드 사건에 대한 물증을 확보하고 있음을 알아챘다.

결정적으로 왕리쥔이 보시라이를 떠날 수밖에 없는 일이 발생했다. 2012년 2월 초에 열린 내부 간부회의에서였다. 보시라이는 갑자기 "왕리쥔이 오랫동안 공안국장을 맡아 스트레스가 너무 심하다. 힘이 덜 드는 자리로 가야 한다"고 말했다. 더 나아가 "왕리쥔이 우울증을 앓고 있는데 우울증 환자는 자살하기도 쉽다"고 말하며 손가락으로 머리에 총을 쏘는 모습을 연출했다. 그 모습을 본 왕리쥔은 등골이 오싹했다. 왕리쥔은 바로 그다음 날 쓰촨성 청두(成都)의 미국 영사관에 망명을 요청했다.

영국 〈더 타임스〉(*The Times*)는 보시라이 부인 구카이라이와 살해된 영국인 사업가 닐 헤이우드가 연인 관계였다며 관련자들의 증언을 보도했다. 구카이라이는 보시라이가 랴오닝성 성장에 오르기 직전인 2000년 남편과 떨어져 영국으로 이사해 회사를 차리고 아들 보과과를 런던 해로스쿨에 입학시켰다. 그리고 자신은 런던에서 105킬로미터가량 떨어진 남부 잉글랜드의 해변 휴양도시 본머스의 한 아파트에 살았는데, 닐 헤이우드가 이 아파트에 드나들면서 연인 사이로 발전한 것이라고 한다. 한 소식통은 "헤이우드 씨는 아침이면 담배를 문 채 창가에 기대 서 있었으며 구 씨는 부엌에 있었다. 두 사람은 아파트 계단을 오르며 '사랑 놀음'도 보여 주었다"고 〈더 타임스〉에 밝혔다.

그들의 관계가 깊어진 것은 보시라이가 자신의 정치적 야심을 위해 구카이라이에게 개인적 삶을 포기하도록 강요했기 때문이다. 유명한 변호사였던 구카이라이가 남편에 의해 날개가 꺾였을 때, 헤이우드가 나타났고, 자연스럽게 벽안의 젊은이에게 빠져든 것이다. 그러나 연인 사이는 금전 문제로 갈등을 빚었고 결국 구카이라이는 재판에서 고의 살인죄로 사형집행유예를 선고받았다. 사형집행유예는 사형집행을 일정 기간 연기한 뒤, 이 기간 행형 성적 등을 참작해 무기·유기징역형으로 감형할 수 있도록 하는 중국의 독특한 제도이다. 구카이라이는 2년간 집행을 유예받았다.

공산당의 '묵계'를 깨뜨린 보시라이

중국공산당은 혁명 기간 때부터 조직성이 엄격하고 단결을 중시하는 집단이었다. 당내 규칙 중, 가장 중요한 것은 바로 최고 지도자의 권위에 도전하지 않는 것이다. 보시라이는 이 첫 번째 규칙을 위반하고 적나라하게 당내 1호 인물(후진타오)의 명성에 흠집을 냈으며 그의 지위에 도전했다. 보시라이는 사석에서 후진타오 당 총서기를 '한헌제'에, 시진핑 신임 총서기를 '유아두'에 비유했다. 후진타오는 승상 '조조'에 휘둘리는 후한(後漢)의 헌제 유협이고, 시진핑은 승상 '제갈량'의 훈계를 듣는 촉한(蜀漢)의 후주 유선(아두)이라는 풍자였다.

이 발언은 후진타오와 시진핑에 보고되었고 두 사람을 격분하게 했다. 이 죄는 과거 류샤오치가 마오쩌둥에게 도전한 것보다 훨씬 심한 것으로, 왕조 시대였다면 9족을 멸할 대역죄로 볼 수 있다.

보시라이가 어긴 두 번째 규칙은 당내 중앙정치국 상무위원 간의 내부 모순을 공개한 것이다. 2011년 12월 20일, 보시라이가 충칭시 제3기 위원회 제10차 전체회의에서 "지금 '창두강전'(唱讀講傳, 홍가를 부르고 경전을 읽고 고사를 말하며 잠언을 전하는 활동)은 이미 광대한 시민들의 환영을 받고 있다. 참여율은 97.3%, 만족도는 96.5%에 달한다. 또 (우)방궈, (자)칭린, (리)창춘, (시)진핑, (허)궈창, (저우)융캉 등 중앙 지도자 동지들도 충칭을 방문해 충분히 긍정했다"는 발언을 했다. 여기서 보시라이는 후진타오, 원자바오, 리커창은 언급하지 않았다.

더 나아가 "하지만 일부 괴상한 사람들은 홍가 부르기라는 말만 들어도 빈정대는 말을 하길 좋아하며 '좌편향'이라거나 '옛날 노선으로 되돌아가려 한다'고 말한다"고 했다. 분명한 것은 여기서 보시라이가 가리킨 '일부 괴상한 사람들'이란 후진타오, 원자바오, 리커창 3인을 가리킨 것이었다.

보시라이는 겨우 중앙정치국 위원임에도 감히 중앙정치국 상무위원들의 모순과 갈등을 공개적으로 언급했고, 후-원-리 3인에게 홍가 부르기와 폭력배 소탕을 가로막은 책임이 있다고 비난한 것이다.

후진타오는 보시라이의 경거망동에도 3년을 조용히 기다렸다가 제18차 전국대표대회 1년 전에 반격에 나섰다. 보시라이-왕리쥔 갈등은 후진타오 국가주석이 이끄는 퇀파이의 비밀공작과 연관이 있다. 이 권력 투쟁은 근본적으로 퇀파이와 장쩌민 전 주석을 정점으로 한 상하이방 사이에서 목숨을 건 싸움이란 시각이 있다.

공청단이 장악한 중앙기율위는 사실 보시라이-왕리쥔을 이간질한 집행자에 불과하며 진정한 막후 설계자는 바로 후진타오의 직계 심복인 리위안차오(李源潮)라고 한다. 중앙기율위 조사단이 전면에 나서 보시라이와 왕리쥔을 갈라놓고 왕리쥔을 미국 영사관으로 탈출하게 한 '큰 연극'을 만든 것이다.

2012년 1월 이전에 이미 당 중앙기율위는 왕리쥔를 불러 조사를 시작했다. 자신의 범죄를 드러내는 확실한 증거 앞에서 재앙을 피하기는 어렵다는 것을 안 왕리쥔은 몹시 두려워했다. 중앙기율위 조사관은 그에게 보시라이의 각종 기록을 내놓아 보시라이를 제거하는 데 협력하도록 회유하는 방법을 썼다. 중앙기율위는 왕리쥔과 보시라이의 대화 내용을 녹음한 후 그중 보시라이에게 불리한 내용만을 뽑아, 중앙정부에 있는 보시라이의 정보원에게 흘렸다. 결국 보시라이는 왕리쥔이 자신을 배반한 것으로 오해하고 그의 주변 인물들을 검거하기 시작했다.

생명의 위협을 느낀 왕리쥔은 보시라이에게 반격을 가했다. 왕리쥔이 청두의 미국 영사관으로 달려가 구조를 요청하면서 내분이 일어난 것이다. 후진타오 계열은 왕리쥔이 충칭을 벗어나지 못한 채 보시라이에게 잡힐 것을 우려했다. 보시라이 측의 황치판(黃奇帆) 충칭 시장이 70여 대의 충칭 경찰차를 동원해 청두까지 추적했지만, 왕리쥔은 이를 따돌리고 미국 영사관에 들어갔다. 결국 그는 공청단 계열이 장악한 국가안전부에 신병이 넘겨져 베이징으로 압송됐다.

후진타오 계열은 이 사건으로 차기 정권에서 보시라이가 상무위원이 되고, '포청천'으로 추앙받던 왕리쥔이 공안부장이 되는 최악의 시나리오를 막을 수 있었다. 자중지란을 일으키려는 반간계(反奸計)가 성공한 셈이다. 후진타오 계열이 보시라이-왕리쥔을 이간한 목적은 보시라이로 하여금 왕리쥔을 핍박해 왕리쥔이 보시라이를 배반하게 하고, 이때 중앙에서 대대적으로 나서 보시라이를 조사하기 위한 것이었다.

왕리쥔 사건과 2006년 장쩌민 계열의 천량위(陳良宇) 전 상하이 당서기 구속 사건은 관련이 있다. 천량위가 당시 후진타오 주석과 원자바오 총리 등이 적극 추진하는 '거시경제 조정 정책' 등에 반발하자 후-원 라인은 천 서기를 사회보장기금 유용사건으로 구속해 18년형을 선고받게 했다. 유용 및 횡령 금액이 329억 위안(약 5조 9천억 원)에 이르는 대형 부정부패사건이었다. 천 서기는 2007년 10월, 제 17차 전국대표대회에서 중앙정치국 상무위원 진입도 실패했다.

당시 중화권 언론에서는 9명의 상무위원이 만장일치로 보시라이에 대한 조사에 동의했는데, 이 중 8명의 상무위원은 단호하고 분명하게 태도를 표명했으나 1명의 상무위원만이 쓰촨에서 방대한 경제적 이익을 취하고 있는 가족들이 연루될 것이 두려워 마지못해 동의했다고 한다. 그 인물이 바로 저우융캉이라고 한다.

보시라이는 중앙과 지방의 갈등을 권력 투쟁에 이용했다. 1994년 이래, 당시 총리였던 주룽지가 중앙 및 중대형 국유기업의 세금을 중앙재정으로 가져가 지방재정은 늘 적자에 시달렸다. 특히 충칭, 티베트, 윈난과 쓰촨 등이 심각했다. 대형 국유기업의 이득을 중앙에서 모두 가져갔기 때문에 지방에서는 이를 원망하는 분위기가 팽배했다. 중국 인민들은 특히 집값이 너무 높은 것에 대해 불만을 갖고 있었는데, 집값이 오른 근본적 이유는 중앙에서 지방부가세의 4분의 3을 가져가 지방정부의 자금이 부족했기 때문이었다.

그래서 공사비를 충당하기 위해서는 부동산 개발업자들에게 토지를 팔지 않을 수 없었다. 10여 년에 걸친 땅장사로 수많은 강제철거사건이 발생했을 뿐만 아니라 토지가 제한된 까닭에 땅값이 계속 올라, 공사비 자체도 크게 증가했다. 그 결과는 모두 일반 민중에게 부담으로 전가되었다.

보시라이는 뛰어난 기만책으로 충칭의 일부 기층민중들에게 어느 정도의 호소력을 가지고 있었다. 그들은 보시라이를 좋은 사람이라고 여기며 중공의 부패한 관원들이 정직한 관원을 못살게 군다고 생각했다. 그러므로 보시라이가 계속해서 서민을 위하는 척 연기를 하고, 큰 잘못만 저지르지 않는다면 많은 지지자를 만들 수 있었다.

보시라이는 민중들의 불만정서를 이용해 자신의 이익을 꾀한 것이다. 보시라이는 여론을 조작하고 세력을 만들어내는 데 능했다. 이는 보시라이가 문화대혁명을 통해 배운 가장 큰 깨달음인데, 바로 군중을 도발해 군중으로 하여금 불만을 노출시켜 사회질서를 어지럽히는 것이었다.

보시라이가 홍가 부르기를 추진한 이유는 마오쩌둥 시대 평등주의에 대한 민중들의 향수를 끄집어내고 고위층들의 부정부패에 대한 강렬한 불만을 이용하기 위함이었다. 그리고 개혁개방 이후 소외된 신좌파의 세력을 결집하려는 의도도 담겨 있다. 관료자본주의에 의해 의료, 교육, 주거 등의 복지가 박탈된 소시민들에게는 최근 10여 년간 각종 불공정 현상에 대해 진작부터 강렬한 반발정서가 쌓여 있었다. 보시라이는 바로 이들 반대파들을 자기 세력으로 끌어들여 이용하려고 했다.

보시라이가 홍가 부르기 운동을 펼치는 동시에 이른바 복지와 주택 분배를 제시하며 '민생 10조'나 '공동부유 12조'처럼 "차별을 줄이고 공동으로 부유해지자"는 슬로건을 들고 나오는 것에 갈채를 보낸 사람도 분명 적지 않았다.

그는 폭력배를 소탕하는 동시에 반대파들을 제거하면서 일부 흩어져 있고 통제하기 어려운 작은 흑사회들은 소멸시켰지만, 자신이 통제할 수 있고 더 깊이 은폐된 흑사회는 남겨두거나 확대했다. 다시 말해 폭력배 소탕을 구실로 자신이 흑사회를 완벽하게 지배한 것이다. 이런 면들을 보면, 보시라이는 확실히 사기성이 농후한 인물이다.

불세출의 모략가, 쩡칭훙

보시라이도 책략의 고수는 아니다. 마오쩌둥 이후 최고의 전략가는 단연 쩡칭훙이다. 그의 책략은 원대하고 혈맥을 짚는 승부수로 국면을 제압하는 고수의 풍모를 지녔다. 장쩌민의 책사로 중앙권력 무대에 모습을 드러낸 이후 후진타오와 시진핑을 잇는 중국 최고 권력 계보에서는 막후역할을 수행했다. 그는 원만하고 융통성이 있으며 넓고 두터운 인맥으로 각 계파의 이익을 적절하게 처리하는 능력이 뛰어났다. 그리고 어떤 사태에서도 묘수를 던지며 판 전체를 균형 있게 이끌었다. 그는 후진타오-시진핑으로 이어지는 권력 투쟁기에 태자당이 권력 전면에 나서는 기반을 마련하며 불세출의 책사로서 자리매김했다.

그는 2007년 제 17차 전국대표대회에서 시진핑을 상무위원으로 올리면서 시진핑 시대를 연 주역이다. 당시 중앙정치국 상무위원에 시진핑이 될 것이라고 전망하는 사람은 거의 없었다. 시진핑은 공청단 출신도 아니다. 태자당인 그를 후진타오가 챙길 이유도 없었다. 당시 중앙위원이었던 시진핑은 제 17차 전국대표대회에서 중앙정치국에 들어가 상하이 업무에 전념한 뒤 5년 후 중앙정치국 상무위원으로 들어갈 가능성이 높다는 분석이 지배적이었다. 리청 박사 역시 공산당 관례에 비춰봤을 때 시진핑이 중앙정치국 상무위원에 들어가는 것은 어렵다고 진단한 바 있다.

하지만 2007년 10월 21일 상황은 반전됐다. 제 17차 전국대표대회에서 선출된 370여 명의 새로운 중앙위원들은 중국공산당 지도자 그룹을 비경쟁선거로 선출했다. 수백 명의 국내외 기자들이 아침부터 인민대회당 1층 동쪽 홀로 몰려가 소식을 기다렸다. 오전 11시 36분, 9명의 상무위원들이 줄지어 나왔다. 시진핑은 리커창보다 한 걸음 먼저 7번째로 회의장에서 나왔다. 모두의 예상을 깨고 시진핑이 5세대 지도부의 선두에 오른 것이다. 제 17차 전국대표대회를 끝으로 은퇴를 결정한 쩡칭훙은 흐뭇한 표정으로 시진핑을 바라보고 있었다.

쩡칭훙은 태자당의 영수이자 넓은 의미에서 상하이방의 구성원이다. 제 17차 전국대표대회 때 후진타오 주석은 그에게 상무위원에 연임하여 각 파벌의 소통역할을 맡아달라고 간청했다. 자신의 취약한 권력기반을 강화해 2007~2012년 집권 2기를 함께 하자는 제안을 했지만 쩡칭훙은 최소 2번의 사직을 청했다고 한다.

그 이유는 간단하다. 쩡칭훙은 킹 메이커가 되기로 결심한 것이다. 그는 시진핑을 상무위원에 입성시키는 대신 자신은 사퇴하는 안을 내밀었다. 시진핑을 미래의 총서기로 만들어 자신의 영향력을 이어가면서 태자당의 이익을 보호하고자 했다. 이를 두고 중국공산당을 대변하는 홍콩 잡지 〈월간경보〉는 "쩡칭훙은 제 17차 전국대표대회에서 '리루이환 동지로부터 배우자'라는 약속을 실천하여 68세의 나이에 스스로 중앙상무위원 자리에서 물러나 종신제 폐지와 간부의 연령 하향화를 위해 모범을 보였다"고 소개했다.

하지만 무대 뒤의 사정은 이러했다. 제 16대 상무위원이었던 자칭린과 리창춘은 장쩌민의 지원하에 강력하게 유임을 원했다. 공청단 파벌은 상하이방인 이들의 유임을 반대하는 분위기였다. 이런 국면에서 쩡칭훙은 허를 찌르는 전략을 들고 나왔다. 그는 자칭린과 리창춘을 향해 "당신들은 유임해라. 나는 물러날 것"이라고 선언한 뒤 "리커창

이외에 다른 1명의 젊은 동지가 상무위원에 들어와야 한다"는 조건을 내걸었다. 쩡칭홍은 이미 중앙정치국원으로 내정된 시진핑을 강력하게 추천하며 "내가 맡고 있는 모든 자리는 시진핑에게 물려주겠다"고 언급했다. 자칭린-리창춘의 유임과 시진핑 '상무위원 카드'를 전격적으로 제안한 것이다.

시진핑은 쩡칭홍이 맡았던 자리를 그대로 물려받았다. 중앙정치국 상무위원, 국가부주석, 중앙서기처 서기, 공산당 중앙당교 교장, 홍콩-마카오 업무조정 소조 조장을 겸임하게 되었다.

당시 후진타오는 상하이방인 자칭린과 리창춘의 협공, 장쩌민의 간섭에 직면한 상황에서 쩡칭홍의 중재안에 지지를 보냈다. 유임을 원했던 자칭린, 리창춘과 이들의 후원자인 장쩌민 역시 반대하지 않았다. 2007년 3월 말, 쩡칭홍의 강력한 주장으로 시진핑은 저장성 서기에서 상하이 당서기가 됐다.

주룽지가 상하이를 떠난 뒤 10여 년 동안 상하이는 우방궈, 황쥐, 천량위 등 '상하이 사람이 상하이를 다스린다'는 룰이 이어졌다. 천량위 사건 이후 상하이방 세력을 견제하기 위해선 반드시 중앙에서 실력자를 내려보내야 하는 상황이었다. 공청단 계파인 류옌둥, 리위안차오 등이 신임 상하이 당서기로 거론됐지만 후진타오는 공청단파가 당서기가 될 경우 상하이방과 정면충돌이 일어날 상황을 우려했다. 이때 쩡칭홍이 시진핑 카드를 제시한 것이다.

시진핑이 상하이 당서기가 된 것은 지방에서 중앙 무대로 도약하는 발판이 됐다. 푸젠·저장·상하이 3개 성시의 정무를 주관하며 정치적 자본을 키운 시진핑은 후진타오의 황태자 리커창에게 도전해 마침

내 역전을 하게 됐다.

쩡칭훙과 시진핑은 서로 '형 동생'하는 사이로, 쩡칭훙은 자신보다 14세 아래인 시진핑을 동생처럼 보살폈고, 시진핑은 쩡칭훙을 '따거'(큰형님)라고 불렀다. 1970년대 말 두 사람은 중난하이에서 비서생활을 함께 했다. 쩡칭훙은 위추리 부총리의 비서였고, 시진핑은 겅뱌오 부총리의 비서였다. 혁명 1세대인 부모들의 대를 이어 둘은 교유 관계를 유지했다. 그러던 중 시진핑이 남들이 선호하는 중난하이 비서생활을 그만두고 지방근무를 자청하며 떠나자, 쩡칭훙은 그때부터 시진핑을 주의 깊게 지켜봤다.

1999년 당시 치매에 걸린 시중쉰은 정신이 온전하지 못했다. 선전에서 요양 중이던 그는 그해 건국 50주년 국경절 행사에 참석하겠다고 고집을 부려 장쩌민을 애먹인 적이 있었다. 이에 쩡칭훙이 나서서 총괄적으로 준비해 시중쉰의 염원을 이뤄주었다고 한다. 또한 시진핑은 푸젠성 성장 시절 푸젠성에 있던 쩡칭훙의 어머니 덩류진의 친족을 잘 돌봐 주었고, 베이징을 방문할 때면 늘 쩡칭훙을 만났다고 한다.

쩡칭훙은 어떤 인물인가. 장쩌민이 당 총서기로 발탁돼 상하이에서 베이징으로 올라갈 당시 유일하게 데려온 측근이 쩡칭훙이다. 혁명 1세대 원로인 쩡산(曾山) 전 내무부장과 홍군보육원 창설자인 덩류진(鄧六金)의 아들로 태자당의 리더 역할을 했다. 또한 '석유방' 출신으로 일찍이 석유방의 큰형 위추리의 비서와 석유부 부국장을 역임했다. 이후 상하이로 내려가 시위원회 부서기까지 올라 시위원회 서기인 장쩌민을 보좌했다.

톈안먼 사건 이후 그는 장쩌민을 따라 베이징으로 가서 장쩌민을 위해 정적을 제거하는 데 앞장섰다. 당시 가장 큰 견제세력이었던 양상쿤, 양바이빙 형제를 위시한 군에서 양씨 가문의 세력을 와해시켰고, 천시통 등 베이징방을 분쇄하는 데 큰 공을 세웠다. 중국공산당 제 15차 전국대표대회 이후에는 중앙정치국 후보위원과 중앙조직부장을 맡아 고위관리를 승진시키는 권한을 행사하기도 했다. 제 16차 전국대표대회 이후에는 중앙정치국 상무위원, 중앙서기처 서기, 국가부주석을 맡았다.

공청단을 권력배경으로 둔 후진타오 주석과 다른 길을 걸었던 쩡칭훙은 2002년부터 후진타오파에 가세했다는 것이 정설이다. 2002년 가을, 제 16차 전국대표대회 이후 장쩌민은 당 총서기를 후진타오에게 넘겼지만 권력의 핵심인 중앙군사위 주석직은 넘기지 않았다. 이때부터 쩡칭훙은 장쩌민과 거리를 두고 후진타오에게 접근했다. 2004년 9월, 그는 중앙위원회 제 16기 4중전회의 중앙군사위원회 최고 인사와 관련하여 장쩌민과 충돌했다. 후진타오 진영은 장쩌민의 아들 장멘헝이 거액의 뇌물을 받은 것을 이유로 체포를 통보하면서 중앙군사위원회 주석직에서 사임할 것을 종용했다. 장쩌민은 쩡칭훙에게 부탁해 해결을 모색했지만 쩡칭훙은 이를 무시하고 오히려 중앙군사위 주석직에서 사임할 것을 권고했다.

그는 이런 공적으로 1997년 제 15차 전국대표대회에서 중앙정치국 후보위원과 공산당 중앙조직부장을 거쳐 제 16차 전국대표대회에서 중앙정치국 상무위원이 됐다. 마침내 중앙위원과 중앙정치국원이라는 두 단계를 뛰어넘으며 중앙서기처 서기 국가부주석을 맡았다.

상무위원 진입 이후 그는 음모가의 이미지를 벗고 점차 장쩌민과 거리를 두면서 당무와 외교는 물론 홍콩 사무 등에서 정치가의 풍모와 재능을 발휘했다. 또한 후진타오와 장쩌민의 관계에서 중간자적 역할을 담당했고, 상하이방의 황태자 천량위 사건 처리 과정에서 부정부패 척결을 주장하며 후진타오-원자바오의 입장을 지지했다. 그리고 자오쯔양의 장례와 후야오방 탄신 90주년 등 일련의 민감한 정치 사건을 적절히 처리하여 각 계파의 중재역을 담당했다.

홍콩의 〈월간경보〉는 그를 가리켜 "시진핑 시대를 연 대형 드라마의 감독"이라고 지칭했다. "쩡칭훙은 아버지 쩡산에 이어 공산당 내의 백락(伯樂, 춘추전국 시대에 좋은 말을 고르는 혜안을 지닌 인물)이라고 불린다. 세상에는 백락이 있었던 뒤라야 천리마가 있다. 천리마는 항상 있으나 백락은 늘 있지 않다"는 말로 그의 능력을 평가했다.

공산당의 권력 투쟁 방식

2012년 11월 15일 11시 45분, 시진핑, 리커창, 장더장, 위정성(兪正聲), 류윈산, 왕치산, 장가오리(張高麗) 등 7인은 중앙정치국 상무위원으로 선임됐으며 후진타오는 전면 사퇴했다. 보시라이 사건으로 중국공산당 역사상 전례 없는 위기에 직면했지만 권력 투쟁 과정에서 타협과 협상을 통해 일시적인 권력균형을 이뤘다.

후진타오 시대를 돌아보자. 후진타오는 중국공산당 총서기로 10년간 집권하면서 장쩌민의 막후정치에 밀려 제대로 권력을 행사하지 못했다. 장쩌민의 최측근인 저우융캉 역시 그간 중앙정치국 상무위원으로 두 번째 권력의 핵심에서 후진타오를 견제했다. 제18차 전국대표대회에서 후진타오는 자리는 물려주어도 권력은 놓지 않았던 공산당 전례를 깨고 모든 권력을 내려놓았다. 막후에서 권력을 행사해온 장쩌민 전 주석과 원로들이 정치에 개입하는 관례를 없애고자 함이었다.

제18대 상무위원과 중앙정치국 위원 선출은 표면적으로는 장쩌민파가 더 많은 자리를 얻음으로써 우세해 보이지만 사실은 곳곳에서 견제받도록 배치되었다. 후진타오는 세가 약해진 장파에 대해 어느 정도 권력을 나누어 주며 타협했지만 결정적으로 권력을 행사하기는 어렵게 한 것이다.

후진타오의 전면적 사퇴는 두 가지를 의미한다. 첫 번째는 자리에서 물러난 이후 정치에 간섭하지 않겠다는 것이고, 두 번째는 중앙군사위 주석을 포함해 이후로 사퇴 시기 연장에 어떤 예외도 용납하지 않겠다는 뜻이다. 이 두 가지는 결국 내부회의에서 공감을 얻은 것으로 보인다.

일본의 〈아사히신문〉(朝日新聞)은 "후진타오가 내부규정을 새롭게 한 것은 당의 지도층이 사퇴한 이후 정치에 개입하는 관례를 금지하기 위한 것"이라고 지적했다. 당내 인사들 사이에서도 후진타오의 전면 사퇴의 목적을 장쩌민의 영향력을 완전히 막고자 하는 데 있다고 생각하는 것이 중론이었다.

제18차 전국대표대회 폐막 후 중국공산당 관영 언론인 〈신화통신〉은 "중공은 법치의 깃발을 높이 들고 인치의 잔재를 제거하기로 결심하다"라는 기사를 보도했다. 기사에서는 "당은 반드시 헌법과 법률의 범위 내에서 활동해야 한다. 어떤 조직과 개인도 헌법과 법률의 특권을 뛰어넘을 수 없으며, 당 간부가 법 대신 권력을 행사하는 것과 사사로운 정에 얽매여 법을 어기는 행동은 절대 용납하지 않을 것이다"라고 강조했다.

장쩌민이 장악한 정권 아래서 후진타오는 10년간 '왕세자' 역할에 머물렀다. 장쩌민 집권 시부터 중앙정치국 상무위원이 중앙정법위원회 서기를 맡도록 했다. 정법위원회를 통해 중국의 공안, 법원, 검찰, 무장경찰 등을 통제했다. 정법위원회는 후진타오-원자바오와 충돌이 많았다. 그리고 국가의 세금을 써가며 무장경찰을 장악했고, 군권까지 장악함으로써 중국의 외교 정책에 중대한 영향을 미쳤다. 게다가 장쩌민의 '수렴청정'으로 후진타오-원자바오의 정책은 실현되기 어려웠다. 후진타오-원자바오는 공개적으로 '여림심연'(如臨深淵, 깊은 연못에 다다른 듯 조심스럽고 신중하게 처신한다), '여리박빙'(如履薄冰, 살얼음판을 걷는 듯 조심스럽다) 등의 사자성어를 언급하곤 했는데 자신들이 처한 어려움을 표현한 말들이었다.

후진타오가 생각한 '이상적인 중국'은 그가 젊은 시절에 봤던, 정치적으로 강한 '중국'이었다. 그가 이끄는 '공청단' 역시 '강한 공산당'이 이상(理想)이었다. 당시의 중국은 정치적으로 덩샤오핑을 중심으로 절대권력을 행사했다. 강한 독재정치로 인해 분열은 없었으며, '문화대혁명' 이후 경제개방으로 성장하던 때라 위기도 없었다. 후진타오의 이상적인 중국 역시 중국공산당의 존재를 전제로 하는 것이었다. 때문에 후진타오는 현재의 권력 투쟁으로 중국공산당이 존폐위기에 처하는 것을 원치 않았으며, 그의 임기 내내 어떤 정치개혁도 시도하지 않았다. 안정을 추구한 것이다.

공산당 내 관료들의 부정부패 척결은 실제적인 진전은 없었다. 빈부격차도 줄어들지 않았으며, 언론 통제를 더 강화하는 방향으로 나아갔다. 빈번하게 일어났던 중국 내 민중시위에 대해서는 무장경찰을 동원하며 강력하게 진압했다. 중국공산당 체제를 안정적으로 지키겠다는 강한 의지를 엿볼 수 있다. 반면, 경제적으로는 2006년 농업세를 폐지했고, 그 이후 민생개선을 시도했다.

후진타오의 '전면 사퇴'는 시진핑을 권력의 핵심으로 부각시키고 아울러 모든 원로들의 정치개입을 차단함으로써 '이상적인 중국'의 이념과 서로 부합하는 것이었다.

시사평론가인 왕리슝(王力雄)은 덩샤오핑이 창안한 '격대지정'(隔代指定, 전임 지도자가 물러나면서 차차기 지도자를 미리 지정하는 것)이 공산당 내 자연스럽게 양대 계파를 형성했다고 설명했다. 즉, 현 지도부를 지지하는 파와 차기 지도부를 지지하는 파로 갈리면서 두 세대 지도부 간에 힘의 균형으로 극단적인 투쟁을 억제하는 효과를 가져왔다는 것이다. 중국공산당이 격대지정 제도를 완전히 제도화할 것인지는 후진타오가 지정한 6세대 핵심인 후춘화, 쑨정차이 등이 제 19차 전국대표대회에서 상무위원에 진입하는지를 지켜보아야 한다.

4. 중국 현대사 - 홍전의 투쟁

중국 역사의 흐름: 홍전의 역사

중국공산당의 권력 투쟁을 흔히들 홍(紅)과 전(專)의 전쟁이라고 한다. '홍'은 정신, 즉 이념(이데올로기)을 중시하는 정책으로 평등과 분배를 강조하며, '전'은 물질을 중시하는 성장 제일주의와 맥이 닿는다. 후에 홍은 마오쩌둥을 중심으로 하는 좌파의 뿌리가 됐고, 전은 덩샤오핑의 개혁개방으로 이어져 우파의 철학이 됐다.

마오쩌둥은 홍의 사상으로 중국혁명을 이끌어 신중국을 건설했지만 대약진운동의 실패와 문화대혁명이란 재앙을 겪으면서 파국을 맞았다. 바통을 이어받은 덩샤오핑은 전의 사상으로 경제대국을 일궜지만 부정부패와 세계 최고수준의 양극화 국가가 되는 불명에도 안았다. 1978년 개혁개방 이후에도 마오쩌둥 노선은 평균주의로, 덩샤오핑의 노선은 선부론(先富論)으로 이어졌다.

시곗바늘을 돌려 1949년 신중국 건립으로 돌아가자. 신중국을 선포한 직후 중국은 통화팽창과 물가폭등 등으로 골머리를 앓았다. 물가만이 문제가 아니었다. 근대화 이후 열강의 침략을 받아 제대로 된 공업시설을 마련하지 못한 데다 그나마 있던 공업시설 역시 항일전쟁과 국민당과의 내전으로 파괴됐다. 철도와 도로 등 사회기반시설도 제대로 남아 있지 않았다. 1949년 당시 중국의 공업 생산액 규모는 전쟁 전에 비해 반으로 줄어들었다.

새로 건국한 중국은 빠른 경제회복세를 보였다. 공장, 광산, 철도, 은행 등에 대한 국유화와 함께 대대적인 토지개혁이 이뤄지면서 연평균 성장률은 20.3%에 이르렀다.

중국은 사회주의 공업화 기초를 마련하기 위해 1차 5개년 계획(1953~1957년)을 세웠다. 핵심은 중공업 우선 발전 전략을 채택해 공업화의 기반을 닦는 것이었다. 중공업은 곧 군비(軍備)이고 국력이라고 믿었기 때문이다. 중국의 대대적인 공업화 움직임은 소련의 지원 등에 힘입어 상당한 성과를 거뒀다. 하지만 경공업 생산을 등한시한 탓에 만성적인 생필품 부족에 시달렸다.

하지만 이 같은 경제성장기는 오래가지 못했다. 중·소 분쟁이 시작된 것이다. 1955년 스탈린 사망 이후 중국과 소련은 공산주의 노선과 주도권을 둘러싸고 충돌했고, 소련이 1957년 갑작스레 지원을 중단하면서 중국 경제성장 전략에 제동이 걸렸다.

외부 지원이 끊기자 중국은 지방의 자생적인 공업화를 주요 내용으로 하는 '대약진운동'을 실시했다. '하면 된다'로 밀어붙인 대약진운동은 단기간 내에 주요 농·공업품의 생산을 2배로 성장시키는 것을 목표로 했다.

그러나 대약진운동은 대기근과 겹치면서 대재앙으로 끝났다. 정치운동으로 시작된 대약진운동은 경쟁적인 '생산량 부풀리기'만 양산했다. 서류상으로는 중국 전역에 식량이 넘쳐났지만 실제는 먹을 것이 없어 굶어죽는 사람이 부지기수였다. 더 큰 문제는 국민이 굶어죽어도 지방정부는 이를 감추기에 급급할 뿐 중앙정부에 보고하지 않는 것이었다. 지방정부가 중앙정부에 기근을 보고하면 도리어 우파로 몰려 처벌을 받았기 때문이다.

기아 속에서도 지방정부는 중앙정부에 거짓보고를 통해 생산량을 계속 늘렸다. 허난성(河南省)의 1958년 실제 식량 생산량은 381억 근이었지만, 보고된 생산량은 702억 근이었다. 식량의 2배가 뻥튀기된 것이다. 중국 정부는 이 같은 허위보고를 믿고 농민들로부터 식량을 강제로 매수했다. 농민들은 굶주리는 가운데 식량을 정부에 빼앗겼다.

공업 역시 별반 차이가 없었다. 제대로 된 설비 투자도 없이 국민의 동원만으로 철강 생산량을 불과 3년 사이에 2배로 늘리는 무모한 목표를 세우다 보니 지방에서는 쇠로 된 농기구와 생활가재를 녹여 철강생산량으로 보고하는 일들이 비일비재했다. 철을 만들기 위해 나무란 나무는 온통 베다 보니 산은 민둥산이 돼 버렸다.

서류상의 수치만을 믿었던 중국 중앙정부는 자국민이 굶어죽고 있는데도 다른 나라에 식량원조를 하는 일에 나서기까지 했다. 대약진 기간 아사자는 2천만~4천만 명으로 추산됐다. 대약진운동이 참혹한 실패로 끝나자 중국은 시장경제 정책의 일부를 도입하는 등 조정 정책을 내놓았다. 농업집단화의 규모를 축소하고, 소비재공업의 성장을 장려하는 정책을 내놓으면서 중국 경제는 대약진운동의 상처에서 벗어나는 듯했다.

하지만 내부의 정치 투쟁은 더욱 격화됐다. 대약진운동 실패로 공산당 내에도 변화의 움직임이 생겨났다. 마오쩌둥이 생각하는 급진적 사회주의 노선의 세력은 약화된 반면 경제조정 정책이 다수의 지지를 얻기 시작했다. 이에 위기감을 느낀 마오쩌둥은 부인 장칭(江青) 등 4인방을 동원해 '문화대혁명'이라는 정치 투쟁에 나섰다.

문화대혁명의 바람은 거셌다. 실용주의를 내걸었던 공산당과 정부 지도자들은 반 사회주의자로 매도되며 체포되었고 공산당에서 쫓겨났다. 지식인들도 반 혁명분자로 비판받아 농촌으로 쫓겨났는데, 당시 그 수는 40만 명에 이르렀다. 1969년 1월, 16세의 시진핑도 '지식청년'이 되어 산시성 옌촨(延川) 현 량자허(梁家河)로 내려가 고된 노동에 종사해야 했다. 현재 중국 권력층으로 발돋움한 '지청(知青) 세대'가 바로 이러한 참혹한 성장기를 보낸 지식청년들이다.

문화대혁명은 대약진운동의 참사에서 간신히 빠져나온 중국 경제를 다시금 수렁으로 밀어 넣었다. 정치 투쟁이 모든 것에 우선함에 따라 공업 생산, 교통 운수 부분에서 차질이 생겼다. 1967년 1,487억 위안이었던 중국 국민소득은 1968년에는 1,415억 위안으로 줄었다. 마이너스 성장이었다. 1969년 말부터는 문화대혁명이 점차 수그러들었지만, 마오쩌둥 사후 문화대혁명을 주도한 장칭 등이 중국공산당 원로그룹과 군부에 의해 제거된 뒤에야 공식적으로 종료되었다.

권력 투쟁 과정을 거쳐 최고 권력자로 등장한 덩샤오핑은 1978년 12월 중국공산당 제 11기 3중전회에서 중국의 경제정책 방향을 개혁개방으로 대폭 수정했다. 중공업 우선의 개발 정책을 폐기하는 대신 균형적인 안정성장 노선을 채택했다. 당시 중국 농촌은 낮은 농산물 가격 정책으로 인해 파탄이 난 상태였다. 도시는 오랜 기간 중공업 위주 정책을 펼쳐온 탓에 생활에 필요한 소비재가 부족했다. 에너지 생산과 교통・수송 능력이 부족한 것도 중국 경제의 발목을 잡았다.

개혁개방 노선에 들어선 중국은 초기의 성장 정책을 접어두고, 그동안의 경제 불균형을 조정하는 동시에 제한적인 대외개방 정책을 폈다. 일본으로부터 5억 엔의 차관을 받는 것을 시작으로 점차 적극적으로 외자유치에 나섰다. 민영기업, 향진기업의 발전에 대한 규제도 대폭 풀어 사유경제 요소를 크게 늘렸다. 특히 이 시기에 주목을 받았던 곳은 중국 대외개방이 가장 먼저 이뤄졌던 곳, 시진핑의 아버지인 시중쉰이 당서기로 있었던 광둥성이었다. 광둥성을 시작으로 개혁개방이 본격화되자 중국은 비상하기 시작했다.

1992년 덩샤오핑은 선전 남부의 경제특구를 방문한 뒤 개혁과 개방을 확대하는 내용의 '남순강화'(南巡講話)라는 담화문을 통해 사회주의 시장경제론을 주장했다. 사회주의 시장경제는 다중적 소유구조, 완전한 개방적 시장체제 형성, 거시적 규제의 도입 등을 담았다. 사회주의와 시장경제 병립이 가능하다는 주장이었다.

개혁개방 이후 중국은 빠른 경제성장세를 보였지만 부작용도 여기저기에서 나타났다. 경기과열 양상을 보이면서 인플레이션이 발생했고, 부정부패와 황금만능주의 풍조가 사회불안 요인으로 커졌다. 정치개혁의 목소리도 대학생을 중심으로 터져 나왔다. 그러한 가운데 1989년 공산당 내 개혁파였던 후야오방 전 총서기의 사망을 계기로 톈안먼 사건이 벌어졌다. 톈안먼 사건 당시 35세였던 시진핑은 푸젠성의 가난한 지역 닝더(寧德)에서 지역 부패세력과 싸우고 있었다.

변신의 귀재, 중국공산당

중국공산당은 변화무쌍하다. 100년의 역사를 향해 가는 중국공산당이 중국을 장악한 것도 변화를 두려워하지 않았기 때문이다. 중국의 헌법 제1조는 '중국은 노동자 계급이 영도하고, 노동자·농민 연맹에 기초한 인민민주독재 국가'라고 명시한다. 노동자와 농민이 나라의 주인이라는 얘기다. 중국공산당이 정권을 쥔 1949년, 분명 중국은 노동자·농민의 나라였다.

하지만 2015년 중국의 사정은 완전히 달라졌다. 노동자·농민은 국가의 최고 권력기관이라는 전국인민대표대회에서 철저히 소외된 계층이다. 전인대 대표 2,909명을 직업별로 보면 당·정 관료가 53%를 차지하고, 기업인(29%), 군인(9%) 등 순으로 구성됐다. 노동자·농민은 1%도 되지 않는다.

중국공산당의 변신은 하루아침에 이뤄진 것은 아니다. 1978년 중국식 사회주의를 표방하며 전면적인 개혁개방 정책으로 전환한 이후 이미 예견된 일이었다. 사회주의 시장경제는 한마디로 자본주의 색채를 가미한 사회주의 노선이다. 이것은 덩샤오핑의 선부론을 시작으로 경제개발특구 정책으로 이어졌다. 사적 영역에서 자본주의적인 물적 생산력이 기하급수적으로 커졌다.

결국 2002년 장쩌민 당시 중국공산당 총서기는 광둥성을 시찰하며 '3개 대표론'을 제시했다. 공산당이 '선진 생산력, 선진 문화, 광범위한(廣大) 인민의 이익'을 대변한다는 뜻으로, 핵심은 '광범위한 인민'에 있다. 당이 대표해야 할 계급이 기존 노동자·농민에서 기업인·자본가·지식인 등으로 확대된 것이다. 21세기 글로벌 시대에 적응하려는 공산당의 처절한 자기 변신이다.

공산당은 필요하다면 이념·정체성·조직 등을 모두 바꾼다. '고양이가 쥐 잘 잡으면 됐지 색깔이 뭐가 중요하냐'는 식이다. '공산당이라는 이름만 빼고는 모두 바꾸겠다'는 의지다. 〈환구시보〉(環球時報)가 공산당 창당 90주년을 맞아 실시한 여론조사에서 '당 발전의 핵심 요소'로 꼽힌 게 '변'(變)이다.

그 변신은 공자도 살려낸다. 시장주의 확산으로 당의 이념이 약화되자, 공산당은 정신적·사상적 이데올로기로 유교와 공자를 내세우고 있다. 유교를 통해 중화민족주의를 고양하는 것이다. 공자는 해외 문화상품이기도 하다. 중국어와 중국 문화를 전파하는 '공자학원'은 101개국에 700여 곳이 개설되어 있다. 마오쩌둥 시기 '비림비공'(批林批孔, 린뱌오와 공자 비판) 운동을 벌이며 '공자 죽이기'에 나섰던 이들이 공자를 되살리고 있다.

중국공산당은 극좌 노선을 신봉하며 계급투쟁을 앞세우던 정치집단에서 실용주의 노선을 걷는 집권정당으로 변화했다. 1978년 제 13기 3중전회에서 덩샤오핑이 개혁개방을 외친 것을 시작으로 중국공산당은 경제적으로는 자본주의적 요소를, 정치적으로는 자본주의를 상징하는 기업가들을 받아들였다. 물론 2002년 9명의 기업가가 당 대표 자격으로 2천여 명의 각계 당 대표들과 함께 제 16차 전국대표대회에 참가하기 전까지 그 길이 순탄한 것은 아니었다.

'시장경제가 곧 자본주의는 아니다'라는 개혁개방론자들의 주장은 당 내 원로와 보수주의자들의 비판에 직면하기 일쑤였다. 1991년 2월 15일 상하이 〈해방일보〉(解放日報)가 "관건은 사상해방이다. 일부 동지들은 계획경제를 사회주의와 동일시하고, 시장경제를 자본주의와 동일시하면서 시장조절의 배후에는 자본주의의 유령이 있다고 여기고 있다. 개혁의 심화, 개방의 확대라는 새로운 정세에서 우리는 '새로운 사상의 경직화'를 방지해야 한다"는 글을 게재했을 때, 이 글을 둘러싸고 벌어진 논쟁이 대표적이다.

변화의 방향을 두고 중국이 혼란에 빠져 있을 때, 길을 제시한 것은 덩샤오핑의 남순강화였다. 1992년 봄, 덩샤오핑은 개혁개방의 전진기지였던 남방 지역을 돌아보며 "계획이 좀더 많거나 시장이 좀더 많다고 하는 것이 사회주의와 자본주의에 대한 본질적인 구분은 아니다. '자'씨 성인지(자본주의인지), '사'씨 성인지(사회주의인지)에 대한 판단의 기준은 사회주의 생산력 발전에 유리한지, 사회주의 국가의 종합국력 증강과 인민생활수준 제고에 유리한지에 있는 것이다"라고 규정했고, 개혁개방 노선에 대한 논란은 잦아들었다.

1992년 제 14차 전국대표대회에서는 "우리나라 경제체제 개혁의 목표는 사회주의 시장경제체제의 건립"이라는 표현이 공식화되면서 중국은 '시장경제'를 받아들인 사회주의 국가가 됐다.

비정한 권력 투쟁사

외관상 안정되어 보이는 중국의 지도부 내에선 90년간 치열한 권력 투쟁과 숙청이 반복됐다. 공산당 내 권력 투쟁은 건국 이전 혁명기부터 이어졌다. 마오쩌둥은 대장정 중인 1935년 1월 구이저우 성 쭌이회의에서 열린 중앙정치국 확대회의 이전에는 실권을 잡지 못했다. 이 회의를 계기로 마오의 지도 노선을 지지하는 결의가 이뤄졌고, 그는 실질적인 권력을 장악했다. 당시 총서기였던 장궈타오의 군대가 산시성에서 궤멸된 반면, 마오가 이끄는 홍군은 많은 희생을 치르면서도 무사히 옌안에 도착한 것이 큰 계기가 됐다.

창당 때부터 시작해 제 1~5차 전국대표대회 기간에 총서기를 맡았던 천두슈(陳獨秀)는 '깨어있는 근대화 지식인'으로서 봉건주의 타파를 내건 사상으로 마오쩌둥을 포함한 초기 공산당원에게 많은 영향을 주었다. 그러나 그는 농민 무장 투쟁 등에 반대해 '우경 기회주의자'로 몰리면서 숙청되지는 않았지만 당 지도부에서 배제되었다. '중국 개혁개방의 총설계자'인 덩샤오핑도 문화대혁명 시기에는 마오쩌둥에 의해 3번이나 실각했다가 다시 복귀하는 우여곡절을 겪었다.

현 집단지도체제가 정착한 것은 1997년 사망한 덩샤오핑 집권 후반부터이다. 1989년 톈안먼 사건으로 자오쯔양(趙紫陽) 총서기가 실각한 것은 정치민주화 속도 등을 놓고 벌어진 리펑 총리 등 보수파와의 갈등 때문이었다. 물론 현 집단지도체제에서는 과거와 같은 노골적인 숙청 등은 벌어지지 않지만 내부적으로는 차기 권력을 잡기 위한 치열한 경쟁이 계속되고 있다.

시장경제 요소를 도입해 경제의 민주화를 이룬 공산당 앞에 놓인 커다란 숙제가 정치의 민주화이다. 혁명에 대한 중국인들의 요구를 수용해 집권하고 경제적 풍요에 대한 요구를 반영해 발전한 중국공산당이 정치적 민주화에 대한 욕구를 어떻게 해소할 수 있을 것인지에 중국공산당의 내일이 달려 있다고 해도 과언이 아니다.

중국공산당의 민주화에 대한 기본원칙은 '작은 걸음을 걷는다. 멈추지 않는다. 발걸음마다 발자취를 남긴다'(하나하나 착실하게 해나간다)는 것이지만 현실은 그리 간단하지 않다. 중국은 톈안먼 사건 이후 지방행정조직을 대상으로 직선제를 조금씩 허용해 오다가 2001년 사실상 전면 중단했다.

중국에도 선거가 있긴 하지만 공산당 일당체제에 결코 위협이 되지 않는 수준 내에서 선거를 도입하다 보니 서구식 민주정치에 익숙한 사람들 눈에는 선거로 보기 어려운 형태가 되고 말았다. 선거는 인민대표 선출만을 대상으로 하며 행정조직의 장이나 당서기 등은 모두 전국인민대표대회나 전국대표대회를 통한 간접선거에 의해 선출된다.

현과 소규모 시에서는 직접선거를 통해 인민대표를 뽑는다고는 하지만 상위 조직으로 올라갈수록 간접선거, 차액선거(법정 인원보다 많은 후보를 추천해 득표율이 낮은 후보를 떨어뜨리는 방식) 등을 채택하고 있다. 직접선거처럼 민의가 직접적으로 반영되기 어려운 형식이다. 이는 아무리 작은 지방조직이라 해도 공산당 반대세력이 집권하는 것을 결코 용납하지 않겠다는 고도의 전략이다.

중국이 사회주의를 유지하면서 시장을 받아들인 것처럼, 일당 집권체제를 유지하면서 민주주의를 받아들일지는 아직 알 수 없다. 최소한 시진핑이 집권하는 2022년까지 서구식의 다당제 민주주의 제도가 중국에서 발을 디디기 어렵다는 것이 중론이다.

신중국을 이끈 5명의 지도자

20세기 말 이후 세계의 가장 큰 변화는 '중국의 부상'이다. 중국의 굴기(崛起)까지 국가의 미래를 설계하고 실천한 지도자들이 일등공신이다. 중국은 1949년 10월 1일 중화인민공화국 수립 이후 현재까지 1세대 마오쩌둥, 2세대 덩샤오핑, 3세대 장쩌민, 4세대 후진타오, 5세대 시진핑까지 5명의 최고 지도자를 배출했다. 1~5세대의 지도자들은 중국을 G2로 부상하게 만든 주춧돌이라고 해도 과언이 아닐 것이다.

1세대 지도자인 마오쩌둥은 건국의 아버지로 불린다. 그는 중·일 전쟁을 겪으면서 국민당과의 내전에서 승리한 중국공산당과 함께 1949년 중화인민공화국을 수립, 철저한 사회주의 경제체제로 국가를 운영하였다. 그러나 평균, 평등의 경제이념으로 추진한 사회주의 경제체제의 실패로 수많은 국민이 기근과 가난으로 고통받았다.

이때 등장한 인물이 2세대 지도자인 덩샤오핑이다. 덩샤오핑은 기존의 사회주의 경제체제에 문제가 있음을 받아들이고 실용주의를 근본으로 삼아 선부론과 불균등 발전론의 경제이념으로 정치·경제체제의 개혁을 시장경제주의에 도입해 혼합경제시스템을 구축했다.

3세대 지도자인 장쩌민은 '3개 대표론'을 주창하며 경제성장을 계속적으로 추진했으나 덩샤오핑과 장쩌민 시기에 이룩한 급속한 경제성장은 부의 양극화, 부정부패, 실업난 등 심각한 성장의 폐해를 야기했다. 2003년 후진타오는 이러한 문제점을 해결해야 한다는 과제를 안고 국가주석에 취임했다. 후진타오는 과학적 발전과 조화로운 사회건설을 국가 경제이념으로 설정하고 중국이 가진 문제점을 해결하고자 했다.

1~4세대까지 공통된 사상이자 원리인 '마르크스-레닌주의'를 기초로 각 지도자가 세대별로 정권이 교체되고 위임받으면서 이전 지도자들의 사상을 계승하고 차기 지도자 본인의 사상을 결합하여 개인의 자질과 능력에 따라 중국 사회주의의 거대한 물결과 방향을 바꾸어 놓았다. 또한 1~4세대 지도자들이 말하는 경제관의 공통점인 '경제발전을 위한 사회주의'란 어떤 고정된 모델이 아니라 각국의 실제상황과 마르크스-레닌주의의 보편진리가 결합하여 나타나는 것으로 현대 중국에 적용될 수 있는 모델, 즉 '중국식 사회주의'로 규정됐다.

급속한 경제성장으로 중국은 오늘날 세계 양대 경제강국으로 성장했지만, 성장의 난제들은 중국의 사회 통합력을 저해하고 체제 안정을 위협하는 새로운 요인으로 등장했다. 5세대 지도자인 시진핑 역시 신개념 국가발전 전략인 '포용성 성장'과 이전 지도자들의 사상과 이념을 기본으로 정치, 경제 모두 점진적인 개혁으로 공산당의 방침을 따라 나아가고 있다. 향후 5세대인 시진핑 정부의 가치관에 따라 중국 경제뿐 아니라 세계 경제가 달라질 수 있다.

중국공산당의 앞날

중국공산당은 마오쩌둥 시절에 비해 조직과 능력은 크게 위축됐지만 놀라운 적응력을 보이며 21세기를 헤쳐 나가고 있다. 그러나 2021년 7월 1일 창당 100주년을 맞는 중국공산당이 어떤 방향으로 진화할 것인지에 관해서는 많은 논란이 있다.

중국공산당 지도부는 소련의 미하일 고르바초프 서기장이 글라스노스트라는 개방 정책을 시행한 결과에 대해 매우 잘 알고 있다. 당시 중국공산당의 내부평가는 조건이 아직 제한적인 정치적 개방을 할 만큼 성숙하지 않았다는 것이다. 고르바초프는 개방을 매우 빠르게 시행했고, 중국공산당은 그것이 경쟁 정당들에게 제도적 힘을 부여해 공산당의 붕괴를 가져왔다고 보았다. 중국공산당 지도자들은 분명히 경쟁 정당들에게 진정한 힘을 주려고 하지 않았다.

이런 맥락에서 서구 스타일의 민주주의가 중국에 갑작스레 도래할 가능성은 당분간 적다. 아래로부터 대중이 민주주의를 요구할 것이라는 예측 역시 부정적이다. 아래로부터의 혁명이 발생하거나 위로부터의 민주적 돌파구가 열릴 가능성도 낮다. 8,700만 명(2015년 12월 기준)의 공산당원들은 중국의 정치, 경제, 사회, 문화 등 각계각층에서 핵심 역할을 수행하고 있다. 이들 공산당원들은 지금도 매주 한 번씩 각 단위별로 사상교육을 받을 정도로 강한 조직력을 자랑한다. 한마디로 거미줄같이 촘촘한 조직으로 중국을 장악하고 있을 정도로 중국공산당의 제도는 허약하지 않다.

변해서 살아남느냐, 아니면 위축되어 죽느냐 하는 게임에서 중국공산당은 변해서 살아남는 길을 택했다. 중국에서 제한적인 정치적 경쟁을 만들어 내고 중국공산당에 대한 견제와 균형을 키우는 것은 적어도 두 가지 방법으로 이뤄질 수 있다. 비 정당 그룹들의 거대한 협의체의 발전 가능성이 보다 현실적이다. 예를 들어 중국 정협이나 전인대에 더 많은 권한을 주는 식을 말한다. 이는 리처드 바움(Richard Baum) 교수의 용어를 빌리면 '협의체 레닌주의'이다. 공산당 전통의 통일전선식 접근과 일치한다. 전인대의 중국공산당에 대한 권위와 자율성을 강화하는 방식이 그것이다. 이는 현 시스템에서 견제와 균형을 만들고, 경제개발특구처럼 특정 지역에서 실험한 뒤 점진적으로 넓혀갈 것이다.

중국식 사회주의, 중국식 시장경제처럼 중국의 정치 역시 다양한 외부적 요인과 토착적 관습을 융합하면서 새로운 형태의 정치적 하이브리드시스템을 만들어 나갈 가능성이 크다. 이 모든 것은 중국공산당의 직접적인 감시 아래 진행될 것이다.

또 하나는 8개 '민주당파'에 전국적인 선거에서 경쟁할 수 있도록 보다 많은 권위와 자치능력을 주는 것이다. 이것이 실현된다면 중국은 아마도 의회 연정(聯政)이 구축되고 정부의 행정부 레벨은 다수당의 연정으로 만들어질 가능성이 있다. 공산당은 분명히 새로운 환경에 적응을 시도할 것이다. 시간을 두고 서서히 제도적인 개혁을 추진할 것이다. 단일지배 정당인 중국공산당을 약화시키거나 도전하지 않는 범위 안에서 말이다.

시진핑 체제의 공산당은 여전히 상당한 권위와 힘을 가진 전국적인 조직으로 남아 있다. 인사관리를 독점함으로써 당은 효과적으로 모든 레벨의 정부뿐만 아니라 각종 전문기구·기업·조합·대학·연구기구·서비스 조직을 통제한다. 또한 당은 군대와 모든 권력기구(무장경찰·민병·국가안전부·공안부)는 물론 사회 내부의 정보 흐름과 대부분의 언론을 통제한다. 당은 이러한 통제기구들을 포기하기는커녕 더욱 강화했다. 공산당은 어떤 반대도 무력화할 것이고 조직적인 반 공산당 행위의 징조가 보이면 즉시 진압할 것이다.

반면 중국이 일본식 자민당의 장기집권시스템을 도입하는 것은 다당제를 인정하지 않는 공산당 일당체제와 맞지 않는다. 레닌주의 정당에 파벌주의가 도입될 가능성은 별로 크지 않다는 의미다. 정당화된 분파주의라 하더라도 중국공산당은 공개적으로 인정하기 어렵다.

중국공산당이 내부적으로 붕괴할 것이라는 중국계 미국인 고든 창(章家敦) 박사의 견해도 실현 가능성이 매우 낮다. 중국 인민들이 과거 '농민의 난'처럼 들고 일어나 공산당을 전면 반대할 경우 일시적으로 권력을 양보할 가능성은 있지만, 향후 10년 이내에 이런 상황은 도래하지 않을 것이다. 농촌 지역에서 당-국가체제에 대한 다양한 긴장과 압박에도 불구하고 시스템이 붕괴할 가능성과 현실적인 체제 붕괴는 아직 멀어 보인다.

중국의 영토 분열로 인해 정치시스템이 망가질 것이라는 예측은 더욱 개연성이 떨어진다. 중국 정부는 변방에서의 독립을 초래할 그 어떤 행위도 관용할 의도가 없다. 중국이 '군벌'(軍閥)들의 혼전상태로 갈라지거나 인민해방군이 라이벌 군부들의 분파로 나뉠 것이라는 예측도 맞지 않는다. 중국에서 쿠데타의 가능성은 거의 없다. 1989년에 목격한 바와 같이 군대의 일부 단위가 위기상황에서 명령을 위배할 수 있다. 그러나 불만을 품은 장교들이 쿠데타를 일으키거나 당의 리더십을 장악할 가능성(문화대혁명 기간에 발생한)은 상상하기 어렵다. 당과 군이 상징적으로 결합되어 있는 현실과 전적으로 부합하지 않는다. 대령 이상의 모든 군 장교는 공산당원들이다.

마오이즘 체제로의 복귀 역시 어렵다. 공산당 열혈 당원들과 불만을 품은 지식인들 사이에 신 마오쩌둥주의자가 존재하지만 중국이 시장경제개혁 이전으로 복귀하며, 중앙집권화가 다시 강화되고, 마오쩌둥 시대의 계획경제로 회귀하는 것은 환상에 불과하다. 소련의 붕괴로 중국 지도부는 확실히 교훈을 얻은 것 같다. 변화에 대한 공산당의 정체, 부적응, 주의결핍은 권력 장악력의 위축을 가속화하고 정권 붕괴로 이어진다는 것을 말이다.

중화부흥의 집념

중국 지도자들은 치욕의 역사를 중화(中華)부흥의 동력으로 삼고 있다. 아편전쟁(1840~1842년) 이후 중국인들이 당한 치욕을 각인시키면서 새로운 중국 건설이라는 의제를 설정했다. 공산당 정권이 사회주의 이념 대신 국가통치 도구로서 강력한 애국주의를 선택한 것이다.

1991년 중국공산당 창설 70주년 기념식에서, 장쩌민 당시 국가주석은 중국 근현대사를 한마디로 정리했다. "19세기 중반부터 20세기 중반까지 약 100년에 걸쳐 우리는 치욕의 역사가 있다. 우리는 여기서 벗어나 '강한 조국, 부유한 인민, 국가의 부흥'이라는 목적을 달성하고자 노력해 왔다."

장쩌민의 뒤를 이어 주석에 오른 후진타오는 2005년 타이완 신당(新黨) 인사들을 만나 "중국의 근대사는 서구 열강에 괴롭힘을 당한 역사라 해도 과언이 아니다. 이후 중국인이 줄곧 실현하고자 애쓴 목표는 '중국의 부흥'이었다"라고 언급했다.

7년이 흘러 시진핑 국가주석이 신임 공산당 총서기 자격으로 2012년 11월 인민대회당 연단에 섰다. 그는 당원들을 향해 자신 있게 외쳤다. "우리는 중국 인민을 이끌고, 가난하고 약한 옛 중국을 부유하고 강한 새로운 중국으로 변화시키며 국가 부흥으로 향하는 문을 활짝 열었다."

국가 부흥을 향한 중국의 집념은 이젠 무서울 정도다. 중국 지도자들은 수시로 국가 부흥을 외쳤고, 이는 현실이 됐다. 경제 규모 세계 2위, 무역 수출액 세계 1위, 4조 달러에 가까운 외환보유액 등 중국의 성장을 나타내는 지표는 수도 없이 많다. 2008년 성공적으로 개최된 베이징 올림픽은 마치 '진짜 부흥은 이제부터가 시작'이라고 말하는 으름장 같았다.

중국에서 쏟아지는 대부분의 근현대사 책들의 키워드는 '부국강병'(富國强兵)이다. '부강'은 '돈'과 '힘'을 거머쥔 중국의 근현대사 자체이자 최근 중국 지도자들이 부르짖는 '부흥' 발언의 시초다. 오늘날의 중국을 만든 주요 지도자와 사상가들은 '과거의 수치심을 현재의 용기로' 바꾸려 고군분투하고 있다.

19세기 중반, 아편전쟁 전후로 자신들을 세계의 중심으로 여겼던 중국인들은 엄청난 수치심을 경험해야 했다. 아편전쟁을 시작으로 제국주의 열강에 무참히 패했고, 난징조약이나 톈진조약 등 치외법권과 최혜국 대우를 약속하는 불평등 조약을 연달아 맺었다. 심지어 아시아의 약소국이라고 무시했던 일본과 벌인 청일전쟁(1894~1895년)에서도 졌다. 중국의 근현대사는 바로 이 '치욕의 역사'에서 시작한다. 공식적으로 중국은 아편전쟁이 끝난 1842년을 근현대사 원년으로 본다. 국치(國恥)를 부끄러워하지 않고 철저하게 드러내 뼈에 새긴 것이다.

난징조약을 체결한 사당 징하이사(靖海寺)의 역사전시관에는 '치욕의 역사를 반면교사로 삼아 국가 부흥의 의지를 확고히 하는 것이 바로 우리가 해야 할 일'이라고 쓰여 있다. 동양의 베르사유 궁전으로 불릴 만큼 아름다웠던 청 왕실의 여름 궁전 원명원(圓明園)은 외세에 짓밟혀 폐허가 됐지만, 이 또한 '이 치욕을 절대 잊지 말자'라는 문구와 함께 그대로 보존하고 있다.

치욕을 발판으로 중국의 사상가와 지도자들은 대국의 부활을 목표로 저마다의 정책을 펼쳤다. 20세기 초 중국의 가장 영향력 있는 사상가였던 량치차오(梁啓超)는 '부강'을 최종 목표로 하되 발전을 방해하는 문화적 전통을 전면 폐기하고, 온전히 새로운 법·정치·원칙·과학·기술 등으로 국가 개념을 세워야 한다고 강조했다. 그는 민주주의를 수용하기 위해서는 시간이 필요하므로 강력한 철권정치나 독재정치만이 국민을 휘어잡아 민주정에 적합한 '시민'을 만들 수 있다고 했다. 쑨원(孫文), 장제스, 마오쩌둥이 량치차오의 영향을 받았다.

마오쩌둥은 무자비하게 전통가치를 파괴했고, 중국을 재창조하려 했다. 반 우파운동과 대약진운동부터 문화대혁명까지 그의 통치는 냉혹했다. 마오쩌둥은 중국이 자본주의의 길로 가는 것을 막기 위해 이 같은 일을 벌였지만, 아이러니하게도 정반대의 결과를 낳았다. 실용, 개방, 시장화, 안정을 내세운 덩샤오핑은 오히려 마오쩌둥 덕분에 말

끔하게 정리된 백지상태에서 개혁을 진행할 수 있었다.

오늘날의 중국 경제는 덩샤오핑 집권 당시와 비교했을 때 놀랄 만한 성장의 토대를 갖추고 있다. 이에 일부 학자들은 "중국공산당은 마오쩌둥 치하에서 강한 생존본능을 지닌 존재로 진화하는 데 성공한 것"이란 추측을 남겼다.

새로운 권력의 총구, 중앙 영도소조

중국에선 '마오덩시'(毛鄧習)라는 말이 유행이다. 시진핑 국가주석이 '건국의 아버지' 마오쩌둥과 '개혁개방의 총설계사' 덩샤오핑 등과 같은 반열에 올랐다는 의미다. 2012년 11월 당 총서기에 오른 시진핑이 단시일 내에 권력을 장악한 이면에는 '영도소조'라는 디딤돌이 있었다. 영도소조란 헌법에는 없는 중국공산당만의 특유한 의사조정기구이다. 고위 지도자들이 조장을 맡고 있어 소조가 결정한 방침은 거의 대부분 중앙정치국 상무위원회를 통과한다. 실질적인 최고 의사결정기구인 셈이다.

시 국가주석은 총서기, 국가주석, 중앙군사위 주석 등 당·정·군 3권 외에도 국가안전위원회 주석, 개혁 영도소조 등 총 18개 중앙 영도소조 중 7개 소조의 조장을 겸임하고 있다. 그는 과거 중앙정치국 상무위원들의 권력분점시스템이 치명적인 문제점을 드러냈다고 인식했다.

이에 대한 대책으로 대표적인 것이 2014년 1월에 출범한 '중앙전면심화개혁 영도소조'(개혁 영도소조)이다. 시진핑 국가주석이 직접 조장을 맡았고 리커창 총리 등 부총리급 이상 23명의 지도부로 구성됐다. 이 소조는 당·정·군 핵심 지도자들로 진용을 갖추어 제 2의 중앙정치국이라는 명칭도 얻었다. 2013년 11월 제 18기 3중전회에서 확정된 각종 개혁안 실행을 사실상 주관하는 권력기구가 된 것이다.

당초 조장을 맡을 것으로 예상되었던 리커창 총리가 부조장을 맡았다. 개혁 영도소조의 나머지 구성원들도 전부 부총리급 이상으로 결정됐다. 중앙정치국 위원급 중에서는 마카이·류옌둥·왕양 부총리를 비롯해 시 국가주석의 당내 오른팔인 왕후닝 중앙정책연구실 주임과 리잔수 당 중앙판공청 주임, 자오러지 당 조직부장 등 핵심 측근들이 모두 포진했다.

소조에 참여하는 중앙정치국 위원은 총 10명으로 이 역시 상무위원을 제외한 나머지 중앙정치국 위원 18명 중 절반 이상이 참여한다. 여기에는 실질적인 군부 최고 지도자인 쉬치량(許其亮) 당 중앙군사위 부주석도 포함됐다. 저우창 최고인민법원장과 차오젠밍 최고인민검찰장을 비롯해 전인대와 정협 부주석, 중앙기율위 부서기, 공안부장 등도 참여한다. 주요 분야별 책임자들도 상당수 배석한 상태에서 회의가 진행돼 당·정·군 최고 지도자 확대회의를 연상시킨다.

개혁 영도소조 아래에는 경제·생태문명체제 개혁, 민주법제 개혁, 문화체제 개혁, 사회체제 개혁, 당의 건설제도 개혁, 기율검사체제 개혁 등 분과별로 6개 전문 소조가 설치됐다.

중국의 새로운 경제구상인 '일대일로'(一帶一路, 육상 및 해상 실크로드) 도 영도소조를 통해 구체적인 정책이 집행되었는데, 장가오리 부총리가 일대일로 영도소조 회의를 주재한 자리에서 관련 전략 구상을 실현하기 위한 방침을 제시해 그가 조장을 맡을 것으로 예상되었다.

예상대로 장 부총리가 중국의 수도권 일체화 사업을 이끌 영도소조 조장에 임명됐다. 중국 국무원에 '징진지(京津冀, 베이징·톈진·허베이의 약칭) 공동발전 영도소조'가 설립됐으며 장 부총리가 책임자가 된 것이다. 또한 그는 톈진시 당서기 출신으로 개혁 영도소조의 부조장도 맡고 있다. 더불어 왕후닝 중앙정책연구실 주임, 왕양 부총리, 양징(楊晶) 중앙서기처 서기 겸 국무원 비서장, 양제츠 외교담당 국무위원 등 4명이 부조장을 맡았다. 여기서도 시 국가주석의 책사이자 '중난하이 제 1 브레인'이라는 별명을 가진 왕후닝 주임이 최초로 무대 전면에 등장해 주목을 받았다.

공산당의 독특한 결정시스템

중국 사회를 이해하려면 공산당 메커니즘을 알아야 한다. 정치·경제·사회·문화 분야의 모든 정책은 공산당이 만든다. 다당제를 허용하지 않는 중국공산당은 일당독재방식으로 권력을 장악했지만 피라미드 구조의 복잡한 의견수렴 과정을 거쳐 최종적인 결론을 도출한다.

중국에서는 전국대표대회가 권력의 핵심이다. 중국공산당은 5년에 1번 전국대표대회를 개최한다. 그 주요 임무는 공산당의 주요 결정을 내리는 중앙위원회를 구성하여 중국의 통치방향을 정하는 것이다. 제 18차 전국대표대회에서도 2천여 명의 전국 공산당 대표들은 205명의 중앙위원을 선출했다. 5세대 지도부로 불리는 시진핑 체제도 이 회의에서 출범했다. 이를 제 18기 중앙위원회 1차 전체회의(18기 1중전회)라고 한다. 2013년 11월에 열린 제 18기 3중전회에서는 중국이 추진할 기본방침들을 결정했다. 1기의 중앙위원회는 보통 7중전회까지 이어진다.

중국공산당의 의사결정 및 권력 피라미드 구조의 상층부는 정치국이다. 정식명칭은 중국공산당 중앙정치국이다. 이 정치국의 위원(정치국원)은 중앙위원 중에서 선임된다. 시진핑 체제의 18기 중앙정치국원 숫자는 25명이다. 25명의 정치국원 가운데 다시 공산당 최고 지도부를 뽑는다. 이 최고 지도부가 바로 중앙위원회 중앙정치국 상무위원회다. 이 조직의 위원들이 상무위원이다.

18기의 상무위원은 7명이다. 시진핑 국가주석을 필두로 리커창 총리, 장더장 전인대 상무위원장, 위정성 정협 주석, 류윈산 중앙당교 교장, 왕치산 중앙기율위 서기, 장가오리 국무원 상무 부총리 등이다. 중국 정치체제를 집단지도체제라고 부르는 이유는 이들 중앙정치국 상무위원들이 각자 권력을 분점해 1인 독주를 막는 구조이기 때문이다.

전국대표대회 다음으로 중요한 권력기구는 매년 3월 초에 열리는 양회(兩會)이다. 양회는 정협과 전인대를 함께 부르는 용어로, 서구식으로 표현하면 의회의 상하 양원이라 해도 크게 틀리지 않을 듯하다. 정협 위원은 2,200여 명, 전인대 대표는 2,900여 명으로 도합 5천 명이 넘은 인사들이 베이징 인민대회당에서 열흘 이상 회의를 가진다.

전인대는 명목상 헌법 개정, 국가주석 및 국무원 간부 선출, 국가 예산심의 등 막강한 권한을 가진 최고 권력기관이다. 반면 정협은 정책자문기구라고는 하지만 중화인민공화국 탄생을 선포했던 연원이 있고 행정부 감독권을 갖는다는 규약이 명시되어 있다. 서구의 상원에 해당하는 셈이다. 공산당 이외의 다양한 민주당파가 포함된 정협은 농공민주당, 민주건국회, 중국민주동맹 등 우리에게는 이름도 생소한 군소정당과 무당파 대표들이 참여하고 있다. 심지어 국민당도 혁명위원회이기에 참여한다. 하지만 그들의 숫자는 20~30명을 간신히 넘긴다.

중국 정치의 풍향계, 중산층

21세기 중국 사회 변화의 키워드는 중산층이다. 30여 년 동안 개혁개방 정책으로 육성된 중산층이 어떤 선택을 하느냐에 따라 중국의 미래가 바뀔 수 있다는 의미다. 중국의 중산층은 서구 민주주의 사회에서 주동적 역할을 하는 중산층과는 다소 개념이 다를 수 있다. 이들은 경제적으로 중국공산당의 개혁개방 정책의 수혜자들이다. 정치적으로는 중국식 사회주의나 공산당 일당체제에 대해 반감이 별로 없다. 서민층이나 하층민보다 오히려 중국공산당과 이해관계가 겹치는 부분이 많다.

이런 중국의 중산층 인구가 사상 처음으로 미국을 추월했다. 크레디트스위스가 발표한 〈세계 부 리포트: 2015〉는 소유자산 기준 5만~50만 달러(약 5,700만~5억 7,000만 원)인 중국의 중산층 인구가 1억 9백만 명으로 미국의 9,200만 명을 추월했다고 발표했다. 이런 기준으로 지역별로는 유럽 1억 9,400만 명, 중국을 제외한 아시아태평양 1억 7,100만 명, 북아메리카 1억 5백만 명, 남아메리카와 인도가 각각

4,300만 명, 아프리카 1,900만 명 등이다.

2000년 이후 새로이 중산층에 편입한 중국인 수는 미국인의 2배에 달했고, 중국 성인 1명당 평균 보유자산도 4배 증가한 2만 2,500달러로 증가했다. 중국인은 전 세계 부의 10%를 보유하고 있는데 다가오는 2020년까지 백만장자 수는 230만 명으로 늘어나 2015년보다 74% 늘어날 전망이다.

하지만 연간소득이 2,300위안, 우리 돈으로 약 40만 원 이하인 빈민이 2014년 기준으로 7,017만 명에 달한다. 빈부격차의 심각성을 인식한 중국 정부는 2020년까지 절대 빈곤층을 없애겠다고 주장하지만 쉽지는 않을 것이다. 이에 시진핑 국가주석의 지시로 국무원 산하에 빈민구제개발 영도소조도 만들어졌다. 개혁개방의 설계자였던 덩샤오핑은 중국공산당 창립 100주년이 되는 해인 2021년까지 전 국민이 중진국 수준의 복지를 누리는 이른바 '전면적인 샤오캉 사회 진입'을 완성해야 한다는 유훈을 남긴 바 있다. 권력의 정당성을 경제발전을 통해 확보해 온 중국 정부가 최대의 사회불안 요인으로 꼽히는 부의 편중을 극복하고 민심의 지지를 유지할 것인지 주목된다.

중국은 정치적 안정화 정책의 하나로 중산층 양산에 총력을 기울이고 있다. 우선 임금배증 정책을 펴고 있다. 2011~2020년간 근로자 임금을 갑절로 올려 양극화된 중국의 소극격차를 줄이고, 중산층을 늘리겠다는 정책이다. 매년 각 지방정부가 최저임금 기준을 6~7%씩 인상하는 게 대표적인 예다. 의료, 교육, 양로 등 5대 사회보장보험 강화도 소비확대 요인이다. 개혁개방 이후 사회보장체제가 무너지면서 중국은 개인저축(저축률 30%)으로 질병, 자녀, 교육 등 모든 사태에 대비해야 했다. 일부 부유층 외엔 개인 돈으로 소비하긴 어려운 구조였다. 사회보장보험체제를 구축해 최하층의 불만을 달래고 중산층의 소비를 촉진하겠다는 의도다.

중산층 확대와 함께 소비행태엔 어떤 변화가 왔을까? 2009~2014년간 51개 도시, 1만 명의 중산층(연소득 2만 5천~21만 위안)을 대상으로 한 중국 중산층의 소비행태 분석에 의하면 세 가지 변화가 특징적이다.

첫째, 백색가전, 자동차, 스마트폰 등 중산층을 특징짓는 중고가 품목의 보급률이 급상승한 점이다. 자전거나 구식 휴대폰의 보유비중은 25~30%로 5년 전의 약 절반으로 줄어든 반면 백색가전과 PC는 각기 75%와 80%로 약 2.5배 늘었고, 자동차는 73%로 4배나 늘었다. 특히 스마트폰은 7배로 급상승해서 보급률이 83%에 달했다. 서비스에서는 레저와 의료, 헬스 소비증가가 뚜렷하다. 한 해 유료서비스를 1회 이상 이용한 비중을 보면 해외여행 71.8%, 영화 52%, 게임 47% 등 5년 전보다 20~30%가량 높아져 레저수요가 빠르게 늘었다.

둘째, 다섯 가지 소비유형(트렌드, 프리미엄, 정보탐색, 합리적·보수적 소비)에도 변화가 감지되고 있다. 2009년도만 해도 중국 중산층은 저가이면서 품질 좋은 제품을 찾는 합리적 소비와 웬만해선 소비하지 않는 보수적 소비가 각기 33%와 31%로 대세였고, 명품이나 유행을 좇는 트렌드 소비비중은 12%에 불과했다. 그러나 2014년 중산층에서도 트렌드 소비와 합리적 소비비중이 25%, 27%일 정도로 트렌드 소비가 빠르게 증가했다. 시장에선 중산층의 소득증가와 스마트폰에 의한 실시간 정보 교환이 트렌드 소비를 자극한 것으로 본다.

셋째, 가장 두드러진 소비행태 변화로 소비채널의 전환을 꼽는다.

예전에는 성능을 직접 확인해야 하는 전문제품·고가품은 백화점, 옷이나 화장품은 전문점, 식품은 슈퍼 등으로 제품에 따라 소비채널이 정해져 있었다. 그러나 인터넷의 보급 확대와 함께 온라인 소비채널(PC + 스마트폰) 활용이 급증하여 이젠 완전히 다른 상황이 되었다. 이미 가전 IT 제품은 온라인 소비활용이 45%로 압도적이고, 의류패션도 22.6%로 백화점이나 의류 전문점의 16~17%를 뛰어넘었다. 화장품 또한 10%대로 백화점의 8%보다 높고, 심지어 자동차도 9~10%로 자동차 딜러 다음이라고 한다.

어떻게 이렇게 빨리 온라인 소비가 증가했을까? 전문가들은 중국의 6억 5천만 명에 달하는 엄청난 인터넷 인구와 알리바바 같은 전자상거래업체의 눈부신 활약이 맞아떨어진 결과로 보고 있다. 알리바바의 최대 온라인 쇼핑몰 '타오바오'에는 전 세계 2억 개 제품이 출시되어 있고, 중국 온라인 소비시장의 80%를 장악하고 있다고 한다.

장기집권 프로젝트, 신형도시화 계획

일당체제를 유지하려는 중국공산당은 다양한 생존 프로젝트를 가지고 있다. 그중에서 눈여겨볼 것이 바로 '신형도시화 계획'이다. 2013년 50%대 초반인 도시화율을 2020년 60%대로 끌어올린다는 야심찬 전략이다. 도시 인프라 건설에 40조 위안(약 7,300조 원)이라는 천문학적 돈이 투자된다. 우리로 치면 분당만 한 신도시가 50개 이상 생기는 것이다. 정부 주도로 대규모 수요를 창출해 일자리를 만들어 경제를 끌어가는 일종의 케인즈 경제학의 중국판으로 볼 수 있다.

중국 신형도시화 전략은 아시아 인프라투자은행(AIIB), 일대일로 프로젝트 등과 함께 3대 인프라 경제의 견인차가 될 것이란 분석도 많다. 이는 중국공산당의 장기집권계획과 맥이 닿는다.

왜 그럴까? 국가 지도자를 국민의 선거로 뽑지 않는 공산당은 항상 '정권의 정당성'에 대해 불안감을 가지고 있다. 인민의 불만을 잠재우고 공산당의 정당성을 확보하는 유일한 길은 경제성장이다. 경제가 성장하고 인민들의 생활수준이 끊임없이 나아지면 인민들이 공산당 독재를 지지할 것이라는 인식이다. 중국공산당이 최근까지 고수했던 '매년 8% 경제성장' 전략도 이런 맥락에서 나왔다.

중국에선 매년 대학을 졸업하는 6백만 명을 포함해 새로운 구직자들이 1천만 명에 달한다. 매년 1천만 명의 일자리를 만들어 내려면 적어도 GDP가 연 8% 수준으로 성장해야 한다. 후진타오 시대 '8%' 경제성장이란 기준치가 제시된 배경이다. 세계 경제 침체로 8% 성장이 불가능해지면서 수출 주도 경제에서 내수 경제 활성화 등 수요 창출로 방향을 선회했다. 수출이 안 되면 국내에서 물건을 팔아야 한다. 국내 소비를 촉진하여 안정적인 일자리를 창출하기 위해 중국공산당은 '도시화'라는 묘수를 만들어 낸 것이다.

도시화 과정에서 필요한 기초산업 건설로 경제활동을 촉진하고, 농민이 시골의 '생산자'에서 도시의 '소비자'로 바뀌는 엄청난 변화가 일어난다. 앞으로 20년 동안 경제성장을 뒷받침할 수 있는 방법을 찾은 것이다. 도시화가 공산당 생존을 보장하는 정치보험인 것이다.

2012년 12월에 발표된 국가발전개혁위원회 보고서에 따르면 도시화 확대 과정에서 최소 10년간 40조 위안(약 6,844조 원)의 투자를 유발한다고 한다. 도시화율을 높여 더 많은 소비능력을 갖춘 중산층 확보도 중요한 목표다. 중국 13억 5천만 명 인구 중 2020년에 중산층만 4억 명에 도달할 것이란 예상치도 나온다. 공산당이 도시화를 통해 중산층을 늘리려는 것은 중산층이 공산당 집권 유지에 도움이 된다고 판단했기 때문이다. 중산층이 사회 안정을 촉진한다고 본 것이다.

중국의 중산층은 공산당을 지지하는 세력이다. 경제적 자유를 획득한 중산층이 정치적 자유주의를 선도한다는 서방 이론과는 정반대의 개념이다. 서구 정치 전문가들은 고등교육을 받고 경제적으로 더 잘살게 된 중국의 중산층이 물질적 혜택뿐만 아니라 언론의 자유 등 정신적 가치의 추구로까지 요구사항을 확대할 것이라고 보고 있다.

그러나 중국공산당의 생각은 다르다. 중국의 중산층은 중국 개혁개방 정책의 수혜자다. 공산당 덕에 생활수준의 향상을 경험한 중산층들이 자신의 '밥그릇'을 만들어 준 공산당을 지지할 것이라고 보는 것이다. 기득권층으로 성장한 중국의 중산층은 민주화보다 현상유지를 내심 바라고 있다는 지적도 이런 맥락이다. 서방 학자들은 자본주의 사회에서 1인당 GDP 3천 달러가 민주화 요구의 분기점이라고 주장하지만, 중국은 2014년 1인당 GDP가 7,575달러가 되었음에도 여전히 순항 중이다. 서방 학자들의 분석은 중국의 현실을 제대로 인식하지 못한 결과인 듯하다.

서방 학자들 사이에서 '중국붕괴론'도 심심찮게 거론됐다. 빈부격차에 따른 사회불안이나 공산당 집권세력에 불만을 품은 세력들의 잇따른 시위 등을 예로 들어 현 체제가 오래가지 못할 것이란 분석도 많지만 중국 사회의 실체를 잘 파악하지 못한 단견일 가능성이 있다.

중국공산당에 대한 중국 인민들의 이중적 심리를 이해할 필요가 있다. 그들은 공산당에 대해 불평하면서도 공산당에 대한 믿음을 버리지는 않았다. 공산당의 온갖 부정부패에 대해 분노를 표출하지만 그들의 이해관계에는 공산당의 장기적 집권이 유리하다고 판단한다. 중국인들은 겉과 속이 다른 것을 미덕으로 삼는 민족이다. 표면에 드러난 것을 모두 믿으면 오산이다.

중국 정부는 중국 인민들에게 공산당이 중국을 지켜주지 않으면 호시탐탐 중국을 노리는 서방에 국가가 넘어갈 것이라고 오랫동안 주입해 왔다. 아편전쟁으로 중국이 서방 열강에게 수모를 겪은 '100년간의 굴욕'으로 요약되는 이 사상교육은 매우 효과적이다. '공산당이 완벽하진 않지만 그래도 서방보다는 낫다'라는 인식이 역사적 피해의식의 그늘 속에 뿌리 깊게 존재하는 것이다. 그들은 공산당에게 더 좋은 사회를 만들어 달라고 불평하는 것이지, 물러나라고 하는 것이 아니다.

5. 중국의 파벌 정치

파벌의 양면성

공산당은 공식적으로 당내 파벌을 인정하지 않는다. 1987년 중국공산당 제 13차 전국대표대회 직후 기자회견 석상에서 자오쯔양 당시 총서기는 파벌의 존재 여부를 묻는 기자들의 질문에 대하여 단호하게 중국공산당 내부에는 어떠한 파벌도 존재하지 않는다고 부정했다.

하지만 1990년대 들어 정치개혁과 맞물려 '당내 다파제'에 관한 주장이 조심스럽게 제기되면서 당 내부적으로 논란이 된 적은 있다. 중국공산당 내에 서로 다른 관점과 정치 노선을 가진 파벌의 존재를 인정하고, 이를 공개화하는 것이 당내 민주화를 위해 바람직하다는 주장도 불거졌지만 이런 견해는 당내의 파벌활동과 중국공산당의 성격이 근본적으로 조화될 수 없다는 주류의 목소리에 힘을 잃었다. 당내의 파벌을 공개화, 합법화하고 중국공산당 내에 상이한 관점과 정치 노선을 가진 집단을 허용하는 것은 공산당의 성격을 변질시키고 공산당의 영도를 부정하는 자산계급 자유화 이론으로 보는 것이다. 시진핑 국가주석 또한 이런 입장으로 다당제를 도입하는 것을 결사반대하고 있다.

중국의 지도자들은 파벌의 존재와 파벌 정치를 강력하게 부인하면서도 과거의 잘못된 정책과 노선에 대해서는 일부 당내 파벌들의 과오로 돌려, 간접적으로 파벌의 존재와 파벌 정치를 인정하고 있다. 문화대혁명 과정에서 좌파는 당내에 '자본주의의 길을 걷는 소수의 당권파'를 타도해야 한다고 주장했고, 린뱌오와 문화대혁명 4인방이 제거된 후 개혁파 지도자들은 "최고 권력 탈취를 음모하는 당내 반 혁명파들이 마오쩌둥 동지의 등 뒤에서 나라와 인민에게 막대한 재앙을 끼치는 수많은 범죄행위를 저질렀다"고 비난했다.

중국공산당의 지도자들도 당내에 정치적 관점과 권력이익이 다른 정치집단들이 존재하며, 중국 정치가 이러한 파벌 정치로 점철되었음을 암묵적으로 인정한다. 그럼에도 중국공산당의 지도자들이 파벌의 존재를 공식적으로 인정하지 않는 것은 중국공산당이 노동자 계급은 물론, 모든 인민의 이익을 대변하는 유일·통일·집중·단결된 정당이기 때문에 소수의 사적 이익을 추구하는 파벌의 존재를 인정할 수 없다는 논리에서 출발한다.

파벌 정치는 전체 노동자 계급과 인민대중들의 근본적인 이익을 대변하는 중국공산당의 성격과 양립할 수 없다는 것이다. 따라서 공산당의 지도자들은 항상 소단체주의, 파벌주의의 경향성에 대하여 경계하였고 당의 단결과 통일성을 강조한다.

하지만 중국 정치는 합의와 단결을 강조하면서도, 한편으로는 개별적이고 사적 특수이익을 추구하는 중국 정치문화의 이중성을 드러낸다. 중국 정치는 중국공산당의 단결과 지도부의 합의를 앞세우고 모든 정치집단이 표면적으로 순응하는 것처럼 보인다. 하지만 막후에서는 다양한 집단들이 자신들의 사적 권력이익을 추구하는 파벌 정치의 특징을 가진다. 이때 파벌이란 '어떤 이유로든 서로 친밀한 관계를 가지고, 상호 신뢰와 충성심을 공유하고 있다고 믿으며, 공동의 적대세력을 가지고 있는 사람들의 관계망'이라고 정의할 수 있다.

중국 사회는 혈연, 지연, 학연 또는 공동의 경험을 매개로 형성된 사적 인간관계가 공식적이고 조직적인 관계보다 더 중요시되는 문화적 특징을 가진다. 이런 점에서 중국의 파벌 정치는 중국 사회에 만연하는 관계문화의 소산이라고 할 수 있다.

정치엘리트 및 관료들을 일정한 지역이나 기능 및 조직체계 내에 특화시키는 중국공산당의 인사 정책도 파벌 형성에 기여한다. 일정한 지역과 직책에 오랫동안 배치하는 인사 정책의 부작용도 파벌 형성의 주요 요인이다. 중국의 파벌은 혈연, 지연, 학연도 중요한 요인이지만, 동일한 직종에 종사하면서 형성되는 경우도 많다.

예를 들면, 중국 군부의 파벌은 혁명 시기에 형성된 4개의 야전군 조직체계에 기초하고 이때 형성된 인간관계가 건국 후에도 지속되었다. 건국 후 군부조직의 표면적인 변화에도 불구하고, 4개 야전군체계의 골격을 벗어나지 못한 상황에서 중앙과 지방군구의 인사 정책을 추구했기 때문이다.

대부분의 간부들은 일정한 직책이나 조직, 또는 지역에서 상당 기간 복무하며 나름대로의 정치적 기반을 쌓는다. 마오쩌둥이나 류사오치, 덩샤오핑과 같은 전국적인 지도자들도 최고 지도자로 성장하는 과정에서 일정한 지역과 업무를 특화한 경력이 있으며, 나름대로의 파벌적 배경을 가졌다.

마오쩌둥은 농촌 게릴라운동의 전문가로서 홍군과 소비에트지구에서 활동하던 간부들을 총애한 반면, 류사오치는 국민당이 지배하던 지역, 이른바 백구 지역에서 지하당운동을 하던 간부들을 대표한다. 저우언라이는 건국 이전부터 중국공산당의 대외 관계를 담당했고, 건국 이후에는 그가 사망하기 전까지 국무원 총리를 역임했기에 자연히 중국의 관료 사회에서 막강한 영향력을 행사할 수 있었다. 덩샤오핑과 천윈도 일정한 지역과 직종에 장기간 종사하며 방대한 파벌망을 구축했다. 문화대혁명 4인방의 주인공인 장춘차오와 야오원위안도 중화인민공화국 수립 이전부터 상해 지역의 문화계에서 오랫동안 활동하며 나름대로 지역적 기반을 가지고 있었다. 후야오방도 그가 담당했던 공청단을 매개로 형성된 인맥을 개혁과 개방 정책 과정에 활용하였다.

중국과 같이 지역적으로나 조직적으로 다양하고 복잡한 사회에서 간부와 관료들의 잦은 교체와 이동은 행정의 일관성과 장악력을 저해하기 때문에, 행정조직의 전문화와 안정을 위해서는 어느 정도 인맥정치가 필요했던 것도 사실이다. 서방의 중국 전문가 앤드류 네이선(Andrew Nathan)과 같은 학자는 중국 정치과정에서 나타나는 파벌 간의 정책적·이데올로기적 차별성은 거의 없다고 단언한다. 파벌 간의 갈등을 근본적으로 권력이익의 충돌이란 차원에서 이해하는 것이다.

파벌을 형성하고, 파벌 간의 갈등을 촉발하는 것은 정책의 차별성이 아니라 파벌 간 권력이익의 충돌 때문이다. 파벌 정치의 깊숙한 배경에는 권력 투쟁이 숨어 있으며, 이와 같은 권력 투쟁의 측면이 파벌 간의 정책적 · 이데올로기적 차별성을 과도하게 부각하는 것이다.

문화대혁명 기간 린뱌오를 지지했던 공군 지도부가 군의 전문화와 현대화를 모색하는 공군의 조직적 이익을 무시하고, 린뱌오의 인민전쟁론을 추종한 것을 보더라도 파벌과 이익집단은 구별되어야 한다.

2017년 제19차 전국대표대회 권력 투쟁

중국 정치무대에서 활약 중인 각 파벌은 2017년 제 19차 전국대표대회를 숨죽이며 지켜보고 있다. 시진핑 국가주석이 향후 권력변동과 관련해 중요한 결정을 내렸기 때문이다. 2015년 6월 중앙정치국 회의에서 능상능하(能上能下) 규정을 신설한 것이다. 퇴직 연령에 이르지 않은 고위인사도 직위가 박탈될 수 있고 파격 발탁도 가능한 길을 열었다.

2015년 5월 18일 베이징에서 열린 중앙 통일전선공작회의에서는 해외 유학파, 신매체 대표급 인물, 민간 기업가 세 그룹을 배양 · 선발 · 임용할 것을 지시했다. 엘리트 인사풀을 넓히겠다는 의지 표시다. 두 조치는 제 19차 전국대표대회 리더십 구성을 보다 역동적으로 바꿨다. 인사 규모가 커졌고 예측은 어려워졌다.

최고 지도부 인선과 관련해 가장 대표적인 공산당 내부 규칙은 '칠상팔하'(七上八下)이다. 67세는 중국공산당 중앙정치국 상무위원회에 진입할 수 있지만 68세는 안 된다는 것이다. 칠상팔하의 규칙을 만든 사람은 장쩌민 전 주석이다. 2002년 제 16차 전국대표대회 당시 장쩌민은 라이벌이자 막강한 영향력을 가졌던 68세의 리루이환(李瑞環) 정협 주석의 중앙정치국 상무위원 연임을 막기 위해 만들었다는 것이 정설이다. 제17, 18차 전국대표대회 때도 이 규칙은 적용됐다. 2017년 제19차 전국대표대회에서도 이 규칙이 적용된다면 시진핑(1953년생)과 리커창(1955년생)을 제외한 나머지 5명은 모두 물러나야 한다.

하지만 시진핑 국가주석이 칠상팔하 규칙에 문제가 있다고 인식해도 이를 변경하는 것은 만만찮다. 그래서 능상능하라는 새로운 인사 개념을 조심스레 꺼내들었다. 시진핑 체제를 뒷받침하는 주요 축인 왕치산 상무위원도 능상능하의 잣대로 연임 가능성이 적지 않다는 것이 중화권 언론들의 보도다. 왕치산은 1948년생으로 2017년이 되면 69세이다. 그러나 호랑이(고위관리)든 파리(하급관리)든 여우(해외 도피범)든 가리지 않고 철퇴를 휘두르는 왕치산의 용기에 중국 인민들은 열광하고 있다. 왕치산 본인은 은퇴 의사를 간접적으로 밝힌 바 있지만 본심은 다를 것이다.

중국 언론에서 "업무의 필요에 따라 계속 영도 직무를 맡을 수 있다"는 보도가 심심찮게 나오는 것도 은퇴 연령과 관련한 내부 규칙이 점차 깨지고 있다는 반증이다. 홍콩 언론에 따르면 5중전회 직전 100여 명의 고위관리가 왕치산이 제19차 전국대표대회 때도 계속 중앙기율위 서기를 맡아야 한다며 이 문제를 정식 안건으로 토의해 줄 것을 당 중앙에 요청했다고 한다.

중국에서 차관급은 60세, 장관급은 65세가 정년이다. 그런데 왕치산과 같은 1948년생인 저우샤오촨(周小川)의 경우, 물러나야 할 해인 2013년에 다시 장관급 자리인 중국 인민은행 행장 자리에 임명됐다.

이는 능력이 있으면 나이와 상관없이 계속 기용될 수 있다는 메시지를 담고 있다.

만약 칠상팔하의 내부 규칙이 왕치산의 유임으로 깨진다면 69세는 중앙정치국 상무위원이 되고 70세는 될 수 없는, 구상영하(九上零下) 등의 기준이 새로 정해질 수 있다. 명확한 기준을 정하지 않는다면 한정된 자리를 놓고 공산당 내부의 권력 투쟁이 격화될 것은 뻔하기 때문이다.

이런 변화는 시진핑의 정치생명과도 직결된다. 2022년 제 20차 전국대표대회 때 시진핑의 나이는 69세가 된다. 중국 헌법에 따르면 국가주석과 총리는 한 차례 연임할 수 있다. 후진타오 전 주석도 5년 임기를 2번해서 10년을 채웠다. 1인 독주체제를 구축한 시진핑이 집권 10년을 맞는 2022년에 권력을 순순히 내줄지 벌써부터 관심거리다.

리청 박사는 미국 스탠퍼드대학 후버연구소가 운영하는 웹사이트 '차이나 리더십 모니터'에 발표한 논문에서 19기 중앙정치국 상무위원 후보그룹으로 리잔수 중앙판공청 주임, 자오러지(趙樂際) 중앙조직부장, 한정(韓正) 상하이 당서기를 꼽았다. 차기 중앙정치국원에는 천시 중앙조직부 부부장, 황쿤밍 중앙선전부 부부장, 류허 중앙재경영도소조 주임, 허리펑 국가발전개혁위원회 부주임, 장유샤(張又俠) 인민해방군 총장비부장, 차이잉팅 난징군구 사령원, 딩쉐샹 중앙판공청 부주임, 허이팅 중앙당교 부교장의 진입이 유력하다고 예측했다.

시진핑 집권 1기(2012~2017년)의 권력구도는 공청단 세력의 전면 후퇴로 집약된다. 제 18기 공산당 중앙위원회 중앙정치국 상무위원회에 후진타오 전 국가주석의 지분이 대폭 축소되면서 공청단 출신들이 약세로 돌아섰다. 상무위원 자리를 놓고 막판까지 치열한 경합을 벌이던 위정성 상하이 서기와 리위안차오 당 중앙조직부장 가운데 공청단 계열인 리 부장이 탈락했다. 태자당과 상하이방의 연합세력이 권력을 잡았다고 해도 과언이 아니다. 결론적으로 장쩌민 전 주석 세력이 6명, 후진타오 전 주석 세력은 리커창 총리 1명뿐인 상황이다. 특히 류윈산의 상무위원 진입은 장 전 주석에 대한 충성 덕분이라며 개혁세력에 타격이 될 것으로 관측되고 있다. 류윈산은 지난 10년간 당 선전부장으로서 언론과 인터넷 통제·검열을 극도로 강화했다.

후진타오 주석은 당 총서기직과 중앙군사위원회 주석직을 한꺼번에 시진핑에게 물려주고 완전히 퇴임했다. 하지만 공청단 세력이 몰락했다고 보는 것은 성급한 판단이다. 공청단 세력이 차기 상무위원 인선에서 보수파에 밀리기는 했지만, 중국공산당의 연령 규정에 따라 2017년 제19차 전국대표대회에서는 상하이방-태자당의 장더장, 장가오리, 위정성, 류윈산, 왕치산은 모두 물러나야 한다. 이때 상무위원에 진입할 자격을 가진 유력 후보들 중에는 공청단 세력이 많다. 리위안차오 당 조직부장과 왕양 광둥성 당서기 등이 이번에는 상무위원에 진입하지 못했지만, 차기 지분을 약속받았다는 설이 파다하다.

벼랑 끝에 몰린 공청단

2014년 연말 후진타오 전 주석의 최측근이자 통일전선공작부 부장 링지화가 낙마하면서, 공산당 내부의 권력 투쟁은 양적인 변화에서 질적인 변화로 진화하는 모양새였다. 중국 정치 전문가들은 링지화가 조사받는 것은 중국 정계 내에서 퇀파이에게 치명타로 보았다. 일부에서는 퇀파이의 몰락까지 예상하는 이들도 등장할 정도였다.

과거 10여 년 동안 최고위층 간부의 승진을 주로 관장해온 링지화는 전체 퇀파이 내에서 중추적인 인물이었다. 그는 핵심 기밀을 가장 많이 알고 있는 인물로, 그의 낙마는 시진핑을 대표로 하는 '태자당'이 '퇀파이'의 목줄을 죄는 것을 의미하는 것이었다. 중앙정치국, 심지어 중앙위원회 내의 퇀파이 배경 인물들은 불안에 떨었다.

퇀파이의 와해는 일시에 일어난 돌발사건이 아니었다. 정교하게 기획된 하나의 바둑판과 같았다. 역사학자 장리판은 이렇게 말했다. "경제범죄를 처벌하면서 정적을 제거하는 것은 당내의 관용수단이다. 지금 당내에 부패가 창궐하는데, 반 부패의 이름으로 정적을 치는 것은 그 어떤 정치적 조치보다 무섭다."

퇀파이 붕괴는 2012년 제 18차 전국대표대회가 개최되면서부터 시작되었다. 7명의 새로운 중앙정치국 상임위원 명단을 발표했는데 직계 퇀파이는 리커창 1명뿐이었다. 2013년 3월에는 많은 퇀파이 고위관료들이 원직에서 이동했다. 실권이 없는 직위로 승진하거나 실권이 많이 약화된 명예 고위직으로 옮긴 것이다. 장칭리(張慶黎)는 원래의 광둥성 서기에서 정협 부주석 겸 비서장으로 옮겼다. 저우창은 원래의 후난성 서기에서 최고인민법원장으로 승진했다. 지빙쉔(吉炳軒)은 원래의 헤이룽장성 서기에서 제 12기 전인대 상무위원회 부위원장으로 승진했다.

리위안차오 전 장쑤성 서기 겸 중앙조직 부부장도 2013년 3월 원직을 떠나 중화인민공화국 부주석이 됐다. 그 후 중앙홍콩마카오공작협조 소조의 부조장을 겸직했다. 베이징 정계 인사들에 따르면 리위안차오가 중앙정치국 위원으로 승진한 후, 링지화가 '신 4인방'의 붕당활동에 연루되었다고 한다.

2014년에 들어서도 퇀파이가 붕괴하는 발걸음은 멈추지 않았다. 그 해 8월, 당시 산시성 서기를 맡고 있던 위안춘칭은 원직을 떠나 중앙농촌공작 영도소조 부조장이 되었다. 같은 해 하반기, 윈난 관료체제에 지진이 일어났다. 중공 중앙은 근본적으로 윈난의 부패사건을 해결하겠다며 친광롱의 서기직을 면직시켰고, 성장 리지헝으로 하여금 대리하게 했다. 연말에는 퇀파이 핵심인 링지화가 낙마하여 다시 한 번 진동이 일어났다.

위기에 빠진 퇀파이의 '유일하게 남은 고위직'인 리커창은 시진핑을 적극 따르고 있다. 그러나 총리가 경제를 책임지는 관행에서 벗어나 리커창은 경제 실권마저 시진핑에게 넘겨줬다는 분석이 파다하다. 그가 허수아비가 되었다는 것은 중국 내에서는 공공연한 비밀이다. 그는 더 이상 경제 차르가 아니다. 시진핑에 복종할 수밖에 없는 처지가 된 것이다. 시시각각 퇀파이의 붕괴가 사실로 확인되고 있지만 2017년 가을에 예정된 제 19차 전국대표대회에서 어떤 반전이 있을지는 아직 아무도 모른다.

신 태자당의 출현: 시진핑의 친위부대

태자당은 지난 10여 년간 끊임없는 정치 투쟁에서 이미 다양한 권력집단으로 분화하고 있다. 그들 사이에도 격렬한 투쟁이 존재하지만 공동이익을 위해서는 손을 잡는 합종연횡이 이뤄지고 있다. 그들은 부모의 계파 및 자신의 생활권에 따라 파벌을 형성하기도 하고, 각기 세력을 형성해 자신과 이익을 같이하는, 능력 있고 경험 많은 멤버를 모으기도 한다. 이 가운데 시진핑을 중심으로 새롭게 태동하는 태자당 인맥을 '신 태자당'이라고 부른다.

1980년대는 태자당 제 2세대가 두각을 보였다. 예젠잉의 아들 예시안닝(葉選寧), 후야오방의 아들 후더핑(胡德平), 덩샤오핑의 아들 덩푸팡, 왕전의 아들 왕쥔(王軍), 천윈의 아들 천위안(陳元), 타오주(陶鑄)의 딸 타오쓰량(陶斯亮), 양상쿤의 아들 양사오밍(楊紹明) 등이 중심이다. 이들은 서로를 이용하거나 때로는 투쟁하면서 견제하는 양상을 보였다. 외부인사가 승진을 하고 싶을 경우 종종 이 중 한 세력에 붙었다.

1990년대 들어와 장쩌민의 세력이 팽창하면서 상하이방의 색채를 띤 제 2세대 태자당 쩡칭훙이 급속히 부각했고 킹 메이커의 역할까지 담당했다. 2000년대에 들어서는 보이보(薄一波)의 아들 보시라이, 시중쉰의 아들 시진핑, 황징(黃敬)의 아들 위정성 등이 점차 중앙정치의 중심 무대로 부상하기 시작했다.

시진핑이 총서기가 된 배경에는 후진타오의 측근인 리커창이 총서기가 되는 것을 막기 위한 쩡칭훙의 책략이 있었다. 장쩌민과 쩡칭훙은 자신들의 파벌 내에 쓸 만한 인물이 없다는 것을 알고, 리커창이 총서기가 되는 것을 막기 위해 정치적 야심이 없던 시진핑을 추천한 것이다. 원래 장쩌민과 쩡칭훙의 그림에는 보시라이를 제 18대 중앙정치국 상무위원으로 진출시킨 후 나중에 기회를 엿봐 시진핑을 물러나게 하고, 2014년 이전에 권력을 탈취할 목표가 있었다는 것이 정설이다. 원래 최고 지도자 후보는 보시라이였지 시진핑이 아니었던 것이다.

하지만 세상 이치는 그리 간단하지 않은 법. 제 18차 전국대표대회가 열리기 9개월 전인 2012년 2월에 돌연 '왕리쥔 사건'이 터진 것이다. 보시라이의 만행이 천하에 드러났고 그의 권력탈취 계획이 구체적인 물증으로 확인되는 순간이었다. 이 순간 중국 건국 공신인 예젠잉의 아들이자 전 해방군 총정치부 연락부장을 지낸 예시안닝이 움직였다. 그는 공산당 지도부에 편지를 보내 보시라이의 사직을 요구하면서 태자당을 위한 살신성인(殺身成仁)의 자세를 보였다. 태자당 차원에서 '보시라이'란 카드를 버린 것이다.

여기서 잠시 예시안닝이란 인물을 살펴보자. 그는 일찍이 태자당 및 베이징 권력가 내부에서 태자당의 정신적 지도자로 추앙받았다. 많은 중국공산당 고위간부 자제들 중에서도 특히 덩샤오핑, 천윈, 예젠잉, 왕전 등 몇몇 대(大) 원로 가족의 후손들은 서로 간에 갈등이 많았다. 그나마 이들 가운데 협력과 내부응집에 나설 수 있는 인물이 바로 예시안닝이었다.

일각에서는 그를 예시엔핑(葉選平, 예젠잉의 큰아들)의 군사(軍師)로만 알고 있지만, 사실 그는 고위 군부와 비즈니스계에서 큰 활약을 펼쳤던 인물이다. 예시안닝은 1968년 베이징공업학원을 졸업했고 일찍이 공군 작전부 부부장 및 정협 위원을 지냈다. 지략이 뛰어난 인물로, 형인 예시엔핑이 광둥성 성장으로 있을 때 어려운 문제가 생기면 늘 예시안닝에게 의견을 묻곤 했다고 한다. 한번은 중앙정치판에 뛰어드는 것이 어떤지 상의한 적이 있는데, 이때 예시안닝은 "관리가 되려면 중앙으로 올라가고, 사람이 되려면 지방에 남아야 한다"고 조언했다고 한다. 이 말을 들은 예시엔핑은 정협 부주석을 끝으로 줄곧 광둥에 남아 중앙 무대로 진출하지 않았다. 대신 광둥을 예씨 가문의 천하로 만드는 데 성공해 예젠잉이 사망한 후에도 세력을 잃지 않았다.

그 외에도 예시안닝은 리루이환과 사이가 좋아서 주말이면 함께 마작을 하거나 교외로 낚시를 가기도 했다. 덩샤오핑의 아들 덩푸팡은 그에 대해 "나를 예시안닝에 비교하면 하나는 하늘 위에 있고 하나는 땅 밑에 있다"고 말할 정도로 높이 평가한 적이 있다. 덩푸팡은 주로 지식층과 최고위층에서 활약했지만 예시안닝은 그보다 더 멀리까지 영향력을 발휘했다. 그는 주로 중공군 고위 장성의 신분으로 여러 나라를 자주 방문했고 특히 타이완에는 여러 차례 방문했다.

그가 책임자로 있던 총정치부 연락부는 중공의 또 다른 특무기관이다. 연락부 산하에는 3개의 국이 있는데 주로 타이완 관련 정보를 담당한다. 예시안닝은 1984년 소장 직위로 연락부 부부장에 임명되면서 실력자가 됐다. 그는 자신의 독특한 인맥을 활용해 연락부의 정보역량을 키웠다. 한동안 총정치부의 정보능력이 총참모부를 압도하기도 했다.

연락부 재직 기간 그의 가장 큰 업적은 3천 명의 태자당 멤버들을 해외로 유학 보낸 것이다. 이는 차후 태자당에서 정권을 책임질 인재를 양성하려는 목적이었다. 이 프로젝트는 1990년부터 시작됐고 그가 자리에서 물러난 1997년까지 지속됐다. 지속시간이 길고 여러 나라가 관련되었을 뿐만 아니라 파견된 인원이 사상 유례가 없을 정도로 많아 이는 정보팀 역사상 최대 규모였다.

당시는 예시안닝이 싫어하던 장쩌민이 정권을 잡고 있던 기간이어서 그는 태자당 멤버들이 정계에 나서는 것을 만류했다. 아직 시기가 무르익지 않았다고 판단한 것이다. 그래서 많은 태자당 멤버를 해외로 보내 한편으로는 실력을 양성하고 다른 한편으로는 국내환경에서 멀리 떨어져 실력을 보존해 이후 진정한 태자당 시대를 열고자 했다.

2010년 10월 중공 제 17기 5중전회가 열리고 이 회의에서 시진핑을 중앙군사위원회 부주석으로 인정하면서 시진핑은 18대 총서기 후계자로 공식 인정을 받게 되었다. 시진핑의 등극은 바로 태자당이 전면적으로 권력을 장악할 황금시기가 시작됨을 의미한다. 세간에는 예시안닝이 시진핑을 아주 마음에 들어 했고 그에게 큰 기대를 걸었다고 한다. 그는 자기 수하의 3천 인재를 모두 시진핑에게 넘기고 그의 총괄적 지휘를 받기로 했다. 이들은 국내는 물론 해외에서도 시진핑의 가장 확실한 지지자들이며 앞으로 각종 방식으로 전력을 다해 시진핑 정권을 다지는 데 도움을 줄 것이다.

신 태자당의 상호 관계에서 예시안닝은 중요한 역할을 했다고 한다. 또 후야오방의 아들 후더핑은 전에 중앙조직부장을 맡은 바 있어서 전면에 나서긴 어려워 사실상 그의 동생 후더화가 나서고 있다. 그리고 자오쯔양의 외동딸인 자오옌난(趙雁南)도 있다. 신 태자당은 정치적으로 개혁적 성향이 강하고, 후야오방이 과거 중용했거나 발탁했던 인물들을 비교적 중시하며 당 외부에서 정치체제 개혁을 주장하는 사람들을 지지한다. 이들은 보시라이의 정치적 이념과는 분명한 차이를 가지고 있다. 보시라이는 '타흑창홍'(打黑唱紅, 범죄를 소탕하고 사회주의를 예찬)을 대대적으로 전개하면서 마오쩌둥 시대로의 회귀를 주장하고, 군중운동을 좋아하며 사람들 위에 군림하는 것을 즐기는 스타일이었다. 이런 이념은 신 태자당과는 어울리지 않았다.

태자당의 기원

중국의 당·정·군·재계를 주름잡는 거대한 그룹이 태자당이다. 이들이 하나의 조직으로 모인 것은 아니지만 혈연관계에 더해 결혼, 학교, 직장 등을 통해 그물망처럼 촘촘한 '꽌시'(關係)를 맺고 있다. 전문가들은 대략 4천여 명의 태자당들이 중국 사회를 지배하고 있다는 분석을 내놓고 있다.

시진핑은 이런 태자당의 대표주자로 권력을 쥔 인물이다. 태자당은 1980년대 초기에 태동의 조짐을 보였다. 1978년 이후 덩샤오핑 시대가 열리면서 원로 혁명세대들이 문화대혁명 이후 리더 자리로 복권됐고, 10년간 문화대혁명 과정에서 출세한 사람은 대부분 정치 일선에서 추방되었다. 개혁개방 당시 복권된 혁명세대의 나이는 대략 60대 후반에서 70대 초반이었다. 이들을 이어갈 차세대 리더들은 대부분 문화대혁명 동안 성장한 좌파 세력들이었다.

덩샤오핑 등 지도부들에게는 자신들의 권력을 문화대혁명 세력에게 넘겨 줄 생각은 애초부터 없었다. 이런 배경에서 이뤄진 것이 당 간부의 연경화(軟硬化) 정책이다. 젊은 세대에게 권력을 물려주려는 상황에서 원로세대들이 퇴임하는 대신 자신들의 자녀들에게 권력을 대물림하는 현상이 나타났다.

이런 대물림이 중국 지도부에서 큰 거부감 없이 받아들여진 이유를 예민하게 관찰할 필요가 있다. 1980년대 말에서 1990년대 초는 소련과 동유럽 등에서 공산주의 붕괴현상이 전 세계를 강타한 시점이다. 원로 혁명가들은 중국공산당의 붕괴를 가장 우려했다. 원로들은 자신들의 자식들보다 정치적으로 공산당 이념에 투철한 사람이 없다고 판단했다. 혁명세대의 자녀들에게 권력을 물려주면 공산당이 붕괴하는 일은 없을 것이란 믿음이 무엇보다 컸다. 물론 속내에는 자녀들에게 지위를 계승하려는 개인적 욕심도 있었을 것이다.

태자당의 부모들은 항일전쟁과 국공내전을 승리로 이끌고 공산당 이념에 충실한 사람들이다. 태어나면서 이런 분위기 속에서 자란 태자당은 적어도 이념적으로 공산당을 배반할 계급이 아니다. 게다가 부와 명예, 권력까지 거머쥔 마당이니 자신들의 기득권을 최대한 보호하려는 계급적 속성도 있었다. 이들은 중화인민공화국의 붉은 깃발 아래 성장했고 문화대혁명 당시 최고의 교육을 받았다. 한마디로 이념을 갖춘 엘리트들이다. 또한 그들은 공산주의 테두리 안에서 자랐기에 권력 시스템에서 정치적으로 살아남는 방법을 배웠으며 어릴 때부터 권력 정치를 이해하며 성장했다.

태자당의 태동은 인민해방군에서부터 시작됐다는 것이 정설이다. 덩샤오핑은 당시 인민해방군 감축 계획을 가지고 있었다. 군 현대화와 맞물린 주요 정책이었다. 퇴직 군 원로들을 어떻게 설득하느냐가 관건이었다. '권력은 총구에서 나온다'는 말을 누구보다 잘 이해하는 덩샤오핑은 군 원로들을 홀대할 수 없다. 그 자신이 화궈펑을 몰아내고 권력을 쥔 주요 배경에는 군대가 있었기 때문이다.

이런 고민을 해결해 준 것이 보이보(薄一派)였다. 그는 혁명군 출신 최고위급 간부(정치국 위원, 국가 지도자, 인민해방군 장군) 각각의 자녀 1명에게 고위급 간부(부성장, 국무원 부부장급 이상) 직위를 부여하자는 견해를 덩샤오핑에게 제시했다. 덩샤오핑은 물론 당 원로들의 적극적 지지 속에 태자당이 모습을 드러낸 순간이었다. 이른바 '1원로 1자녀' 원칙은 그 후에도 서로의 묵계 속에서 현재까지 진행되고 있다.

당시 실세로 통했던 덩샤오핑, 천윈, 보이보, 야오이린, 후야오방, 펑전, 완리, 리센넨, 천이, 리웨이한, 시중쉰의 아들들이 당과 정부의 고위급 자리를 차지하게 됐다. 하지만 이런 쿼터 제한은 재계에 뛰어든 태자당의 숫자까지 통제할 수는 없었다. 고위간부급 사이에서 내부적 노동분배가 이뤄졌다고 봐야 한다. 당시에 가족회의를 통해 한 자녀는 정치적·군사적 출세의 길로, 다른 형제들은 사기업을 포함한 대기업의 재계 CEO의 길로 가는 등의 분화가 이뤄졌다.

예컨대 1980년대 8대 원로로 막강 권력을 휘둘렀던 보이보에게는 아들이 4명 있었다. 당시 네 아들 모두 공산당원으로서 관료의 길을 걷고 있었는데, 보이보는 고심 끝에 가장 정치적 재능이 커 보이는 차남 보시라이(당시 다롄 부시장)만을 남겨 놓고 나머지는 재계로 방향을 틀게 했다. 이후 장남 보시융은 중국 자동차산업협회 부회장으로, 삼남 보시청은 석유산업으로, 사남 보시닝은 베이징의 국유기업 회장으로 이동했다.

학연으로 똘똘 뭉친 태자당

태자당은 하루아침에 이뤄진 파벌이 아니다. 공산당은 1949년 신중국 성립 이후 당 고위간부들을 위한 집단 거주지를 건설했다. 이곳이 바로 중난하이(中南海)다. 1958년부터 시작된 대약진운동이 당을 분열시키기 전까지 혁명 원로들은 서로의 가족들과 잦은 모임을 갖고 관계를 돈독히 했다. 혁명 원로들의 자녀들도 자연스레 어릴 적부터 어울리며 끈끈한 정을 맺었다.

태자당은 학연으로 얽혀있기도 하다. 당 지도부는 1949년 베이징 입성 직후 고위급 관료 자녀들을 위한 엘리트학교를 만들었다. 북한이 혁명자녀 및 유자녀들을 위해 세운 만경대혁명학원과 비슷한 개념이다. 1940년대 서부 옌안에 있는 간부 자녀 학교에서 출발한 웨차이초등학교는 주로 국장급 이상의 자녀들이 다녔고, 베이징군구 룽전초등학교는 81초등학교 전신으로 사단장급 이상 군관료 자녀들이 다녔다.

학연으로 맺어진 태자당은 마오쩌둥 사후에 비공식적인 정치 네트워크를 형성했고, 개혁개방 이후에도 꾸준한 모임을 통해 막강한 세력으로 컸다. 이들은 서로를 돕는 꽌시를 형성해 정치적 출세와 부를 형성하는 데 적절하게 이용하며 정치·경제 관료계의 거물로 성장했다.

태자당도 세대교체를 거듭했다. 과거는 대표적 인물로 태자당의 황제로 군림하며 '중국 제 1 태자'로 불리던 덩샤오핑의 큰아들과 전 전국장애자협회 회장인 덩푸팡을 꼽을 수 있다. 덩푸팡은 1987년 태자당을 대거 취합해 캉화(康華) 개발공사를 창립했는데, 겉으로는 영리를 목적으로 한 상업기관이었지만 중국인들에게는 또 하나의 권부(權府)

로 통했다. 국내 생산물자들의 구입권을 독점으로 인정받아 홍콩 등에 팔면서 막대한 이익을 챙겼다.

덩샤오핑의 장녀 덩린(鄧林)의 정식 직업은 화가다. 그녀의 작품은 작품성과 관계없이 중국 최고 실력자에게 줄을 대려는 홍콩, 타이완 기업인들에게 엄청난 고가에 팔렸다. 덩린의 남편 우젠창(吳建常)은 하급노동자 출신으로 출세를 거듭해 중국 유색(有色)금속총공사 사장이 되면서 한때 재계의 실력자로 통했다. 부친의 대변인 역할을 했던 셋째 딸 덩룽(鄧榕)은 당시 인민해방군 현역 소장이면서 대외 무기거래를 관장했던 남편 허핑(賀平)을 통해 막대한 재력을 쌓았다.

장남 덩푸팡이 1980년대의 태자당을 대표했다면 1990년대는 단연 막내 덩즈팡(鄧質方)의 시대였다. 대외적인 활동에 소극적이었던 덩즈팡은 미국 유학을 마치고 돌아와 1987년 이후 국제투자신탁공사에서 일반 사무원으로 일했다. 그러나 결국 태자당 특유의 인맥인 꽌시를 이용해 부동산과 주식 투자 등에서 막대한 부를 축적했다.

그러나 덩샤오핑의 사망 이후 새로운 인물들이 전면에 등장했다. 경제계에서 활동하는 태자당 출신으로는 보수파의 거두 천윈(陳雲)의 아들 천위안, 양상쿤(楊尙昆) 전 국가주석의 아들 양샤오밍, 보이보의 아들 보시라이, 왕전(王震) 전 국가부주석의 아들 왕쥔, 저우관우(周冠五) 전 수도철강공사 회장의 아들 저우베이팡(周北方) 등이 있다.

정치계에서 활동했거나 활동 중인 태자당 출신으로는 혁명열사의 아들로 저우언라이(周恩來)의 양자 리펑(李鵬), 중앙군사위원회 부주석을 지낸 예젠잉의 아들 예시엔핑, 국가부주석을 지낸 우란푸(烏蘭夫)의 아들 우부허(烏布赫), 전국인민대표대회 상무위원을 지낸 장중

루(張仲魯)의 아들 장하오루오(張皓若) 등이 있다.

위정성 상무위원 역시 태자당의 핵심이다. 그의 할아버지 위밍전(兪明震)은 20세기 중국 문학의 거장 루쉰(魯迅)의 스승이었고, 아버지 황징은 중국 제1 기계공업부 부장과 톈진시 시장을 지냈으며, 어머니 판진(範瑾)은 베이징 부시장이었다. 그리고 위정성 본인은 덩샤오핑의 총애를 받았다. 마찬가지로 왕치산 상무위원의 장인은 국무원 부총리를 지낸 야오이린(姚依林)이고, 저우샤오촨 행장은 기계공업부 부장을 지낸 저우젠난(周建南)의 아들이다.

이처럼 태자당은 곳곳에서 막강한 권력을 행사했다. 그러나 1989년 6월 4일 톈안먼 사건을 야기한 중국민주화 운동의 핵심 요구사항 중 하나가 '태자당의 비리 척결'이었을 정도로 이들에 대한 중국 국민의 여론은 부정적이다. 이러한 여론에 힘입어 중국 지도부는 1997년 8월 공산당 내부 태자당 출신들의 승진을 늦추도록 결정했는데, 중국이 '열린 사회'로 나가기 위해서는 혈연을 등에 업고 출세가도를 달린 태자당의 역할이 당연히 제한되어야 한다는 인식 때문이었다.

불사조 상하이방

"상하이방이 최종 승리를 거뒀다." 2012년 11월 15일 열린 중국공산당 제18기 중앙위원회 1중전회의 관전평이다. 우선 중국을 이끌 집단지도부인 7명의 중앙정치국 상무위원회에 2명의 상하이시 서기 출신이 입성했다. 시진핑과 위정성이다. 시진핑은 2007년 3~10월까지 상하이시 서기를 지냈고, 위정성은 시진핑의 후임으로 2007년 10월부터 5년간 상하이시의 일인자로 지냈다.

상하이시 부서기를 지낸 멍젠주와 상하이 시장을 지낸 한정, 상하이 푸단대학 법학원장을 지낸 왕후닝도 25명의 중앙정치국원에 포함됐다. 여기에 2명의 상무위원을 포함하면 25명의 중앙정치국원에 상하이시 출신이 5명이나 포진했다.

특히 상하이시 부서기 출신인 멍젠주 전 공안부장은 2012년 11월 19일 중앙정법위원회 서기에 임명됐다. 중앙정법위원회 서기는 법원, 검찰, 공안, 국가안전부, 무장경찰 등 사법부와 경찰병력을 총지휘하는 치안총책이다. 멍젠주가 정법위원회를 장악하면서 상하이시 출신이 사법권까지 틀어쥐었다. 이로 인해 '특정 지역의 독주'란 볼멘소리가 중서부 지역에서 쏟아졌다. 또 상하이 시장과 서기를 지낸 장쩌민 전 총서기에 이어 시진핑까지 신임 총서기에 등극하면서 '상하이시 당서기 = 중국공산당 총서기'라는 공식까지 만들어질 정도였다.

상하이방은 상하이시를 기반으로 하는 정치세력으로 파벌을 이뤄 인사를 전횡하고 권력과 부를 독점한다고 해서 베이징 정가에서는 폭력조직을 뜻하는 '방'(幇)이란 말을 붙였다. 이 때문에 상하이방은 흔히 영어로 '상하이 갱', '상하이 마피아'로 번역된다.

1842년 난징조약으로 개항한 상하이는 부두 하역꾼, 인력거꾼, 밀수꾼, 노름꾼, 아편쟁이가 많아 '방회'(幇會)의 본산으로 불렸다. 방회는 폭력조직을 뜻한다. 청나라 말에는 '작은 칼'(小刀)을 차고 다니는 소도회(小刀會)가 상하이를 일시 점령했다. 소도회의 잔존세력들이 모인 '청방'(靑幇), '홍방'(紅幇) 등은 과거 조계(租界)지 시절 치안 유지를 맡으며 사실상 상하이를 지배했다.

한때 중국을 호령한 장제스 역시 청방에 적을 두었다. 장제스가 4·12 상하이쿠데타(1927년)로 공산당원들을 일망타진할 때도 청방의 지원을 받았다. 상하이 푸둥 출신으로 청방의 '따거'로 군림한 두웨성(杜月笙)은 국민당의 고위직에 있었다. 상하이의 대한민국 임시정부도 임정청사를 임차할 때 청방의 도움을 받았다. 상하이시 출신의 정치집단을 '상하이방'으로 일컫는 것은 이 같은 역사적 특수성 때문이다.

조계지라는 외교적 특수성을 고려해 1949년 국공내전 직후에도 상하이는 특별대접을 받았다. 또한 당시만 해도 상하이가 아시아의 금융 중심지였기에 농민군이 주력인 공산당이 상하이를 다스리기에는 버거웠다고 한다. 이에 공산당은 상하이 입성 후, 그 일대를 다스리는 화동국(華東局)에 우수 인재를 배치했다.

이후 화동국 출신은 '화동방'(華東幇)을 결성해 '상하이방'의 근간이 되었다. 초대 상하이 서기 랴오수스(饒漱石)를 비롯해 천이(陳毅), 캉성(康生)이 화동국 출신이다. 특히 천이는 초대 상하이 시장 겸 화동군구 사령관으로 상하이를 10년간 지배했다. 그는 화동야전군 사령관으로 덩샤오핑의 중원야전군과 연합해 회해전역(淮海戰役), 도강전역(渡江戰役) 등 대전투를 승리로 이끈 '10대 원수' 중 1명이다. 또한 10대 원수 가운데 서열 6위로, 상하이에서 땅값이 가장 비싸다는 와이탄에 천이의 동상이 세워져 있다.

상하이방의 원로급 인사인 쩡칭훙 전 부주석의 부친 쩡산 전 내무부장을 비롯해 그의 수하 천궈동(陳國棟) 전 상하이시 서기, 장쩌민의 후견인 왕다오한(汪道涵) 전 상하이 시장 등이 천이의 수하들이다.

마오쩌둥은 1974년 네 번째 부인인 장칭에게 "당신은 상하이방이다. 당신들 주의해라. 4인 종파를 만들지 말라"는 경고를 공개적으로 보내기도 했다. 장칭은 왕훙원(王洪文), 장춘차오(張春橋), 야오원위안(姚文元) 등 상하이 출신들과 4인방을 결성해 1976년 마오쩌둥의 사망 직후 민병 10만 명을 조직해 정권 탈취를 시도했다.

특히 2대 상하이 시장인 커칭스(柯慶施) 아래서 성장한 장춘차오, 야오원위안 등의 상하이시 출신 인사들이 4인방의 주축을 이뤘다. 상하이시 서기, 부총리를 지낸 커칭스는 한때 저우언라이 총리의 자리를 위협한 거물이다. 그의 정치비서로 상하이시 기관지인 〈해방일보〉 사장과 편집인을 지낸 장춘차오는 1971~1976년까지 상하이시 혁명위 주임을 지내고 부총리, 중앙정치국 상무위원이 되었다. 야오원위안도 혁명위 부주임으로 〈해방일보〉와 〈문회보〉(文匯報)에 기고한 문필가이다. 그는 문화대혁명의 이론적 기반을 제공해 중앙정치국에도 입성했다.

상하이시 면방직공장의 직공 출신으로 문화대혁명 때 마오쩌둥의 차차기 후계자로 지목된 왕훙원의 기반도 상하이였다. 장칭의 애인으로 알려진 그는 문화대혁명 때 상하이의 공장에 붙인 대자보로 조반파의 스타로 발돋움했고, 10기 중앙정치국에서 마오쩌둥에 이어 서열 2위에 올랐다.

상하이방이 악명 높은 것은 상하이 출신들이 중앙문혁 소조를 이끌며 문화대혁명을 주도했기 때문이라는 지적이다. 실제 상하이방 주도의 문화대혁명으로 다른 지역 출신의 정치세력은 많은 핍박을 받았다. 쓰촨성 출신의 덩샤오핑이 대표적이다. 상하이방에 대한 반격을 가한 것도 광둥성 출신으로 화남군구 사령관, 광둥성 서기를 지낸 예젠잉 주축의 광동방이었다.

특히 베이징 중난하이에서 4인방을 전격 체포할 때는 상하이 주위를 군 병력으로 에워싸고 극도의 보안을 유지했다. 혹시 모를 상하이방들의 소요사태를 예방하기 위해서였다. 이에 영문을 모르는 상하이방의 지도부는 "어머니가 복통을 앓고 있다"(장칭의 신변에 이상이 생겼다)는 비밀전문을 받기 전까지 베이징으로 줄줄이 연행됐다. 당시 상하이방의 격멸에 사람들은 기뻐했고, "전국의 마오타이(茅台酒)가 동났다"는 얘기까지 돌았다.

장쩌민, 집권 전성기를 맞다

4인방의 궤멸 후에도 상하이는 줄곧 보수좌파의 본거지로 남았다. 특히 천윈의 고향이 상하이라는 점이 주효했다. 상하이 칭푸 출신의 천윈은 덩샤오핑의 최대 라이벌로 '조롱론'(鳥籠論, 새장경제론)을 펼치며 사회주의 계획경제를 신봉한 경제통이다. 그는 천궈동 전 상하이시 서기 등을 통해 상하이에서 자신의 영향력을 행사했다. 상하이방은 화동방 출신인 왕다오한이 권좌에 있을 때 다시 부상했다. 상하이 시장을 지낸 왕다오한은 장쩌민의 양부 장상칭(江上青)의 옛 수하로, 장쩌민을 발탁해 후견인을 자처했다. 장쩌민은 왕다오한의 후임으로 상하이 시장과 당서기를 연이어 지냈다.

이후 1989년 톈안먼 사건 직후 장쩌민이 당 총서기로 발탁되면서 상하이방은 대전성기를 맞았다. 장쩌민을 총서기로 발탁한 것도 매년 겨울을 상하이에서 보내던 천윈과 리셴녠(李先念) 등 이른바 보수좌파였다. 중앙 기반이 약한 장쩌민은 자신의 우군을 대거 발탁할 필요가 있었는데, 특히 상하이시 조직부장 출신인 쩡칭훙은 장쩌민 집권 때 중앙판공청과 중앙조직부에서 인사 실무를 총괄하며 상하이 출신들을 대거 기용했다.

상하이 시장과 서기를 지낸 주룽지(朱鎔基)는 부총리를 거쳐 총리로 승진했다. 그의 후임으로 상하이시 서기를 지낸 우방궈(吳邦國)는 부총리와 전인대 위원장으로 영전했다. 우방궈의 후임 상하이 시장과 서기를 지낸 황쥐(黃菊)는 부총리, 황쥐의 후임 상하이 시장을 지낸 쉬광디(徐匡迪)는 정협 부주석, 상하이시 부서기를 지낸 쩡칭훙 자신은 중앙조직부장과 국가부주석으로 영전했다.

상하이발 베이징행 비행기에 '출세편'이란 이름이 붙은 것도 이때다. 다른 지역으로 일시 전출시킨 다음 베이징의 당 중앙으로 다시 끌어올리는 기발한 방법도 나왔다. 특정 지역의 인사전횡이란 시선을 불식시키기 위해서였다. 상하이시 조직부장과 부서기를 역임한 왕안순(王安順)이 베이징시 부서기로 영전한 다음 18대에서 베이징 시장으로 발탁된 것과 같다.

이 같은 상하이방의 인사전횡에 후진타오가 2006년 천량위 전 상하이시 서기를 숙청했을 때는 '도강전역'에 빗댄 말도 나왔다. 1949년 도강전역은 국공내전 때 공산군이 장강을 도하해 장제스의 국민당군을 몰아낸 전투로, '도강'은 '장(江) 쩌민을 넘는다(渡)'는 뜻도 있다. 천량위는 장쩌민이 한때 총서기감으로 검토했던 인사로, 상하이시에서 줄곧 구청장, 비서장, 부서기, 시장을 지낸 상하이 토박이였다.

하지만 2006년 천량위 사건 후에도 상하이방은 건재했다. 더욱이 상하이시 출신이 아닌 인사들도 상하이방으로 대거 편입되면서 '상하이'란 특정 지역에 근거한 구분 자체가 무의미해졌다. 제 17대 중앙정치국 상무위원회에서도 자칭린(賈慶林), 리창춘(李長春), 허궈창(賀國强), 저우융캉 등이 상하이라는 지역적 연고와 상관없이 범(汎) 상하이방으로 분류됐고, 제 18대 중앙정치국 상무위원회에서도 중앙정치국 상무위원회에 입성한 장더장, 왕치산, 장가오리는 상하이와 연고는 없지만 범상하이방으로 분류된다.

최근에는 '상하이방'이란 용어 대신 친(親) 장쩌민계 인사란 뜻에서 '장파', '장계'라는 말이 더 광범위하게 사용되고 있다. 심지어 "상하이방에 진짜 상하이 출신은 1명도 없다"는 연구결과도 있다고 한다.

상하이 호구(戶口)를 가지고 표준어와 완전히 다른 '상하이화'까지 구사하면 '성골 상하이방'으로 분류되지만 이는 극소수다. 상하이라는 도시 자체가 형성된 지가 그리 오래되지 않았고, 주로 인근의 저장성이나 장쑤성 등에서 흘러들어온 외지인들로 구성되어 있기 때문이다. 실제 상하이의 '주류'들도 남쪽 저장성 출신으로, 중국의 4대 명문대학인 상하이교통대학과 푸단대학을 통해 배출된 인재들도 많다.

원적으로 보면 장쩌민은 장쑤성 양저우 사람이고, 쩡칭훙은 장시성 지안 사람이다. 또 시진핑은 산시성 푸핑, 위정성은 저장성 샤오싱 출신이다. 이 밖에 멍젠주는 장쑤성 우셴, 한정은 저장성 츠시, 왕후닝은 산둥성 라이저우 사람이다. 이러한 사정으로 '호인치호'(滬人治滬, 상하이는 상하이 사람이 다스린다)라는 원칙은 상당히 퇴색되고 있다.

시진핑의 바통, 누가 잇나?

중국 정계에는 다양한 파벌이 존재한다. 베이징방, 광동방, 푸젠방, 산시방이 대표적이다. 특정 지역이 아닌 출신대학에 기초한 칭화방과 북대방, 출신경력에 기반한 석유방과 비서(秘書)방도 있다. 하지만 상하이방처럼 지역적 특수성에 기반하여 정치적 성공을 이룬 파벌은 아직 없다는 것이 중론이다.

장쩌민과 쩡칭훙이 주도해 온 상하이방은 시진핑과 위정성을 축으로 흘러갈 것으로 보인다. 당 서열 4위에 오른 위정성 정협 주석은 2007년부터 5년 동안이나 상하이시 서기를 지냈다. 연령제한에 걸려 제 19차 전국대표대회에서 퇴진해야 하는 그는 퇴임 전까지 상하이 출신 측근들을 대거 발탁할 것으로 보인다.

시진핑, 위정성 다음으로 상하이방의 바통은 멍젠주와 왕후닝, 한정 등 상하이 출신의 중앙정치국 3인방에게 이어질 것으로 보인다. 1947년생인 신임 중앙정치국 상무위원 멍젠주는 장쑤성 사람으로, 상하이시에서 현서기부터 시작해 부시장, 부서기 등을 두루 거쳤다. 이후 쩡칭훙의 고향인 장시성의 서기를 거쳐 2007년 경찰을 총괄하는 공안부장으로 입성했다.

1955년생으로 상하이대학 사범대를 졸업하고 푸단대학 법학원장을 지낸 왕후닝 중앙정책연구실 주임은 시진핑의 책사이다. 과거 장쩌민의 이미지 메이커였던 그는 상하이시 출판국 출신으로 장쩌민의 '3개 대표론'을 입안한 어용학자이기도 하다. 향후 중국공산당의 대표적 이론가로 자리매김해 영향력을 발휘할 것으로 보인다.

한정은 중앙정치국 상무위원회에 입성한 위정성의 후임으로 상하이시 당서기다. 그는 상하이시 공청단 서기 출신으로 상하이시의 일선 구청장과 부시장, 시장으로 줄곧 상하이에서 공직생활을 했다. 2006년 천량위가 상하이시 사회보장기금 유용사건으로 숙청됐을 때 임시 직무대행을 맡아 천량위 사건을 수습하기도 했다.

이후 한정은 저장성에서 상하이로 차출된 시진핑 당시 상하이시 서기를 측근에서 보좌하기도 했다. 한정은 1954년생으로 제 19차 전국대표대회 때도 칠상팔하의 연령제한 규정에 걸리지 않는다. 더욱이 상하이시 공청단 배경까지 갖추고 있어 향후 최고 지도부에 입성할 가능성도 높은 편이다.

시진핑 시대의 태자당 핵심, 위정성

위정성 정협 주석은 태자당의 대표주자로서 시진핑 체제를 뒷받침하는 핵심 후원세력이다. 후진타오는 2007년 제 17차 전국대표대회에서 자신의 정치적 후계자인 리커창을 차기 국가주석으로 밀면서 위정성을 상무위원으로 끌어올리려 했다. 위정성을 통해 상하이방의 거두인 장쩌민이나 쩡칭훙 등 원로들의 지지를 얻으면서 리커창을 자연스레 주석으로 올릴 수 있다는 계산에서였다.

하지만 2007년 봄, 시진핑이 유력한 차기 후보로 급부상했고, 원로들이 적극적으로 시진핑을 지원하면서 제 17차 전국대표대회에서 시진핑과 리커창이 상무위원에 진입, 위정성의 상무위원 진출은 좌절되었다. 대신 위정성은 시진핑의 후임자로 중국에서 가장 부유한 도시 중 한 곳인 상하이 서기에 임명됐다.

위정성의 가장 큰 강점은 화려한 가문과 방대한 네트워크다. 그만큼 화려한 가문을 자랑하는 정치인은 중국에서 찾아보기 어렵다. 태자당인 그는 1945년 4월 저장성 사오싱(紹興)시에서 태어났다. 학창 시절, 공산당 고위간부 자녀들이 다니는 81초등학교에 입학했지만 위정성이 간부 자녀들의 악습을 배우고 민중과 분리되는 것을 우려해 그의 어머니는 그를 보통 초등학교로 전학시켰다. 이후 베이징 제 4중학교(고등학교)를 졸업한 후 하얼빈 군사공정학원에 진학했다.

위정성의 아버지인 황징은 마오쩌둥의 네 번째 부인인 장칭과 젊은 시절 동거했던 사이다. 장칭은 황징이 판진과 결혼한 후에도 교류를 이어가고 싶어 했지만 매번 거절당했다고 한다.

문화대혁명을 주도했던 장칭은 1966년 문화대혁명이 시작되자 황징의 부인을 비롯한 위정성의 가족을 참혹하게 몰아붙였다. 장칭은 당시 베이징시 부시장이던 판진을 주자파로 몰아 보복했다. 위정성 일가는 문화대혁명으로 직계와 방계가족이 9명이나 사망했을 정도로 엄청난 박해를 받았다. 장칭은 판진을 감옥 독방에 가두고 모진 고문을 겪게 했다. 판진이 출옥했을 때 그녀는 언어능력을 상실한 상태였고 긴 시간이 흐른 후에야 회복할 수 있었다. 위정성의 여동생인 위후이성(俞惠聲)은 온갖 박해를 이기지 못하고 정신병에 걸려 자살했고, 위정성의 외할머니는 공사판에서 굶어 죽었다.

1968년 위정성은 하방되어 허베이성 장자커우(張家口)시의 무선전신 6공장 기술자로 근무했다. 위정성은 그곳에서 7년을 근무한 후에야 베이징으로 돌아갈 수 있었다. 1975년부터 제 4 기계공업부에서 근무했는데, 당시 공업부장이던 장쩌민 전 주석의 후원을 받아 1984년에는 전자공업부 전자기술추인응용센터의 부소장까지 올라갔다.

그는 1984년부터 2년 동안 장애인복지기금을 운영하는 캉화개발공사 사장 및 부이사장으로 활동했다. 캉화개발공사는 덩샤오핑의 장남인 덩푸팡이 관여하는 기금으로, 덩푸팡과 위정성은 막역한 사이였다. 위정성의 큰형 위창성(兪强聲)이 1985년 국가안전부 간부의 신분으로 미국에 망명하자 그는 캉화개발공사를 나와 지방관리의 길을 걷게 되었다.

위정성은 국무원 건설부 부부장에 임명된 뒤 1998년 주룽지 내각이 출범하면서 부장으로 승진했다. 당시 53세로 29명의 부장 중 두 번째로 나이가 어렸다. 중국의 건설부장이 된 이후 중국의 사회간접자본 건설사업에 한국을 참여시키는 데 적극적이었다. 2001년에는 후베이(湖北) 성 서기로 임명되었고, 이후 후진타오가 당 총서기에 오른 2002년에는 중앙정치국 위원에 진입해 핵심 지도자 반열에 올랐다.

2007년 위정성은 상하이 서기로 자리를 옮겼다. 인수인계대회에서 그는 2번에 걸쳐 '시진핑을 배우자'고 소리 높여 외쳤다. 그는 "시진핑 동지가 상하이의 경제발전을 위해 내놓은 중요한 생각을 우리는 견지해야 하며, 진지하게 배워야 합니다"라고 말해 그보다 8살이나 어린 시진핑을 태자당의 맹주로 받아들이는 정치적 기민함도 보였다.

시진핑의 롤모델 덩샤오핑

2012년 12월 7일 시진핑 중국공산당 신임 총서기는 광둥성 선전을 찾았다. 총서기에 등극한 후 첫 번째 지방순시로 선전행을 택한 것이다. 시진핑은 선전을 찾은 이튿날 아침, 선전 시내 연화산(蓮花山) 공원에 있는 덩샤오핑의 동상을 찾아 헌화와 묵념을 한 후 "당 중앙의 개혁개방에 관한 결정은 옳은 것이었다. 오늘 이후로도 계속해서 이 길을 걸을 것"이라고 강조했다.

시진핑의 선전행에는 여러 의미가 있었다. 선전은 그의 아버지 시중쉰과 특별한 인연이 있는 곳이며, 1979년 중국 최초의 경제특구로 지정된 곳으로 당초 덩샤오핑의 작품으로 알려져 있다. 선전 시내 곳곳에 있는 덩샤오핑의 초상화와 동상, 휘호가 이를 말해준다. 덩샤오핑은 1992년 남순강화 때도 88세의 노구를 이끌고 직접 선전을 찾아 '선전 = 덩샤오핑'이란 공식을 확립했다. 하지만 선전특구를 최초로 기획하고 설계한 사람은 시진핑의 부친 시중쉰이다. 이로 인해 덩 씨 일가와 시 씨 일가는 선전의 '지적 재산권'을 두고 불편한 관계에 있었다고 알려져 있다.

후야오방의 비서인 린무(林牧)에 따르면, 시중쉰이 '선전을 경제특구로 만들자'는 제안을 최초로 내놓았다고 한다. 1978년 광둥성으로 부임한 시중쉰은 선전 주민들이 철조망을 넘어 영국 식민지 홍콩으로 집단 탈주하는 것을 보고 충격을 받았다고 한다. 당시 "왜 홍콩으로 건너가 영국의 노예가 되려고 하느냐"는 시중쉰의 물음에 한 주민이 "우리는 가난한데 분배도 적다. 그러나 홍콩으로 가면 직업을 쉽게 구한다"고 답했다고 한다.

당시는 문화대혁명 10년 동란 끝에 중국 전역이 기아에 허덕일 때였다. 홍콩과 접경인 선전에서는 철조망을 넘어 홍콩으로 밀입경하는 사람이 1979년 상반기에만 12만 명에 달했다. 특히 '영국 엘리자베스 2세 여왕의 즉위 기념일을 맞아 불법체류자 대사면령이 내려질 것'이란 소문이 돌자, 수만 명의 중국인이 철조망을 넘었고 바다에 빠져 죽은 익사자도 속출했다고 한다.

이러한 장면을 목격하면서 시중쉰이 제시한 대책이 바로 '특구'였다. 홍콩과 접경을 이루는 지금의 선전, 마카오와 접경을 이루는 지금의 주하이, 화교 기업가들이 많은 지금의 산터우를 경제특구로 지정해 해외자본과 선진기술을 끌어들여 주민들의 탈주를 막자는 것이었다. 이와 함께 특구 안에서 발생하는 경제활동을 해외에서 일어나는 것과 같이 간주해 자유로운 기업활동을 보장하자는 것이 골자였다.

시중쉰의 특구 설립 제안에 당내 보수파는 과거 서양 열강들의 치외법권 지역인 '조계'를 떠올리며 극력으로 반대했지만, 시중쉰은 국공내전 당시 서북 지역에서 자신이 이끈 '변구'(邊區)를 예로 들며 '특구' 개념을 관철시켰다. 그는 국공내전 때 '산간닝(陜甘寧) 변구'로 불린 산시, 간쑤, 닝샤 지역의 소비에트해방구 유격대를 지휘했었다.

토사구팽 당한 시중쉰

덩샤오핑은 '살개혈로'(殺開血路) 라며 선전을 중국 최초의 경제특구로 만들자는 시중쉰의 제안에 동의했다. 국무원 역시 1979년 '광동과 푸젠의 특수 경제활동'을 규정한 '중앙 50호 문건'을 발표해 특구 설립을 비준했다. 이런 과정을 거쳐 경제특구로 지정된 곳은 선전, 주하이, 산터우, 샤먼 4곳이었다. 이 중 3곳이 광둥성 내에 있다는 사실만 봐도 당시 광둥성 일인자였던 시중쉰이 사실상 특구의 설계자였음을 암시한다.

당시 시중쉰은 광둥성 선전, 주하이, 산터우를 키우기 위해 홍콩·마카오 화교 기업가들과 접촉했다. 시중쉰은 훠잉동(霍英東), 허셴(何賢), 마완치(馬萬祈) 등 홍콩과 마카오의 '붉은 자본가'들과 접촉해 막대한 자금을 선전으로 끌어왔다. 결국 시중쉰의 경제특구 실험은 중국의 두 자릿수 성장을 이끌며 전례 없는 성공 기적을 만들었다.

시중쉰은 복권된 지 3년 만인 1981년에 베이징으로 재발탁됐다. 이후 1981~1988년까지 중앙서기처 서기와 중앙정치국원을 지냈다. 일부에서는 시중쉰을 덩샤오핑, 천윈과 함께 1980년대 이른바 원로정치를 이끈 '중공팔로'(中共八老)에 포함하기도 한다. 1913년생인 시중쉰은 덩샤오핑보다 9살 아래로 '1세대 혁명원로'로 분류된다.

하지만 선전의 '경제특구' 실험이 오롯이 덩샤오핑의 공로로 돌아가면서 덩씨 일가와 시씨 일가 사이에는 미묘한 기류가 흐르기 시작했다. 시중쉰이 1980년대 후반 후야오방에 동조해 덩샤오핑의 2선 퇴진을 주장한 것도 이와 연관됐다는 지적이 있다. 덩샤오핑이 첫 번째 후계자로 정한 후야오방 전 총서기는 당 중앙조직부장 시절 인사 실무를 총괄하며 시중쉰의 복권을 단행한 주인공이다.

시중쉰도 1978년 당 중앙으로 복귀한 후 줄곧 후야오방과 정치적 입장을 같이했다. 1987년 후야오방이 덩샤오핑의 2선 퇴진을 주장할 때도 시중쉰은 후야오방의 편에 섰다. 하지만 덩샤오핑을 위시한 원로들과 후야오방으로 대표되는 신진세력 간의 대결에서 후야오방이 밀렸고 펑전(彭眞), 왕전, 보이보 등 당 최고 원로들이 후야오방을 공개적으로 비판하며 총서기직 사임을 종용하는 사태가 벌어졌다. 이때도 시중쉰은 "퇴위강요 궁정연극"이라며 당 원로들에 맞섰다. "총서기(후야오방)의 사임은 정식 중앙정치국 회의를 소집해 다룰 사안으로 사사로이 다루어서는 안 된다"는 것이 당시 시중쉰의 논리였다.

이 다툼은 결국 "입으로 자유와 민주를 부르짖는 사람(후야오방, 시중쉰)이 실제로는 개인 의견을 말할 자유를 주지 않는다"는 덩샤오핑의 말 한마디가 결정타가 되면서 정리됐다. 이후 후야오방의 사임과 함께 시중쉰의 정치적 입지는 흔들렸다. 1988년, 시중쉰은 중앙정치국원에서 제외되면서 전인대 부위원장으로 밀려났다.

1989년 후야오방이 심장 발작으로 숨지자 시중쉰의 지위는 결정적으로 흔들렸다. 특히 후야오방에 대한 추모시위가 톈안먼 유혈사태로 번지자 시중쉰은 코너에 몰렸다. 후야오방의 후임 총서기인 자오쯔양까지 가택연금되고 천윈, 리셴녠, 양상쿤, 리펑 등의 보수강경파가 톈안먼 사건을 주도하자 시중쉰은 사실상 삭탈관직을 당했다.

톈안먼 사건으로 좌천된 시진핑

1988년 최초의 경제특구 중 한 곳인 푸젠성 샤먼 부시장으로 있던 시진핑이 궁벽한 시골인 푸젠성 닝더로 좌천된 것은 부친인 시중쉰의 추락과 관련됐다. 톈안먼 사건 직후 노인성 치매를 앓게 된 시중쉰은 1990년 10월 신병 치료차 선전으로 내려가 칩거했다. 당시 시중쉰은 2선 퇴진 의사를 밝히면서 "나는 선전으로 내려가서 건강을 회복할 작정이다. 선전은 나의 집이다. 나는 내 눈으로 선전의 발전을 보고 싶다"고 했다.

시중쉰은 2선 퇴진 후 12년간을 줄곧 선전에서 머물렀다. 주하이에 잠시 머문 것을 제외하고는 2002년 5월 사망 전까지 선전 영빈관 5호루 '란원'(蘭園) 별장에서 부인 치신 여사, 큰딸 치차오차오와 함께 지냈다. 1993년 이후 시중쉰은 당과 국가의 모든 직책도 내려놓았다. 그의 개인비서였던 장궈잉(張國英)에 따르면, 선전에서의 시중쉰의 생활은 규칙적이었고 문밖출입은 거의 하지 않았다고 한다. 시력이 나빠 비서에게 〈인민일보〉, 〈참고소식〉, 〈선전특구보〉를 매일 대독시켰으며, 건강관리는 선전 영빈관의 잔디밭을 1에서 1만까지, 다시 1만에서 1까지 헤아리며 빙글빙글 돌며 걷는 것으로 대신했다고 한다. 이는 시중쉰이 문화대혁명 때 감옥에서 창안한 건강관리법이다.

치매를 앓던 시중쉰이 잠시 선전에서 나온 것은 1999년 10월 1일에 열린 건국 50주년 국경절 톈안먼 광장에서의 대열병식 때였다. 당시 시중쉰과 갈등관계에 있던 덩샤오핑은 세상을 떠난 상태였다. 시중쉰은 쩡칭훙이 준비한 특별기편으로 상경해 톈안먼 성루에 모습을 드러냈다. 덩샤오핑 사후 다시 당 최고 원로 반열에 든 시중쉰 덕에 당시 푸젠성 부서기에 불과한 시진핑도 톈안먼에 올라섰다.

시중쉰의 마지막 공식활동은 2000년 11월에 열린 선전 경제특구 설립 20주년 기념식이었다. 장궈잉에 따르면, 당시 시중쉰은 "선전 너는 날마다 새롭고 다르다. 하루하루 더 좋아지고, 더 강해지며, 사람들이 더 좋아하게 한다"고 말했다고 한다.

이후 시중쉰은 2002년 2월, 병세가 악화돼 베이징 인민해방군 304의원으로 옮겨졌고, 그해 5월 베이징 동청구 자오다오커우(交道口)에 있는 베이징 본가에서 89세로 사망했다. 이후 중앙정치국 상무위원의 지위에 준하는 대접을 받아 팔보산 혁명공묘에 안치됐다가 2005년 고향인 산시성 푸핑의 타오이촌(陶藝村)으로 이장됐다.

덩샤오핑 가문과의 화해

푸젠, 저장, 상하이 등지에서 공직생활을 한 시진핑 역시 시중쉰 생전에는 종종 선전을 찾았다. 시진핑의 모친인 치신 여사는 지금도 겨울을 선전에서 보낸다고 한다.

시진핑 시대 출범과 함께 시중쉰 인맥의 승진이 눈에 띈다. 예컨대 시중쉰의 말년인 1997~2001년까지 선전시 당서기로 시중쉰을 극진히 모셨다는 장가오리는 중앙정치국 상무위원회에 입성했다. 2005년 시중쉰의 묘역을 베이징에서 산시성으로 이장할 때 도움을 줬다는 리젠궈(李建國) 당시 산시성 당서기 역시 중앙정치국원으로 영전했다.

시중쉰에 대한 재평가와 함께 2012년 덩샤오핑의 남순강화 20주년과 시중쉰 서거 10주기를 맞아 시씨 일가와 덩씨 일가의 화해도 예상됐는데, 시진핑은 선전의 덩샤오핑 동상을 찾아 헌화하면서 덩샤오핑과의 화해라는 '통 큰' 행보를 보였다.

시진핑은 총서기 등극 전부터 시씨 일가와 덩씨 일가의 화해를 줄곧 도모해온 것으로 알려져 있다. 시진핑은 2007년 쩡칭훙 전 부주석의 지원으로 상하이 당서기에서 중앙정치국 상무위원회 서열 6위로 입성하며 사실상 총서기에 내정되자마자 덩씨 일가에 화해 메시지를 전달한 것이다.

2007년 베이징으로 입성한 후, 덩샤오핑의 셋째 딸인 덩룽 부부와 식사 자리도 가졌다고 한다. 덩룽은 덩샤오핑의 남순을 수행했고 《나의 아버지 덩샤오핑》(我的 父親 鄧小平) 이란 덩샤오핑 공식 평전도 썼다. 덩씨 일가와 시씨 일가의 화해는 덩샤오핑의 장남 덩푸팡의 최측근인 위정성이 다리를 놓은 것으로 전해지며, 시진핑은 자신의 후임 상하이시 당서기로 위정성을 추천했다.

시진핑이 언급해 중국 관가에서 유행어로 떠오른 '공담오국 실간흥방'(空談誤國 實干興邦) 이란 말도 덩샤오핑이 최초로 언급한 말이다. 덩샤오핑은 1992년 남순강화 때 우한의 우창역에서 '헛된 말이 국가를 망치고, 실제적인 행동이 나라를 흥하게 한다'는 뜻의 이 말을 언급했다. 당시 덩샤오핑은 보수파에 의해 주도된 '사씨자씨'(社氏資氏) 논쟁을 경고하면서 이 말을 한 것으로 알려졌다.

당시 보수강경파들은 '사회주의 씨냐, 자본주의 씨냐'라는 담론으로 정국을 주도하면서 1989년 중앙군사위 주석직까지 장쩌민에게 넘기고

2선으로 공식 은퇴한 덩샤오핑을 몰아세우고 있었다. 당시 장쩌민 총서기, 리펑 총리 등도 보수강경파의 정치적 입장에 동조했다. 1992년 초 덩샤오핑의 갑작스러운 선전행은 이러한 정치적 위기를 돌파하기 위한 마지막 승부수로 해석됐다. 당시 덩샤오핑은 양상쿤, 류화칭 등 인민해방군 내 최고 실력자들을 대동하고 남순행을 단행하면서 '총서기, 총리 일괄 교체' 의사를 내비쳤는데, 이에 위기감을 느낀 장쩌민과 리펑은 다급히 덩샤오핑의 남순강화에 호응해 개혁개방의 입장으로 돌아섰다.

흔들리는 2인자 리커창 총리

중국 2인자 리커창의 위상이 흔들리고 있다. 증시 대폭락과 경기둔화 심화로 경제를 책임진 리커창 총리의 리더십이 예전 같지 않은 것이다. 베이징 정가에서 리커창 낙마설이 가장 뜨거운 화젯거리로 떠오르고 있다. 증시혼란에 대한 잘못된 대처와 경제 전반의 둔화를 가라앉히지 못한 책임을 져야 한다는 주장이다.

그러나 당장 리 총리가 낙마하는 일은 없을 것이라는 게 정설이다. 적어도 차기 전국대표대회가 열리는 2017년까지는 리커창 총리가 자리를 보전할 것으로 보고 있다. 그가 지금 물러나면 지도부의 명망과 신뢰성이 막대한 타격을 입기 때문이다.

이미 시 국가주석이 군사 및 경제 부문과 개혁 및 부정부패 척결은 물론 중국 축구팀 혁신에 이르기까지 다양한 태스크포스를 이끌면서 권력을 자신에게 집중시킨 상태이기 때문에 리 총리의 영향력은 줄어들 만큼 줄어든 상태다. 리 총리는 중국 역사상 가장 힘이 약한 총리로 평가받고 있지만 명확한 비전 제시와 흔들림 없는 정책 추진, 소통 능력 등으로 2인자인 그의 위상에는 변함이 없다.

1955년 안후이(安徽)성 허페이(合肥)에서 태어난 리커창은 어릴 때부터 지역에서 소문난 수재였다. 하지만 그가 중학교에 입학했을 때 중국은 문화대혁명의 혼란에 있었고, 정상적인 학교생활이 불가능했다. 친구들은 수업을 거부하고 홍위병이 되었지만, 리커창은 아버지의 권유로 안후이성 문사관(文史館)에서 일하던 리청을 찾아가 그의 제자가 됐다. 그는 리청으로부터 《사기》(史記), 《한서》(漢書), 《후한서》(後漢書), 《자치통감》(資治通鑑) 등 중국 고전은 물론 천문학, 지리학까지 배웠다고 한다.

다시 학교로 돌아가 고등학교를 마친 그는 1974년 명나라를 세운 주원장의 고향인 안후이성 펑양(鳳陽)현으로 하방됐다. 1977년 대입시험이 부활하자 22세의 리커창은 베이징대학에 지원했다. 10여 년 동안 대입시험이 없었기에 그해 베이징대학에는 지원자가 폭주했다. 29대 1의 경쟁률을 뚫고 리커창은 베이징대학 법학과에 합격했다. 졸업할 때는 법학과 우수생으로 대표 시상을 받기도 했다. 주위의 많은 이들이 리커창에게 해외 유학을 권했지만, 그는 졸업 후 베이징대학 공청단 서기로 진로를 택하면서 현실정치에 발을 들였다.

리더십과 총명한 두뇌, 빼어난 언변을 지닌 그는 1985년 30세의 나이에 공청단 중앙서기처 서기에 올랐다. 1993년 공청단의 최고위직인 중앙서기처 제1 서기(장관급)로 승진했다. 중국은 38세에 장관직에 오른 리커창에 주목했다. 중앙서기처 제1 서기로 5년을 근무했으니 그는 15년 동안을 공청단 중앙에서 근무한 셈이다. 과거 공청단 제1 서기를 지냈던 후진타오 전 주석의 눈에 든 것도 이 시기였다. 리커창을 공청단 제1 서기로 승진시킨 것도 후 전 주석이었다.

후진타오 전 주석의 전폭적인 지원하에 그는 중국의 차기 리더로서 지방정부에서 정치경력 쌓기에 나섰다. 1998년 43세의 젊은 나이에 허난성 성장으로 자리를 옮겨 행정경험을 쌓기 시작했고, 4년 후인 2002년 허난성 서기를 꿰찼다. 2005~2007년까지는 랴오닝성 서기로 근무했다. 지방정부 시절, 리커창은 큰 뜻을 품었던 만큼 청렴한 자세를 견지했다. 공무와 관련한 연회가 아니면 정중히 거절했고, 특별한 일이 없으면 비서와 함께 간단히 식사를 했다. 2006년 부친상을 당했을 때는 현지 관리들이 보낸 선물을 완곡하게 거절해 돌려보내는 등 철저한 자기관리를 했다.

이 시기 중화권 매체들은 리커창을 차기 국가주석으로 예상했지만 결국 원로그룹과 상하이방이 지지했던 시진핑에게 국가주석의 자리가 돌아갔다. 리커창은 2012년 11월 중국공산당 제 18차 전국대표대회에서 서열 2위의 중앙위원회 상무위원에 오른 후 이듬해 3월 전인대에서 총리로 선출됐다. 총리 취임 후 그는 공언한 대로 '안정성장과 구조조정' 정책을 지속적으로 추진하고 있다.

6. 시황제의 세계 패권 전략

바둑을 통해 시진핑 시대를 읽다

책략과 음모가 난무한 바둑판은 중국의 대외 전략과 많이 닮았다. 《손자병법》이나 《위기십결》(圍棋十訣)로 알려진 바둑의 전략은 중국인들의 삶 속에 녹아있고, 권력을 쥔 중국 엘리트들의 국내 통치나 대외 전략으로 표면화되는 것이다.

중국의 정치나 대외 전략은 바둑처럼 판 전체를 조망하면서 움직인다. 시 국가주석은 "바둑에서 치국의 도리를 배울 수 있다"고 했다. 양제츠 전 외교부장은 "바둑을 잘 두려면 큰 형세를 보고, 큰 흐름을 읽으며, 멀리 봐야 한다"는 말로 중국 외교의 원칙을 설명한 바 있다.

우리가 중국의 대외 전략에서 주목해야 할 대목은 유연성이다. 중국의 전략은 마지막 승리에 초점이 맞춰져 있다. 이것은 그 유명한 덩샤오핑의 유언으로 집약된다. 힘이 약할 때는 은인자중을 권하는 도광양회 전략을 꺼내든다. 바둑처럼 마지막 승리를 위해 상대의 돌을 고립시키면서 서서히 힘을 키우는 전략이다. 상대방의 무리를 유발해 일격에 타격을 가하는 수법도 비슷하다.

중국인들의 인내는 바둑의 묘미와 닮았다. 대마를 잡아서 몰살하든 반집 계가로 이기든 승리는 똑같다. 중국의 대외 전략은 세계 최강 미국에 초점이 맞춰져 있고, 궁극적으로 미국의 압박과 견제를 견디며 미국에 버금가는 강대국이 되려는 목표를 갖고 있다.

반면 서양의 대표적 두뇌게임인 체스는 바둑과 정반대의 논리체계를 가지고 있다. 체스는 두 나라 간의 전쟁(전투)을 의미한다면, 바둑은 한정된 땅(자원)에서 각 세력이 상대를 견제하며 자신의 영토(자원)를 최대한 많이 차지하려는 것을 의미한다. 체스의 궁극적인 목적은 상대방의 왕을 죽여서 승부를 짓는 것이다. 정해진 행마법에 따라 움직여 최종적으로 상대방을 제압하는 것으로 바둑에 비해 직설적이다. 체스에서 왕을 잡는다는 목표는 처음 접하는 사람들도 이해할 수 있는 쉽고 구체적인 개념이지만, 바둑에서 가능한 한 많은 집을 짓는다는 목표는 추상적인 개념이다. 중국이 서양인이 이해하기에 다소 모호하고 간접적인 대외 전략을 즐겨 활용하는 것도 이런 맥락이다.

바둑이 언제 처음 시작됐는지 확실한 고증은 없지만 《태평어람》(太平御覽)에 요나라 임금이 아들 단주에게 바둑을 가르쳤고, 단주가 바둑을 썩 잘 두었다는 기록이 있는 것으로 보아, 중국 상고 때부터 바둑이 존재했다는 것은 사실이다. 적어도 5천 년의 중국 역사와 바둑이 맥을 같이하는 것은 확실하다.

라이용칭(來永慶, David Lai) 전 미국육군군사학교 교수는 미국과 해외의 고급 지휘관들을 상대로 바둑 전략을 강의했다. 그는 바둑이라고 불리는 이 오래된 반상유희를 학습하면 외국인도 중국 지도층의 시각으로 그들의 지정학적 전략을 이해할 수 있다고 설파했다.

국제적으로 형성된 '전선'에서, 바둑은 여러 개의 부분적 '전장'을 포괄하는데, 바둑이 추구하는 바는 어느 일개 전투로 승부를 결정 내는 것이 아니다. 처음 단계인 포석과 중간의 세력 쌓기, 마지막 끝내기 등의 과정에서 전술적 우세를 구축함과 동시에 교묘한 심모원려를 강조한다. 궁극적인 승리를 향해 여러 책략을 동원하는 전략 놀이라고 할 수 있다.

그는 이런 바둑을 가리켜 중국의 전략 사상과 작전 예술의 완미적 체현이라고 말한다. 중국의 지정학적 전략과 바둑 간의 관계를 연구한 라이용칭은 2004년 《타산지석》(*Learning From the Stones*)을 출간했다. 361개의 흑백 돌들이 최후에 361개의 교차점을 완전히 채우는 이 게임을 전면적으로 소개하는 책으로, 앨라배마 주 미국공군대학의 여러 교수들의 주의를 끌었을 뿐만 아니라, 전임 국무장관 헨리 키신저(Henry Kissinger)의 흥미를 불러일으키기도 했다.

키신저는 그의 저서 《중국을 논한다》(*On China*)에서 한국전쟁 시기와 수차례의 타이완 위기, 베트남 전쟁, 동남아 각국 및 소련과의 충돌, 그리고 중미 관계 정상화 과정에서의 처리 및 각종 위기에 대한 대응에서 중국 지도자 마오쩌둥과 덩샤오핑이 어떤 식으로 처리했는가를 바둑이론으로 풀이했다.

한국전쟁의 경우 전쟁의 총성이 울린 초기에 미국 대통령 해리 트루먼(Harry Truman)은 한국에 미군을 파병하는 동시에 타이완 해협에 미국 해군을 배치했다. 키신저는 이렇게 썼다. “중국인이 보기에, 트루먼은 바둑판 위에 이미 두 알을 연속으로 놓았으며 이런 위협적인 포위 태세는 중국에 대한 중대 위협이라고 간주했을 것”이라고 지적했다.

마오쩌둥은 오랜 항일전쟁으로 그들의 에너지를 모두 소모했고 국공내전으로 기진맥진해 있는 중국인들에게 다시 총을 들게 했다. 미국과의 정면대결이 필요하다고 판단한 것이다. 바둑으로 보면 일종의 승부수인 것이다.

마오쩌둥은 중국혁명에 뛰어든 이후 시종일관 농민혁명을 주장했다. 당시 소련은 물론 중국의 정통 마르크스-레닌주의자들에게는 참으로 ‘소가 웃을 일’에 불과했다. 적색혁명으로 그 진가를 드러낸 정통주의를 부정한 것이다. 마오쩌둥의 농촌 중시 전략은 공산주의 정통파들의 사고를 180도 전환한 것으로, 여기서 바둑의 전략이 빛을 발했다. 중국이라는 반상을 통해 농어촌을 먼저 공략한 뒤 중앙의 도시를 점령함으로써 최후의 승리를 이룩한 것이다.

시진핑 국가주석은 유명한 바둑광이다. 바둑의 철학에서 ‘치국의 도리’를 깨친 인물이다. 중국 바둑계의 거목인 녜웨이핑(聶衛平)에 따르면 시 국가주석은 겅뱌오 전 부총리 겸 군사위원회 비서장의 비서로 일할 때, 겅 비서장의 권고로 바둑을 배웠다고 한다. 시 국가주석이 베이징대학 방문 당시 바둑에 얽힌 일화는 유명하다. 시 국가주석은 2014년 5월 4일 취임 후 처음으로 베이징대학을 방문했다. 중국 현대사에 한 획을 그은 5·4 운동 기념일에 맞춘 방문이었다.

방문 일정 중, 베이징대학 학생 가운데 바둑 고수가 나와 시 국가주석 앞에서 직접 바둑을 두는 순서가 있었다. 이 학생은 초반부터 대단히 공세적인 포석을 펼쳤고, 시종일관 공격적으로 대국에 임했다. 이를 눈여겨보던 시 국가주석은 이렇게 말했다고 한다. "당신이 바둑 두는 모습을 중국 외교관리들에게 좀 보도록 했으면 좋겠다." 이 같은 언급은 당시 남중국해 분쟁이 격화되는 상황에서 군부와 달리 유연한 대응을 주장했던 외교부를 겨냥했다는 분석이 따랐다.

신의 한수, 일대일로 전략

중국의 일대일로 프로젝트는 시진핑 국가주석의 승부수로, 중화민족의 위대한 부흥이라는 중국몽의 실현을 위한 전략이 숨어 있다. 중국식 사회주의의 자신감을 표현하는 동시에 세계 2위 경제대국인 중국이 세계 패권국인 미국을 잡기 위한 세계 전략이다.

시 국가주석의 일대일로 프로젝트는 신중국 설립 100주년이 되는 2049년까지 내다본 '현대판 대장정'이다. 아시아와 유럽, 아프리카를 잇는 육상과 해상 실크로드를 따라 인프라 개발과 무역 증대를 통해 신 성장 동력을 발굴한다는 전략이다. 구체적으로 '일대'는 중국에서 중앙아시아, 중동 등 지역을 거쳐 유럽에 이르는 육상교통망을 구축해 '실크로드 경제벨트' 형성을 촉진한다는 개념이다. '일로'는 중국에서 동남아 및 중동의 주요 해상거점을 거쳐 유럽에 이르는 '21세기 해상 실크로드 길'을 구축해 고효율의 운송로를 만든다는 계획이다.

일대일로는 시 국가주석이 2013년 9월 카자흐스탄을 방문해 실크로드 경제벨트 구상을 처음 언급한 데 이어 그해 10월 인도네시아에서 해상 실크로드 공동 건설을 제안하면서 윤곽을 드러냈다.

중국의 최고 브레인들이 모여 연구를 거듭하면서 구체적인 계획이 도출됐다. 2015년 3월 28일 중국의 국가발전개혁위원회, 외교부, 상무부가 공동으로 '육상 실크로드 경제벨트와 21세기 해상 실크로드의 비전 및 행동'이라는 세부 실행계획을 발표한 것이다. 중국의 대전략이지만 일정한 성과가 도출되기까지 적어도 10년 이상이 걸릴 것이란 분석이 많다.

시진핑 국가주석은 2015년 보아오포럼에서 일대일로와 관련하여 다음과 같이 연설했다. "일대일로 건설은 폐쇄형이 아닌 개방형이다. 일대일로 건설은 중국이 독주(獨奏)를 하는 것이 아니고 연선(沿線) 국가들의 합창이다. 일대일로 건설은 기존의 국제협력시스템을 대체하는 것이 아니고 연선 국가들의 장점을 보완하는 것이다. 연선 국가와 아시아 국가의 적극적인 참여를 환영한다."

이 구상엔 중국의 심모원려가 담겨 있다. 세계 제패를 위한 위대한 책략이라고 할 수도 있다. 전 세계 1위의 외환보유고(3조 6천억 달러)를 적절히 활용하여 주변국들의 인프라 개발 수요를 충족하는 한편, 무역을 통해 철강과 시멘트를 비롯한 중국의 과잉생산 문제를 해결하는 일석이조, 일석다조의 전략이다.

60개국이 넘는 일대일로 주변국들과 손잡고 정치적·경제적 영향력을 확대하려는 글로벌 전략도 숨어 있다. 세계 2위의 경제력을 바탕으로 중국이 직면한 '경제적 모순'을 한꺼번에 해결하면서 미국의 영향권에 놓인 주변국들을 중국 편으로, 그야말로 일석다조의 게임을 벌이겠다는 야심찬 프로젝트인 것이다.

현대판 대장정

시진핑 국가주석이 던진 일대일로 구상은 덩샤오핑의 개혁개방 전략과 비교될 정도로 중국 경제의 앞날을 송두리째 바꿔 놓은 사건이다. 제 2의 개혁개방이라고 부르는 이유도 여기에 있다.

덩샤오핑의 개혁개방 이후 급변한 국내외 정치·경제 환경변화에 맞춘 중국의 세계 전략이 어떻게 태동됐는지부터 알아보자. 중국은 2001년 세계무역기구(WTO) 가입 이후 수출 중심으로 가파른 경제성장을 이루었다. 그러나 2008년 미국발 경제위기는 세계의 양대 시장인 미국과 유럽의 구매력을 약화시키면서 중국의 경제성장 둔화를 초래했다. 이 때문에 고도성장 자체가 불가능해진 중국은 이른바 '신 창타이'를 선언하고 경제의 저성장을 인정하면서 국내 내수시장 확장과 정부기관의 권한 축소를 위한 개혁을 단행했다.

이 시기 중국은 서부 대개발, 중원굴기, 동북진흥, 동부선도 등의 프로젝트를 국가급 프로젝트로 격상해, 지역 불균형 해소와 내수시장 확장을 위한 공간 개발계획을 수립했다. 더불어 중국은 그동안 비축해 두었던 경제력을 바탕으로 중국과 주변국을 연결하는 대담한 프로젝트를 내놓게 된 것이다.

서부 대개발과 중원굴기 지역, 그리고 연안까지는 실크로드 경제벨트 지역에 포함되었고, 동부선도 지역은 21세기 해상 실크로드 개발지역에 포함되었다. 동북진흥 지역 역시 실크로드 경제벨트 지역으로 포함될 계획을 마련하고 있다. 국내 지역 및 주변국 연계개발을 통해 중국은 과잉 생산된 자원과 상품의 소비를 촉진하며 뉴딜 정책의 효과도 기대하고 있다.

일대일로를 통해 중국 내 경제개발과 부동산 경기에 따른 건설 붐이 사그라진 상황에서 해외 인프라로 눈길을 돌린다는 의미도 크다. 일대일로 주변국들은 인프라 시설을 건설하고자 하는 수요가 엄청나다. 아시아에서만 2020년까지 인프라 개발 수요가 8조 달러에 이른다. 이미 중국은 2014년 한 해에만 247억 달러 규모의 348개의 철도공사를 했고, 2015년에는 태국, 러시아와 고속철 사업에 초점을 맞추었다. 이는 앞으로 중국 경제에 엄청난 원군이 될 것이다.

중국의 준비는 치밀하다. 일대일로를 위해 2014년 400억 달러 규모의 실크로드 기금을 만드는 동시에 AIIB의 설립을 주도했다. 일대일로 프로젝트에서 위안화 결제시스템을 가동해 위안화의 국제화도 노린 것이다. 위안화의 국제화는 기축통화국이 되고자 하는 중국의 야심을 충족하기 위한 필수조건이다.

에너지 안보 전략의 핵심

일대일로가 노리는 중요한 전략 목표는 에너지 안보다. 중국의 사활은 지속적 성장에 있고, 이는 에너지 확보에 달려 있다. 중국 정부는 일대일로 프로젝트를 발표하면서 에너지 확보와 수송을 위한 소통이 중요 목표임을 숨기지 않았다. 에너지 인프라의 상호 연계를 위해 협력을 강화하고, 송유관이나 가스관 등 파이프라인의 안전을 공동으로 수호하기 위한 협력도 명시하고 있는 점에 주목할 필요가 있다.

에너지 안보는 원유와 가스 수송로의 안전한 확보가 핵심이다. 중국은 석유와 가스 대외의존도가 높고 원유 수입의 80%, 천연가스 수입의 50%, 그리고 전체 수출입의 42.6%를 말라카 해협을 통해 운송한다. 해상 실크로드 건설로 안전한 수송로를 확보하고, 수송로 다변화를 위해 중앙아시아의 풍부한 석유와 천연가스를 확보하는 것이 중국 에너지 안보의 핵심 요소다. 육상과 해상의 새로운 실크로드는 세계로 뻗는 중국의 양대 날개축이 될 것이다.

반면 일대일로 발표 이후 중국과 주변국들 사이에는 미묘한 분위기가 형성되고 있다. 인프라 개발 수요가 많은 아시아, 아프리카 국가들은 일대일로 프로젝트를 환영하는 분위기이지만 미국을 포함한 주요 강대국들과 동맹국들은 중국의 세력 확대를 우려하고 있다. 특히 미국과 일본, 인도 등은 일대일로를 중국의 굴기 전략으로 바라보고 있다.

2011년 힐러리 당시 국무장관은 중앙아시아 4개국 순방과정에서 미국의 영향력 확대를 위해 '신 실크로드 경제권' 건설구상을 밝혔다. 카자흐스탄, 우즈베키스탄, 투르크메니스탄, 키르기스스탄 등으로 중앙아시아 4개국은 한때 러시아 영향권에 있었으나 최근에는 중국과 긴밀한 경제협력을 맺고 있다.

근본적으로 중국의 일대일로는 미국의 아시아 회귀 전략에 맞선 경제적 대응 전략이란 의미가 크다. 일대일로를 뒷받침할 AIIB 설립 시에도 미국은 중국이 새로운 금융질서를 주도하려는 의도로 보고 이를 저지하기 위해 서유럽 국가들과 동맹국들에게 가입하지 말 것을 종용했다. 그러나 맹방인 영국은 물론 독일, 프랑스 등이 가입을 선언하며 한국, 호주도 이에 가세하자 미국은 전략을 바꿨다. 미국 정부도 아시아 공동 번영에 협력한다는 입장 변화를 보인 것이다.

일대일로가 성공하려면 그 주변의 개도국들만이 아니라 선진국들의 협조도 있어야 한다. 일대일로 주변국은 60개국이 넘고 인구는 44억 명으로 전 세계 인구의 63%, 경제 규모는 세계 경제 규모의 29% 정도를 차지한다. 이 엄청난 프로젝트를 중국 혼자 진행하는 것은 불가능하다. 시 국가주석이 독주가 아닌 합창임을 강조한 이유다.

일대일로 한반도와 동북아 연계 전략

일대일로 실행계획에 따르면 동북 3성(랴오닝성, 지린, 헤이룽강)이 러시아, 몽골 등 극동 지역과의 육·해상의 창구 역할을 맡도록 되어 있다. 이에 비추어 볼 때, 한국 정부의 유라시아 이니셔티브와도 협력할 점이 많으며 동북아 경제권 형성에도 도움이 될 수 있다. 유라시아 이니셔티브의 핵심 사업 중 하나는 한반도 종단철도와 대륙 횡단철도를 기본 축으로 하는 '실크로드 익스프레스'의 건설이며, 이를 통한 한반도 평화의 달성이다.

중국은 북한과 도로, 철도 등의 교통 인프라 사업을 추진하거나 검토 중에 있으므로 이에 한국이 같이 참여하는 방안도 있을 수 있다. 그러나 북핵 문제 등으로 경색된 남북 관계로 인하여 실크로드 익스프레스는 기대난망이다. 일대일로와 유라시아 이니셔티브를 연계시켜 나가려는 의지는 양국 모두 갖고 있다. 북핵 문제 등으로 한반도 종단철도 건설이 어렵다 하더라도 한·중이 협력할 수 있는 방안은 많다.

한국이 개도국 인프라 개발에 동참할 뿐 아니라 물류, 자원개발 등의 협력을 통해 한·중이 함께 발전하는 전략이다. 이는 한·중 간 상호 이익이 되기도 하지만 동북아 경제권 형성에도 기여할 것이므로 동북아의 미래를 위해 바람직하다. 이 기간 내에 중국의 일대일로가 동북 3성 지역과 한반도에서 성공을 거두기 위해서는 일대일로 추진 과정에서 한·중 협력을 통해 한반도 통일이 이루어지는 것이 가장 바람직하고 필요할 것이다.

중국은 2015년 9월, 80여 개의 중앙 국유기업이 일대일로 프로젝트와 관련해 국경을 맞대고 있는 국가에 지사를 설립했다고 중국 언론들이 밝혔다. 주로 인프라, 석유·가스 개발사업, 장비제조 등에서 합작을 추진하고 있다. 일대일로 국경 국가가 중국 기업들의 '저우추취'(走出去, 국외투자)를 위한 주요 대상이 되고 있다.

중국 상무부는 2015년 1~9월 동안 중국 기업들의 일대일로 연변 48개국에 대한 직접투자가 107억 달러에 달한 것으로 집계했다. 이는 2014년 같은 기간에 비해 48.2%가 증가한 것이다. 같은 기간 중국의 전체 대외투자 증가속도 18.2%를 크게 앞서는 수치다. 중국은 2014년에 이미 20여 개의 기업이 일대일로 주변국과 60개의 석유가스 개발 프로젝트를 추진, 6천만 톤의 생산 인가를 받았다. 이는 2013년 중국의 원유 수입량 5천만 톤을 웃도는 것이며 중국 최대 다칭(大慶) 유전의 생산량을 넘어선 것이다. 중국은 미국, 유럽 등 선진국에 대한 적극적인 진출을 통해 우수한 기술자원을 수입하는 한편으로 일대일로 주변국과 아프리카, 남아메리카 등에서 자원 획득을 위한 투자를 강화하고 있다.

저우추취는 중국의 중요한 대외개방 정책이자 세계 제패 전략이다.

종합적인 국력증진과 함께 세계 경제대국으로 성장하기 위해 국내외의 시장과 자원을 이용하여 더 넓은 범위와 영역인 국제적 시장에서 경쟁하겠다는 의지다. 저우추취의 주체는 기업이지만 중국 정부는 막후의 총설계자다. 중국 정부는 중국 내 기업들에 압력을 가하여 다국적 기업으로 발전할 수 있는 동기와 적극성을 부여하고, 이를 통해 중국 기업은 우수한 관리, 기술, 융자의 모델을 받아들여 창의적인 선진 기업문화를 이룰 수 있다.

이 전략에도 원칙과 규칙이 있다. ① 작은 규모의 인수합병으로 시작하여 점점 규모를 키워 나간다, ② 국제적인 우수 기업들과의 합작으로 중국 내에서의 경쟁력을 키운다, ③ 기술의 흡수를 인수합병의 최종 목표로 삼는다, ④ 국제화에 효율적인 조직능력을 키운다, ⑤ 조직의 유능한 핵심 인물의 주도하에 국제 경쟁력을 키운다 등이다.

고속철도 신화

중국의 기술력이 낙후됐다는 말은 과거의 이야기다. 제조업에서는 이미 선진국과 어깨를 나란히 하는 기술이 부지기수다. 대표적인 것이 고속철도 기술이다.

중국은 2015년 9월 일본을 제치고 인도네시아 고속철도 수주에 성공함으로써 세계 시장의 판도를 뒤흔들었다. 중국산 고속철도의 본격적인 국제화 시대를 선언한 것이나 다름없다. 중국이 미국 라스베이거스-로스앤젤레스 간 370킬로미터 고속철도 건설과 관리를 사실상 수

주한 데 이어, 인도네시아의 자카르타-반둥 간 150킬로미터 고속철도 건설 경쟁에서 일본을 꺾은 것이다. 1964년 신칸센으로 대표되는 세계 고속철도의 선두주자 일본을 이겼다는 데 중국은 큰 의미를 두고 있다. 중국은 일본의 3분의 1에 불과한 건설단가, 최고 시속 486킬로미터에 이르는 기술력 등을 내세워 국제 시장에서 안전성과 신뢰성을 검증받은 것이다.

중국은 지금부터 시작이라는 각오다. 인도네시아에 이어 터키, 인도, 영국, 브라질 등에서도 지속적으로 고속철도 저우추취를 추진하고 있다. 중국철도건설공사를 주축으로 한 중국 기업들이 건설을 맡은 터키 앙카라-이스탄불 간 533킬로미터 고속철도가 2014년 7월 개통했다. 중국 철도기업과 인도 현지기업이 참여한 컨소시엄이 뉴델리-뭄바이 간 1,200킬로미터 고속철도 건설 타당성 연구용역의 낙찰자로 선정되기도 했다.

시진핑 국가주석이 고속철도 사업을 총지휘하고 있다. 2015년 9월 방미 기간에 미국 고속철도 건설을 위한 합자회사 설립을 타결했고, 10월 영국 국빈 방문 기간에도 고속철도 사업을 중·영 양국 경제협력의 최우선 순위로 올렸다. 중국의 고속철도산업에는 중국의 경제성장 전략이 그대로 투영돼 있다. 1990년대 들어 일본과 독일 등 고속철도 선진국의 기술을 도입해 자체 연구를 시작한 뒤 2009년부터 정부의 대대적인 투자진흥에 힘입어 2012년부터 각종 기술과 부품의 국산화를 진행했다. 외국의 기술을 토대로 이를 개량 및 발전시킨 뒤 국제 시장에서 가격 경쟁력과 정부의 지원으로 세계 시장을 석권하는 전략이 그대로 맞아떨어진 사례다.

중국은 베이징-톈진 고속철도를 시발로 베이징-상하이, 상하이-난징, 상하이-항저우, 항저우-선전, 광저우-선전, 하얼빈-다롄 등을 고속철도로 촘촘히 연결하고 있다. 2012년 12월 개통된 세계 최장의 베이징-광저우 간 고속철도는 전체 길이 2,298킬로미터로 두 도시 간 거리를 8시간으로 단축했다. 중국을 1일 생활권으로 만든 것이다. 2015년 9월 선양(瀋陽)과 단둥(丹東)을 잇는 208킬로미터 구간의 고속철도가 개통되기도 했다.

2007~2014년까지 고속철도 누적 이용객 수가 31억 6천만 명으로 전체 철도 이용객에서 차지하는 비중이 4.8%에서 38.5%로 급증했다. 고속철도 일평균 운행횟수도 2,500회, 일평균 이용객은 249만 명에 이른다. 중국은 고속철도 건설과 운영에서 풍부한 경험을 보유하고 있고 협력모델, 융자조건, 기술이전, 공정기간 등에서도 명확한 우위를 갖고 있어 당분간 최강자로 군림할 가능성이 크다.

중국은 내부적인 경험과 노하우 축적으로 독자기술 확보목표가 달성된 2015년부터 본격적인 고속철도 해외진출을 모색하기 시작했다. 2014년 12월 중국 내 양대 고속철도기업인 북차(北車)와 남차(南車)를 합병, 중차(中車)라는 거대 고속철도기업을 출범했다. 해외 시장에서 불필요한 입찰경쟁을 줄이고, 중복 연구개발비 지출을 절감해 기술 자급률을 높이기 위해 통합된 이 기업은 중국 고속철도의 세계화를 목표로 하고 있다.

고속철도 사업은 세계 패권 전략으로서 가치도 크다. 일례로 일대일로 정책의 핵심 수단이 바로 고속철도 사업이다. 중국을 유라시아, 북아메리카, 남아메리카까지 연결해 경제뿐만 아니라 정치적으로 영향력을 확대하겠다는 포석 아래 고속철도 해외진출을 밀어붙이고 있다.

세계 고속철도 시장의 잠재력은 엄청나다. 오는 2030년 전 세계 고속철도 투자총액은 17조 4천억 위안에 달하고, 이 중 철도차량 투자가 1조 9천억 위안에 이를 것으로 예상된다. 미국, 유럽, 러시아가 전 세계 고속철도 투자 수요의 75%를 차지하는 상황에서 중국은 미국과 러시아 시장에 진출해 있고 유럽 시장에 대해서도 눈독을 들이고 있다.

물러설 수 없는 경제 전쟁

미국과 중국은 군사 대결뿐만 아니라 경제 전쟁 또한 치열하게 벌이고 있다. 2015년 10월 세계 최대 규모의 자유무역협정(FTA)인 환태평양경제동반자협정(TPP)이 타결되면서 미국과 중국의 대결은 전면전으로 확산되는 분위기다.

TPP 출범에서 배제된 중국은 아시아 지역에서 경제적 영향력이 떨어질 운명에 처했다. TPP를 아시아태평양 지역의 경제통합으로만 보는 것은 단선적 시각이다. 아시아태평양 지역엔 미국과 중국이 있다. 그러나 TPP엔 중국이 포함돼 있지 않다. 자유화의 성격과 수준상 중국의 가입이 단기간에 받아들여질 가능성은 거의 없다. TPP 타결로 미국은 아시아태평양 지역의 경제패권 경쟁에서 중국을 앞서갈 수 있는 기틀을 마련한 셈이 됐다.

TPP는 단순히 무역과 경제공동체의 성격을 뛰어넘어 오바마 미국 정부의 핵심 외교안보 정책인 '아시아 재균형'을 통한 미국의 패권 유지 수단이다. 오바마 대통령은 TPP 협상 타결 직후 "중국이 세계 경제 질서를 쓰도록 할 수는 없다"는 성명을 발표했다. 중국의 굴기를 견제하겠다는 의지를 분명하게 밝힌 것이다. 실제 TPP는 무역을 통한 경제성장뿐 아니라 지적 재산권 보호와 노동 환경 기준, 기업 지배구조 등을 포함하고 있다. 미국이 주도하는 새로운 규칙과 틀이 아시아태평양 지역에 적용되는 것이다.

미·중의 패권 경쟁은 중국이 주도하는 AIIB 출범을 계기로 격화됐다. 중국은 2013년 10월 시진핑 체제의 핵심 사업으로 AIIB 구상을 제시했다. 이는 미국 주도의 세계 경제 질서에 도전하면서 새로운 판을 짜겠다는 의도였다. 미국은 AIIB 출범을 막기 위해 안간힘을 썼지만 실패하자, TPP 협상에 박차를 가했다. AIIB가 출범한 상황에서 TPP까지 장기 표류한다면 아시아태평양 지역에서의 경제적 영향력이 약화될 것이란 우려 때문이었다.

미국이 주도하는 TPP는 일본, 멕시코, 호주 등 12개국이 참여한다. 참가국들이 전 세계에서 차지하는 비중(GDP 기준)은 40%에 육박한다. 상품 관세장벽을 대폭 철폐하는 것은 물론 서비스와 투자, 지적 재산권까지 최신 무역이슈가 망라된 높은 수준의 FTA이다.

2005년 칠레, 브루나이, 뉴질랜드가 협상 깃발을 든 이래 10년이 걸렸다. 미국이 2008년 가세하고 일본이 2013년 뛰어들었지만 글로벌 금융위기의 여진 속에 속도를 높이지 못했다. 그러나 오바마 대통령이 야당인 공화당과 손잡고 미 의회의 무역협상촉진권한(TPA)을 확보하면서 탄력을 받기 시작했다. 아베 신조 일본 총리가 일본 내의 농민·노동계 반발을 무릅쓰고 TPP에 '올인'한 것도 협상의 기폭제로 작용했다. 미국과 일본이 TPP의 최대 지분을 갖고 있어 미·일 군사동맹이 경제동맹으로 확대됐다는 분석이 유력하다.

TPP는 '글로벌 가치사슬'(*global value chain*)로 불리는 글로벌 생산구조에도 일대 변화를 가져올 것으로 전망된다. 최대 수혜주는 역시 세계 1위 경제대국인 미국과 3위인 일본이다. 특히 일본은 자동차 부품 및 산업에서 혜택을 입게 될 전망이다. 미국으로 수출하는 자동차 부품의 최대 82%에 대해 TPP 발효 즉시 관세(2.5%) 철폐 효과를 보게 됐다. 10년에 걸쳐 관세를 없애는 베트남과 캐나다 시장에선 자동차산업이 득을 본다. 대신 미국은 자국 농축산물 수출의 길이 넓어지게 됐다. 미국산 쌀은 앞으로 13년에 걸쳐 연간 7만 톤까지 일본에 무관세 수출을 하며, 쇠고기에 대한 관세는 38.5%에서 9%까지 내려간다.

중국은 한·중·일 3국과 동남아시아국가연합(ASEAN, 아세안), 인도, 호주 등 16개국이 참여하는 역내 포괄적 경제동반자협정(RCEP)에 공을 들이고 있다. 그러나 협상은 더디다. 개도국에 대한 배려 때문에 수준 높은 개방이 합의되기 힘들 것이란 전망도 나온다. TPP와 RCEP를 아우르는 아시아태평양 자유무역지대(FTAAP)가 중국의 구상이지만 실현단계까진 갈 길이 멀다.

해군 강국에 목숨 거는 시진핑

중국은 전통적으로 해군이 약했다. 시진핑은 중국이 패권국으로 등장하려면 과거의 영국이나 현재의 미국처럼 해군력이 중요하다는 사실을 깨달았다. 중국은 2012년 첫 항공모함인 랴오닝호 취역을 시작으로 해군력을 빠르게 키우고 있다. 중국 온라인 매체인 〈국제재선〉(國際在線)은 "중국 해군이 2013년에만 28척의 전함과 잠수함을 증강 배치했다"고 전했다. 이 중에는 중국판 이지스함인 '052D급 구축함'과 핵추진 신형 잠수함(094형)도 포함됐다. 이 핵잠수함은 사정거리가 8천 킬로미터인 잠수함발사탄도미사일(SLBM) '쥐랑-2'를 탑재할 수 있다.

미국은 중국의 해군력 강화를 경계하고 있다. 미 해군정보처는 자체 보고서를 통해 "중국 해군력이 10년 전과는 비교할 수 없을 정도로 강해져 서방 해군과 비슷한 수준에 올랐다. 미 해군이 서태평양에서 중국 해군과 맞붙을 경우 상당히 조심해야 한다"고 분석했다. 이후 동중국해와 남중국해를 중심으로 일본, 필리핀 등과 영토 분쟁이 가열되는 미묘한 시점에 미 해군정보국(ONI)은 중국 해군의 심상치 않은 변화를 감지한 보고서를 발표했다. 2015년 4월 9일 공개된 〈중국 해군, 21세기 새로운 능력과 임무〉가 그것이다.

같은 주제를 다룬 7년 전 보고서와 달리 이 보고서는 중국 해군뿐 아니라 해양경찰(해경) 함정과 항공기까지 포함한 생생한 자료를 실었고, 새롭게 분석한 중국의 신 해양 전략도 공개했다. 그간 공개되지 않았던 중국 해군 정책결정자 31명의 인적 정보와 함께 최고 의사결정기구인 해군 당상무위원회를 분석해 리더십 구조도 해부했다. 이전에는 접근조차 불가능했던 정보가 ONI 보고서를 통해 확인되자 각국 전문가들의 관심이 폭증한 것은 불문가지다. 보고서를 관통하는 관심사는 하나로 요약된다.

보고서 첫 페이지에는 후진타오 전 국가주석이 남긴 연설문 중 "해양자원의 개발을 위해 해양에서 권리와 국익을 보호할 해양력을 증강해야 한다"란 문장이 실려 있다. 중국의 의도를 각인시키고자 보고서 마지막 페이지를 할애해 시진핑 국가주석의 발언도 소개했다. "중국은 국익을 보호하기 위해 해양을 전략적으로 관리하며 해양력을 증진하도록 지속적으로 노력해야 한다"는 문장이다. 과거와 현재의 중국 최고 지도자가 해군력 증강을 일관되게 강조하고 있다는 사실은 미래 또한 그 연속선상에 있을 것이라는 추론을 가능케 한다.

보고서에 따르면 중국의 해군 전략은 1980년대 중반까지만 해도 '연안 방어'에 머물렀다. 그러나 1987년 류화칭 제독의 '근해 방어' 개념에서 도출된 '도련(*chain of islands*) 전략'을 채택하면서 적국이 지역 분쟁에 개입하는 것을 억제하는 방향으로 초점을 바꿨다. 이후 1990년대 미군이 수행한 주요 전쟁을 통해 군의 현대화 및 첨단화 흐름을 지켜본 중국군은 정보화와 비 접촉전이라는 개념을 받아들였다. 장거리 타격이 가능한 현대식 군사력 구축에 주안점을 두기 시작한 것이다.

지금의 중국 해군은 2개의 상반된 목표를 동시에 수행해야 하는 과제를 안고 있다. 근해에서는 해양 분쟁에 대비해야 하는 전통적 안보 문제가 있다. 원해에서는 해상교통로 보호 같은 비 전통적 안보 수요가 만만찮다. 근해와 원해에서 동시에 작전을 병행할 수 있는 전략이 필수적이라는 결론이 나온다.

중국 해군의 새로운 개념은 이른바 다층방어 전략으로 불린다. 근해와 원해를 거리별로 구분해 3단계 방어막을 구축하는 것이다. 원해에 속하는 1단계는 말레이시아-필리핀-일본을 잇는 구역으로, 대함탄도 미사일과 잠수함이 주된 방어 전력이다. 2단계는 베트남-일본(오키나와)을 잇는 구역으로 잠수함과 항공력을 주로 투입한다. 3단계는 우리로서도 민감할 수밖에 없는 한국-타이완을 잇는 구역이다. 이곳에서는 항공력과 해안방어 순항미사일(CDCM) 등을 통해 효과적인 방어 전략을 구사한다.

이러한 전략구성은 흡사 미 해군의 다층방어 개념과 유사하다. 중국 해군력의 현재 규모를 고려하면 이를 직접적으로 적용하기에는 무리가 있지만, 진행 중인 해군력 현대화와 증강이 어느 정도 마무리되면 근해와 원해를 동시에 방어한다는 병행 전략은 이내 현실화될 수 있을 것이다. 이러한 그림이 공개되면서 방어막에 포함된 해양 분쟁 당사국과 인접 국가들은 촉각을 곤두세울 수밖에 없다. 중국이 한국에 대해 방공식별구역(ADIZ)을 선포하고 사드 도입에 예민한 반응을 보이는 것 역시 한반도가 이러한 전략의 최종방어선에 포함돼 있기 때문으로 보인다.

해상 공격 임무에 투입될 해군 항공력 또한 주목할 만하다. 각종 전투기와 폭격기에 개량된 단·장거리 공대공미사일, 대함순항미사일 등을 이미 운용하고 있다. 또한 해상 초계기, 공중 조기경보감시기, 무인기, 정찰위성 등이 해상 감시정찰에 적극 활용되고 있다. 해경 전력 역시 인접 국가의 해경을 모두 합친 것보다 월등히 앞서는 규모다.

반면 중국 해군이 추진해 온 전력 현대화 계획이 향후 10~15년 사이 난관에 부딪힐 수 있다는 시각도 있다. 불투명한 소요장비 획득 과정과 경제성장 둔화가 그 주범이 될 수 있다. 최근 중국이 '남해구단선'(南海九段線)을 일방적으로 설정하고 인공섬에 활주로를 건설하는 등 인접한 해양 분쟁 국가들과 갈등 양상이 심화되고 있음을 고려하면, 중국 수뇌부가 해군력 강화 흐름에서 벗어날 개연성은 높아 보이지 않는다. 당장 중국 내부에서 해군과 해경은 물론, 자원과 에너지 관련 주요 부서들까지 해군력 증강을 강하게 요구하고 있기 때문이다.

2015년 3월 중국 정부는 2014년 대비 10% 증가한 153조 원의 국방예산을 발표했다. 이는 세계 2위 규모로 매년 중국 국방예산은 두 자릿수 증가를 이어가고 있다. 물론 경제성장이 둔화하면 군 현대화 작업도 지장을 받을 수 있겠지만, 당분간은 현 추세가 이어질 공산이 커 보인다. 19세기 미 해군 전략가 앨프리드 머핸은 국익과 직결되는 주요 해상교통로를 보호하기 위해 세계 패권보다 지역 패권을 차지할 해군력을 갖춰야 한다고 주장한 바 있다.

시진핑의 국가방위 전략

중국 해군은 거침없이 태평양을 향해 영향력을 확대하고 있다. 2014년 2월 중국 해군이 미군의 독무대였던 태평양에 새로운 항로를 개척하며 도전장을 던진 것이다. 시진핑 집권 이후 중국은 1980년대 스스로 설정한 해상 방어선인 '제 1 도련선'(오키나와-타이완-필리핀을 연결하는 선)을 거침없이 돌파했다. 이 지역의 기득권을 갖고 있는 미국과 일본을 긴장하게끔 한 것이다.

〈파이낸셜타임스〉(*Financial Times*) 등 미국 언론들은 중국 남해함대 소속 군함 3척이 2014년 1월 중 남중국해를 지나 인도양으로 가면서 인도네시아 자바섬과 수마트라섬 사이의 순다 해협을 처음 통과했다고 보도했다. 인도양을 돌아 서태평양에 진출할 때는 인도네시아 발리 근처의 롬복 해협과 보르네오 인근의 마카사르 해협을 처음 항해했다.

중국 해군의 영향력 확대는 여기서 그치지 않았다. 2014년 1월에는 중국과 러시아 해군이 지중해에서 첫 합동군사훈련을 시행했다. 전문가들은 중국 해군의 이러한 움직임은 동·남중국해를 벗어난 태평양에서 중국 해군의 존재감을 더욱 부각시키며 강해진 군사력을 더 이상 숨기지 않겠다는 의도라고 분석했다.

이에 앞서 2013년 7월에는 중국군함 5척이 일본 홋카이도 부근의 소야 해협을 처음 통과해 서태평양에 진출했다. 당시 중국 관영 매체는 "제 1 도련선을 돌파한다는 중국의 오랜 꿈을 실현했다"고 보도했다. 그 무렵 중국군 초계기도 오키나와 부근의 미야코 해협을 처음 뚫고 태평양 상공을 날았다. 베이징의 군사 소식통들은 "방어에 치중하던 중국 해군이 '중화민족의 부흥'을 내건 시진핑 집권 이후 '대양 해군'의 역량을 대폭 강화하고 있다"고 말했다.

천안함 사건 이후 미국 항공모함이 동해와 서해에 진출한 것을 신호탄으로 미국의 동아시아 복귀가 시작됐다는 것이 중국의 시각이었다. 미국 고위관료들이 입만 열면 동·남중국해에서의 미국 항공모함의 자유통항권을 주장하고, 난사군도 문제의 평화적 해결이 미국의 국익이라고 강조한 것을 미국이 중국의 해양팽창 전략을 인정하지 않겠다는 강력한 입장 표명으로 본 것이었다.

미국과 중국이 동·남중국해를 둘러싸고 팽팽하게 맞서는 와중에 중국 함대가 나진항을 통해 동해로 진출하는 일이 벌어졌다면, 미국의 입장에서는 배후의 허를 찔리는 셈이었다. 중국의 나진항 진출은 미국과 일본에 대한 강력한 세 과시가 될 것이었기 때문이다. 중국은 제1 도련선 완성을 위해 심혈을 기울였고, 2020년 이후 제2 도련선으로 미국을 추월할 것으로 예상하고 있다.

시진핑의 《손자병법》, '이이제이' 전략

중국은 전통적으로 이이제이(以夷制夷)에 강하다. 그 유명한 《손자병법》 가운데 '차도살인'(借刀殺人)의 계책도 이이제이의 전형적인 수법이다. 차도살인은 《손자병법》 36계 중 세 번째 계책으로 남의 칼을 빌려 상대를 친다는 의미로, 쉽게 제압하기 힘든 강자를 제거할 때 사용하는 고도의 이간계(離間計)이다.

중국인들의 이이제이 전략은 하루아침에 완성된 것이 아니다. 그들의 길고 긴 역사적 배경에서 나온 지혜의 산물이다. 이를 알기 위해서는 한족의 역사를 살펴볼 필요가 있다. 한족은 북방의 유목민 집단인 흉노족이나 만주, 여진족 등 유목 민족들과의 장구한 전쟁을 통해 단련된 민족이다. 용맹으로 말하면 유목 민족들을 따라갈 수 없다. 그래서 오랜 세월 동안 시행착오를 거쳐 꾀를 통해 승리하는 정교한 전략을 만들어 냈다. 싸우지 않고 적을 굴복시키거나 적으로 적을 제압하는 것을 가장 훌륭한 묘책으로 본 것이다.

실제로 중국인들은 방어전 · 스파이전 · 수전(水戰) · 수성전 · 게릴라전 등에는 능하지만 대규모의 병력으로 전면전을 할 경우 역사적으로 별 재미를 보지 못했다. 따라서 그들은 자신들의 장기인 이이제이

전술을 다양하게 응용했다. 이간질로 적의 내부 분열을 꾀하고 서로 싸움을 붙여 적으로 적을 격파하면서 세력이 약화되면 둘 모두를 섬멸하는 중국 고유의 전략이 구체화된 것이다.

중국인들은 자신이 약하다고 판단이 될 때나 자신의 주변에 큰 세력들이 있을 때, 욕속부달(欲速不達, 욕심이 앞서 절대로 서두르지 않는다)이나 소리장도(笑裏藏刀, 자신의 책략이 어떤 것인지 철저히 감추고 우호적으로 대한다)하면서 혼수모어(混水摸魚, 흙탕물을 일으켜 정신이 산란해진 물고기를 잡아 올린다)의 수법을 쓴다. 한술 더 떠 차계생단(借鷄生蛋, 다른 사람의 닭을 빌려서 알을 낳게 한다) 등의 전략을 즐겨 쓴다. 이러한 전략은 한반도에도 예외 없이 적용되고 있다. 중국은 미국-일본-러시아-남북한-타이완이라는 얽히고설킨 한반도 주변 정세를 활용하면서 그들의 국익을 확장해 가는 것이다.

대표적인 것이 중국의 대파키스탄 전략이다. 남아시아에서 중국의 최대 라이벌은 인도이다. 12억 명의 인구에 방대한 국토를 소유한 인도와는 국경을 맞대고 있어 역사적으로 영토 분쟁도 잦았다. 1962년에는 중국과 인도가 국경에서 무력충돌을 벌일 정도로 사이가 나빴다. 지금은 양국 관계가 상당 부분 개선됐지만 미국이 인도를 대중국 포위 전략의 전초기지로 삼으려는 움직임을 보이고 있어 중국과 인도의 관계는 늘 긴장의 연속이다.

인도는 파키스탄과 견원지간이다. 파키스탄과 인도는 오래전부터 이슬람교와 힌두교 간의 종교적 대립 속에 잦은 전쟁을 벌였다. 영국의 식민통치로부터 분리 독립하면서 카슈미르(Kashmir) 지역 영유권을 둘러싸고 양국은 2번의 전쟁을 치렀는데, 아직도 양국의 국경 분쟁은 현재진행형이라고 할 정도로 원한이 깊은 사이다.

중국은 이런 파키스탄에 오랜 공을 들였다. 2015년 4월 시진핑은 파키스탄을 방문해 450억 달러(약 48조 5천억 원)의 투자를 약속했다. 미국이 2010년부터 지원해 온 50억 달러의 9배에 달하는 금액이다. 파키스탄의 나와즈 샤리프 총리는 "시 국가주석의 방문은 양국 관계의 새로운 장을 열었다"며 최상의 예우를 갖췄다. 시 국가주석 또한 파키스탄에게 "형제 집을 방문하는 것"이라며 친밀감을 드러냈다. 시 국가주석은 현지에서 "친구의 아름다운 형상이 내 마음의 거울에 있으니 조금만 내려다보면 보인다"는 파키스탄 시(詩)를 인용하며 "내 마음에 파키스탄은 이와 같은 좋은 친구"라고 언급했다. 파키스탄 역시 시 국가주석의 전용기가 국내로 들어올 때 양국이 합작 생산한 샤오룽(梟龍) 전투기 8대로 구성된 편대를 띄워 전용기를 호위했다.

이런 분위기 속에서 양국은 에너지와 공항, 항구, 철도, 도로 등 교통 관련 기초시설 투자와 경제, 무역, 금융, 과학기술 등의 분야에서 협력을 시작했다. 파키스탄은 "에너지 분야에 370억 달러를 비롯하여 총 450억 달러가 투자될 것"이라고 밝혔다. 이 중 280억 달러 상당의 사업은 바로 시작되었다. 이는 중국이 단일 국가에 투자한 최대 규모다.

중국이 파키스탄에 돈 보따리를 풀기로 한 것은 중국의 생존에 직결되는 국가 전략 때문이다. 중국은 에너지의 60%를 중동에서 수입한다. 석유의 80%는 인도양과 말라카 해협을 통과, 남중국해로 이어지는 1만 5천여 킬로미터의 바닷길에 의존하고 있다. 파키스탄의 육로를 통하게 되면 중국과 중동의 거리가 2천여 킬로미터로 단축된다. 중국이 파키스탄 남서부 과다르항의 40년 운영권을 확보하고 대규모 개발을 나선 이유다. 과다르항과 중국 신장위구르 자치구 카스(喀什)를 연결하는 송유관을 건설하겠다는 게 중국의 구상이다.

특히 파키스탄 남서부의 과다르항은 수심이 깊은 천혜의 항구로, 이란 국경과는 70여 킬로미터, 호르무즈 해협과는 400여 킬로미터 떨어져 있다. 과다르항과 이란을 파이프로 연결하면 이란산 원유와 가스를 해상을 거치지 않은 채 직접 중국으로 운송할 수도 있다. 원유 육로 수송이라는 중국의 오랜 꿈은 그동안 이란에 대한 미국 등 서방의 제재로 진전을 보지 못했다. 그러나 최근 미국과 이란의 핵 협상 타결로 새 가능성이 열리고 있다. 중국은 과다르항에 자유무역지구를 설치하는 한편 국제공항을 짓고 서쪽으론 이란, 동쪽으론 600킬로미터 떨어진 카라치항까지 이어지는 가스관과 고속도로 등도 건설하기로 했다.

또한 파키스탄은 육·해상 실크로드의 교차로에 위치해 시 국가주석의 일대일로 구상을 실현하는 데도 중추적 역할을 맡을 곳이다. 중국이 파키스탄과는 '운명공동체'라고 강조하는 이유다. 양국은 이미 2030년까지 과다르항에서 카스까지 도로, 철도, 송유가스관, 광케이블 등 네 가지 인프라를 한꺼번에 건설하는 '4위 1체' 계획에도 합의한 상태다.

중국-파키스탄 협력은 지정학적 관점에서도 중요한 행보로 받아들여진다. 최근 미국과 인도는 중국을 견제하기 위해 눈에 띄게 밀착해 왔다. 2014년 9월 인도의 나렌드라 모디 총리가 미국을, 2015년 1월 미국의 오바마 대통령이 인도를 각각 방문하며 협력을 다짐했다. 이런 상황에서 중국은 미국의 우방이자 인도와는 앙숙 관계인 파키스탄과 손을 잡음으로써 파키스탄에 대한 미국의 영향력을 축소시키고, 인도를 견제할 수 있게 됐다. 파키스탄은 북쪽으론 중국과 접하고 있지만 서쪽은 이란, 동쪽은 인도와 국경을 마주하고 있다. 따라서 중국으로서는 인도를 견제할 수 있는 교두보를 확보하게 된 셈이다. 특히 중국은 인도양에서 군사작전 반경을 넓히는 데 과다르항을 적극 활용할 것이란 관측도 나온다.

중국으로선 파키스탄과의 밀월로 신장위구르 자치구 내 이슬람 분리 독립세력을 약화시킬 수 있게 됐다고 미국 〈뉴욕타임스〉는 분석했다. 파키스탄과 신장 국경지대는 중국 내 이슬람 무장단체의 활동 근거지였는데, 파키스탄 정부가 이 지역에 대한 통제와 테러 척결에 적극 나설 것이라는 설명이다. 또 '경제통로'로 경제가 활성화되면 테러도 줄어들 전망이다.

시 국가주석은 파키스탄으로부터 '선물'도 챙겼다. 맘눈 후세인 파키스탄 대통령은 중국으로부터 위안급 41형 디젤잠수함 8척을 60억 달러(6조 5천억 원)에 사들이기로 했다. 인도 해군에 맞서기 위해 구입한 것이기에 중국으로선 꿩 먹고 알 먹는 계약인 셈이다.

미국을 겨눈 칼, 상하이협력기구

중국과 러시아의 유착은 미국을 겨냥한 것이다. 중국과 러시아의 연합전선은 명분상 미국 일극주의에 반대하는 다극주의(多極主義)를 내걸고 있다. 이들은 입버릇처럼 미국 주도의 일방주의가 아닌 다극적 국제질서를 지지한다고 말한다.

상하이협력기구(SCO)는 이런 중국과 러시아 간 유착의 기본 축이다. 러시아는 미국 주도의 안보기구인 북대서양조약기구(NATO)와 미사일방어체제에 맞서기 위한 '우군' 확보 차원에서, 중국은 아시아 태평양 지역으로 군사력 확장에 나선 미국을 견제하는 차원에서 이뤄진 셈이다.

SCO는 2001년 창립 당시 중국과 러시아, 카자흐스탄·키르기스스탄·타지키스탄·우즈베키스탄 등 중앙아시아 4개국 등 6개국으로 구성되었다. 2012년에 이슬람 세계의 강국이자 나토 회원국인 터키를 대화 파트너로 영입하면서 SCO가 권위 있는 지역공동체가 됐다. 대화 파트너는 이외에 아제르바이잔, 아르메니아, 캄보디아, 네팔 등이며 정식 회원국 참여를 신청한 이란은 당시 회원국 자격을 얻는 데 실패했지만 이르면 올해 다시 가입 심사가 이뤄질 전망이다.

또한 2015년 7월 러시아 우파(Ufa)에서 열린 SCO 이사회에서 인도와 파키스탄을 새로운 정식 회원국으로 받아들여 외연확대에 나서면서 유라시아 최대 안보 및 경제 동맹체가 됐다. 옵서버 국가는 이란, 몽골, 아프가니스탄, 벨로루시, 스리랑카 등이다.

중국은 SCO를 '미래의 국제기구'로 확대하면서 다극적 세계의 새로운 중심으로 만들려는 야심을 갖고 있다. 2015년 SCO 정상회의에서는 SCO 10개년 발전 전략, 접경지역 군사협력, 제 2차 세계대전 종전 70주년 협력 등 안보·경제협력방안이 합의됐다. 특히 10개년 발전 전략은 SCO 사상 처음으로 이뤄진 중장기 합의서로 평가된다.

중국과 러시아가 인도와 파키스탄의 SCO 가입을 적극 추진하는 것은 미국과 유럽의 압박에 대응하기 위한 전략으로 풀이된다. 특히 남중국해 문제 등으로 미국과 갈등을 겪고 있는 중국은 인도와 파키스탄을 끌어안음으로써 미국에 대한 세 과시와 일대일로 프로젝트의 우호 세력 확보를 노린 것이다.

중국은 국경이 맞닿은 두 국가와의 협력을 통해 중국으로 세력을 확대하려는 이슬람국가(IS) 등 테러세력을 견제하려는 의도도 있다. 러시아 또한 우크라이나 사태 이후 서방의 압박에 대응하는 한편 1990년대 중후반에 등장했던 러시아, 중국, 인도 간 삼각동맹의 부활 가능성을 타진할 수 있게 됐다.

적대적 관계를 유지했던 인도와 파키스탄의 SCO 동시 가입은 중국의 경제력이 만들어낸 새로운 국제질서의 단면이다. SCO가 중국과 러시아를 중심으로 지역안보체제 확립, 경제적 공동체를 향한 진일보, 국제적 영향력 제고 등의 성과를 낸 것은 사실이다. 하지만 내부적으로 판다(중국)와 북극곰(러시아)의 전략적 동상이몽(同床異夢)으로 이해관계가 충돌하는 측면도 무시할 수 없다.

베이징과 모스크바는 SCO의 방향 설정에서부터 생각이 다르다. 베이징은 경제공동체 성격을 강조한 반면 모스크바는 군사동맹체 성격에 비중을 두고 있다. 중앙아시아 이권을 두고 예민한 신경전도 있다. 중국은 사실상 러시아의 뒷마당인 중앙아시아에서 경제적 확장을 적극 도모하고 있는데, 러시아는 경제대국이자 G2로 떠오른 중국의 군사력 성장과 팽창을 내심 우려하고 있는 것이다.

베이징은 SCO를 경제공동체로 전제하고 이를 중국 경제의 버팀목으로 삼고자 한다. 2012년 정상회담에서 중국은 SCO 은행 창설과 관련하여 은행 본부를 베이징에 두고 은행장을 중국인으로 하며 기준 통화를 위안화로 하자고 제안했다가 회원국들의 외면을 샀다. SCO 역내를 자유통상지역으로 만들자는 의견도 피력했으나 다른 회원국들이 경제 잠재력 격차를 이유로 이를 반대하기도 했다. 또한 중앙아시아 회원국들은 중국의 값싼 물건이 대량 유입되면서 국내 산업을 위축시키고 있다고 불만을 토로하기도 했다.

중국과의 경제적·통상적 관계에서 러시아는 불만이 많다. 모스크바는 SCO를 군사공동체로 삼아 나토 및 미국의 대항마로 삼고, 경제 문제는 별도 경제동맹체를 결성한다는 밑그림을 그린 듯하다. 푸틴은 대통령 취임 전인 2012년 초부터 벨로루시, 카자흐스탄과 함께 3국 관세동맹(CES)을 출범시켰다. 이는 옛 소련권을 아우르는 거대한 경제 공동체인 '유라시아 연합'(EAU)을 건설한다는 푸틴의 원대한 꿈으로 나아갈 기초 작업이라 할 수 있다.

이런 양국의 꿈은 2015년 7월 중·러 정상회담을 통해 상당 부분 일치되었다. 양국은 '실크로드 경제벨트 건설과 유라시아경제연합 건설 연계협력에 관한 공동 성명'을 발표했다. 조속한 시일 내에 중국과 유라시아경제연합(EEU)이 경제무역 협력동반자협정 작업에 착수해 구체적인 규정을 만들 방침이다. 중국은 실크로드 경제벨트와 EEU 연계 과정에서 SCO를 주요 매개체이자 플랫폼으로 활용할 방침이다. 역내 경제협력 및 각국의 경제발전에 '승수효과'(*multiplier effect*)를 가져올 것이란 기대가 크다.

시황제와 차르 푸틴 손을 잡다

역사가들은 2015년 9월 3일을 세계질서의 새로운 변곡점이라고 평가할 것이다. 중국 베이징에서 거행된 전승절을 두고 하는 말이다. 톈안먼 망루에 올라선 시진핑 국가주석은 전 세계를 향해 중국의 굴기를 선언했다. 시 국가주석 옆자리에 선 푸틴 러시아 대통령은 러시아가 중국의 새로운 협력국이 됐다는 선포식에 참석한 것이나 다름없었다.

중국과 러시아의 밀월은 팍스 아메리카나(미국 중심의 세계질서)에 대한 도전이자 다극체제로 가는 물꼬를 튼 키워드다. 푸틴 대통령이 "중국과의 관계는 역대 최상"이라고 강조한 것처럼 중·러는 전략적 협력자로서 미·일 군사동맹에 맞서는 새로운 세력이 될 것이다.

이날 톈안먼 성루에 오른 시진핑과 푸틴의 모습은 4개월 전 러시아 모스크바 붉은 광장에서 열린 '제 2차 세계대전 승전 70주년 기념식'의 재현이었다. 서방국가의 외면 속에 그들만의 잔치로 치러질 뻔한 행사에 시진핑 국가주석이 100여 명의 의장대를 이끌고 직접 나타난 덕에 러시아의 체면이 살았다. 2012년 시진핑이 중국 최고 권력자가 된 이후 양국 간 외교적 밀월 관계의 산물이다.

중국과 러시아의 밀월의 바로미터는 석유다. 러시아가 2015년 5월 사상 처음으로 대중국 최대 원유수출국으로 부상했다. 중국 세관 격인 해관총서에 따르면 러시아는 5월에 하루 평균 93만 배럴을 중국으로 수출했다. 이는 전월 대비 21% 급증한 것이다. 반면 1위였던 사우디아라비아는 대중국 수출 규모가 하루 72만 2천 배럴로 전월보다 43% 가까이 줄어 순위가 앙골라에도 뒤진 3위였다.

우크라이나 사태로 서구권과의 갈등이 고조되면서 러시아는 중국과 더욱 밀접한 관계를 보이고 있다. 특히 미국과 유럽연합의 경제 제재로 사면초가에 빠진 러시아는 원유수출 가격협상에서 석유수출국기구(OPEC) 회원국보다 더 유리한 조건을 제시하며 대중국 수출물량 늘리기에 박차를 가하고 있다.

전문가들은 국영 로스네프트 등 러시아 석유기업들이 중국과 '석유담보대출'계약을 체결하면서 수출이 급증했다고 풀이했다. 러시아가 중국으로부터 대출이나 차관을 받고, 이를 석유로 상환하는 형식이다. 이에 따라 러시아와 중국이 장기공급계약을 체결하면서 대중국 원유수출은 앞으로 수년간 지금의 높은 수준을 유지할 것이라고 전망했다. 중국은 2015년 4월 미국을 제치고 세계 최대 원유수입국으로 부상했다. 사우디아라비아 등 OPEC 입장에서는 미국 셰일업체들과 치열한 시장점유율 전쟁을 벌이는 와중에 정작 원유 시장 최대 고객은 러시아에 빼앗긴 셈이다.

팍스 아메리카나에 맞서는 전략적 밀월

중국과 러시아의 관계는 참으로 복잡하다. 두 나라는 제 2차 세계대전 이후 냉전 시기 이념을 공유한 사회주의 국가였지만 노선 다툼으로 전쟁까지 벌인 앙숙이었다. 냉전 시기 중국은 미국과 극적으로 손을 잡고, 공산주의 종주국 소련에 대항하는 기묘한 시기도 있었다. 이런 두 나라가 가까워지기 시작한 것은 소련이 해체된 1991년 이후부터이다.

1992년 당시 러시아 대통령이었던 보리스 옐친이 중국을 국빈 방문해 '건설적 동반자 관계'를 맺은 것이 시작이다. 이어 1996년 '전략적 동반자 관계'로 관계를 격상시켰고, 1998년에는 리펑 당시 중국 총리가 모스크바를 방문해 "동등하고 신뢰할 수 있는 동반자 관계를 구축한다"는 내용의 공동 코뮈니케를 도출했다. 2001년에는 선린우호협력조약을 통해 국경 분쟁 문제도 해소시키며 경제적·군사적·전략적 연대를 공고히 했다.

'신 밀월 관계'로 불리는 최근의 협력강화는 서로의 존재가 필요하도록 만든 국제정세가 주요한 역할을 했다. 중국은 미국과 일본의 봉쇄정책을, 러시아는 서방국가들의 경제 제재를 이겨낼 돌파구가 필요했다. 2014년 3월 크림반도 합병에 대한 대가로 수입제한 조치와 금융자산 동결 등의 제재를 얻은 러시아는 중국과의 인프라·에너지 부문 협력으로 자금을 조달할 수 있는 여력이 생겼다. 중국은 러시아가 우위를 보이는 우주항공·군사 영역에서의 협력강화로 미·일 동맹에 대항할 파트너를 얻었다. 정부 차원에서 시작된 공조는 민간 분야로 차츰 확대돼 '국가의 해', '언어의 해', '관광의 해', '청년교류의 해' 등의 행사로 이어지고 있다.

중국의 경제성장도 양국 경제협력의 기폭제가 됐다. 두 나라의 무역 규모는 2000년대 초반만 해도 100억 달러를 겨우 넘어섰지만 2014년 기준 950억 달러까지 확대됐다. 글로벌 금융위기로 전 세계적인 경제 한파가 몰아쳤던 2009년을 제외하고는 매년 높은 수준의 성장세를 보였다. 2010년부터는 러시아의 주요 무역상대국 명단에 중국이 꾸준히 이름을 올리고 있다.

2015년 5월의 정상회담에서 양국 정상이 얻은 성과 중 하나는 중국의 일대일로 프로젝트와 러시아의 EEU를 연계시키기로 합의한 것이다. 중앙아시아에서의 패권 경쟁으로 비춰졌던 두 가지 경제구상의 통합적 발전을 약속하며 시너지를 기대할 수 있게 됐다. 중국과 러시아 어느 한쪽을 선택하기 곤란했던 중앙아시아 국가들에게도 부담을 덜어줄 수 있게 됐다.

크림반도 합병 이후 고립에 빠진 데다 유가폭락으로 경제적 어려움에 처한 푸틴 대통령은 중국 끌어안기에 안간힘을 쓰고 있다. 중국 열병식 직후 러시아 블라디보스토크에서 개최된 동방경제포럼에서는 "러시아 극동 지역에서 중국과의 적극적인 협력에 나서겠다. 양국 국민 모두에게 이득이 될 수 있는 일을 하겠다"고 말했다. 이 자리에 중국 대표로 참석한 왕양 국무원 부총리는 "중국과 러시아가 새로운 발전단계에 발을 내딛었다. 자원개발, 가공 제조업, 현대 농업, 항구 물류 등 영역에서 협력을 강화하겠다"고 화답했다.

러시아와 중국의 관계는 상호 간 국가이해에 기초한 실리주의에 기반을 두고 정치, 경제 등 제반 분야에서 빠르게 발전하고 있다. 정치적으로도 중동 문제, 북한·이란 핵 문제, 유엔 개혁 등 주요 국제 문제에서 유사한 입장을 토대로 긴밀히 협력하고 있다. 중국은 2006년을 '러시아의 해'로 정하고 210여 개 행사를 전략적으로 추진하였으며, 러시아도 2007년을 '중국의 해'로 선정해 각종 문화행사를 펼침으로써 양국의 우호관계를 발전시켰다. 또한 2009년에는 '러시아어의 해', 2010년에는 '중국어의 해' 행사를 개최하였다.

러시아는 동북아의 패권을 둘러싸고 중국과 경쟁을 하기보다는 다극주의 노선에 따라 중국과의 협력을 유라시아 지역에서의 중요한 외교의 축으로 삼고 있다. 또한 SCO를 활용하여 중앙아시아 국가들과의 관계 안정화를 도모하고 있다. 러시아 일각에서는 중국이 러시아의 전통적 세력권인 중앙아시아로 진출하는 것에 대해 우려하는 목소리가 나오고 있으나, 러시아는 기본적으로 중국의 중앙아시아 진출은 지역경제발전에 중요한 원동력으로 러시아에게도 유익하다는 입장이다. 중국도 러시아의 입장을 이해하고 자극하지 않도록 신중한 자세를 취하고 있다. 러시아는 국제 사회에서 미국의 일방주의 견제와 다극적 국제질서를 위해 중국과의 전략적 공조를 중시하고 있다.

한당 제국을 꿈꾼다

2015년 9월 3일 베이징에서 열린 전승절 열병식은 시진핑이 이끄는 중국의 미래를 살펴볼 수 있는 풍향계였다. 이 행사를 통해 시 국가주석은 공산당이 이끄는 중국의 힘을 과시하면서 중국의 굴기를 알리는 무대로 활용한 것이다.

중국은 그동안 국경절에 맞춰 열병식을 개최했다. 1949~1959년, 1984, 1999, 2009년 등 모두 14차례에 걸쳐 열병식이 열렸다. 그러나 2015년은 '중국 인민 항일전쟁 및 세계 반 파시즘 전쟁 승리 70주년 기념식'에 초점을 맞춘 열병식이었다. 2014년 중국은 제 2차 세계대전 당시 일본이 항복문서에 정식 서명한 9월 3일을 법정 공휴일로 지정했다. 중국은 이번 열병식에 첨단 미사일을 포함한 전략무기도 대거 공개했다. 과거의 열병식과 비교하면 무기의 규모와 수준 측면에서 질적인 차이가 있다. 중국 언론들은 이들 미사일은 최첨단 과학기술과 최강의 타격능력을 반영한다면서 "사정거리, 타격수단, 타격정밀도, 기동능력 등에서 모두 대약진, 대발전을 실현했다"고 강조했다.

참가 규모도 역대 최대다. 7대 군구(육군), 해군, 공군, 전략 핵미사일 부대인 제2 포병, 무장경찰 등 1만 명이 넘는 병력이 동원되었다. 중국은 열병식을 통해 중국의 달라진 위상과 군사력을 과시하고 '중화민족의 위대한 부흥'을 전 세계에 선포했다. 더는 서방과 일본 군국주의에 짓밟히던 '잠자는 용'이 아님을 선언하는 이벤트였다. 시 국가주석으로선 자신이 제시한 중국몽이 신기루가 아닌 현실이라는 점을 부각하기 위해 국가 역량을 동원했다.

중국몽은 2012년 11월, 시진핑 시대의 개막과 함께 중국의 미래 비전으로 제시된 장기적 국가목표였다. 시진핑 국가주석은 '중국몽'을 "중화민족의 대부흥, 근대 이후 중화민족이 낳은 최대의 꿈을 실현하는 것"이라고 정의했다. 그의 발언 중에서 주목해야 할 대목은 '문화' 부분이다. 그는 중국몽이 문화적 르네상스로서 최대 200년간 지속될 것으로 전망했다. 또한 중국이 경제적·군사적 강대국뿐만 아니라 무엇보다 문화적 강대국이 될 수 있음을 시사한 것이다.

중국 전문가들은 중국몽의 '롤모델'은 중국 역사의 전성기인 '강한 한나라'와 '부유한 당나라'라고 지적한다. 중국이 꿈꾸는 나라가 당시 전 세계 GDP의 50%를 차지하며 문화적으로 세계를 이끌었던 한나라와 당나라라는 것은 중국의 미래 청사진을 가늠하게 하는 대목이다.

시 국가주석은 중국몽의 실현 시기와 관련해서 앞으로 다가올 2개의 100주년을 염두에 두고 있다. 2021년의 중국공산당 창당 100주년과 2049년의 중화인민공화국 건국 100주년이다. 중국의 목표는 2021년까지 생활이 편안한 정도가 중산층 수준인 '전면적인 샤오캉 사회'에 도달하는 것이다. 중국몽의 다음 단계는 중국이 부강함의 정점에 이르게 되는 '대동 사회'이다.

시 국가주석은 취임과 함께 '유소작위'(有所作爲)와 '대국굴기'(大國崛起)로 요약되는 외교 전략을 적극 추진했다. 과거 지도자들과는 질적으로 다른 양상이다. 우리가 유념해야 할 것은 중국몽이 성숙될수록 중국의 강경 행보와 세계경제 재편 움직임은 더욱 가속화될 것이란 점이다. 중국의 힘은 국내에 머물 수 있는 구도가 아니다. 미국과 중국 사이에서 균형외교를 펼치는 우리로서 중국의 대국주의가 주변국에 어떤 모습으로 나타날지 늘 주의 깊게 지켜봐야 한다.

세계 패권의 디딤돌, 과학굴기

중국의 과학굴기가 예사롭지 않다. 대표적인 것이 중국 슈퍼컴퓨터 '톈허 2호'(Tianhe-2)다. 2013년부터 3년 내내 처리속도 1위(초당 3경 3,860조 번) 자리로 세계 최고의 성능을 자랑했다. 슈퍼컴퓨터는 날씨 예보는 물론 신약 개발, 시뮬레이션을 통한 연구지원 등 기초 과학기술 발전의 토대다. 미국은 바짝 긴장했다. 미국 정부는 중국을 따라잡기 위해 '국가 전략 컴퓨팅계획'을 수립했다. 2025년까지 슈퍼컴퓨터 분야 1위 자리를 되찾겠다는 것이 목표다.

또한 2015년 중국은 과학굴기를 확인한 해로 기록될 것이다. 중국 전통의학연구원 교수인 투유유가 노벨생리의학상을 수상한 것이다(공동 수상). 그동안 중국계 학자가 노벨상을 수상한 적은 있지만 중국 국적의 과학자가 수상을 한 것은 이번이 처음이다. 이제 중국은 명실공히 세계적인 과학강국으로 우뚝 서게 됐다. 항공·우주 분야는 미국·러시아와 대등한 기술력을 보유하고 있으며 슈퍼컴퓨터 기술은 이미 미국을 앞질렀다는 평가를 받는다.

투유유 교수는 오랫동안 동서양 약품을 결합하는 연구를 해온 학자로, 신형 항말라리아제인 아르테미시닌을 개발해 말라리아 환자의 사망률을 획기적으로 낮추는 데 기여했다. 2011년 9월, '노벨상의 전 단계' 격인 미국의 '래스커상'을 받기도 했다.

투 교수는 베이징대학 의대를 다니던 시절, 식물 등 천연약물에 대한 연구개발에 관심을 가지면서 이 분야와 인연을 맺었다. 1955년 중국 전통의학연구원에 들어간 뒤로는 수십 년 동안 한 우물을 팠다. 중국 언론들은 "투유유가 근무를 시작했을 당시만 해도 연구원은 통풍구조차 없는 열악한 시설이었다. 수시로 발생하는 연소된 화학물질에 상처를 입었고, 한번은 중독성 간염을 앓기도 했다"고 전했다. 투 교수 연구팀은 1971년 항말라리아 효과가 있는 100%의 '칭하오쑤(개똥쑥) 추출물'을 발견하기까지 190차례의 실패를 경험했다고 한다.

투 교수는 세계적 과학자로서는 이례적으로 '삼무(三無) 과학자'로 불린다. 수차례 원사(院士, 과학·이공 계통의 최고 권위자에게 주는 명예호칭) 선정에서 낙선했고, 박사학위나 해외 유학경험도 없기 때문이다. 투 교수의 노벨상 수상 소식에 거의 모든 중국 언론매체가 투 교수의 생애와 성과 등을 대대적으로 소개하며 영웅 만들기에 나섰다.

중국계 과학인들은 이미 여러 차례 과학 부문 노벨상을 수상했다. 1976년 딩자오중(물리), 1986년 리위안저(화학), 1997년 주디원(물리), 1998년 대니얼 추이(물리), 2008년 첸융젠(화학), 2009년 가오쿤(물리) 등 6명이다. 물론 이들은 중국 국적은 아니다. 딩자오중, 리위안저, 대니얼 추이, 가오쿤 등은 중국에서 대학 교육까지 마치고 후에 미국 국적을 취득한 중국·타이완계 미국인이다.

1957년 노벨물리학상을 수상한 양전닝과 리정다오도 있다. 이들은 소립자 간의 약한 상호 작용에서 비대칭이 일어나는 이론을 제시한 업적으로 수상했다. 이들은 미국 국적이지만 노벨상 수상 당시에는 중국에서 대학 교육까지 마친 중국 토박이였다. 1922년 중국 안후이성 허페이에서 태어난 양전닝은 베이징에서 고등학교를 마치고 중·일전쟁 발발 후 윈난성 쿤밍에서 대학을 졸업했다. 이후 칭화대학에서 석사 과정을 거쳐 미국으로 건너가 시카고대학에서 박사학위를 받았다.

리정다오 역시 양전닝과 비슷한 과정을 밟았다. 중국 상하이에서 태어난 그는 윈난성에서 대학을 마치고 미국으로 건너가 시카고대학에서 박사학위를 취득했다. 노벨물리학상을 수상할 당시 나이가 30세로 2014년 말랄라 유사프자이가 17세로 노벨평화상을 받기 전까지 최연소 노벨상 수상자였다. 이후 중국계 노벨상 수상자들 국적은 미국이지만 대부분 중국에서 대학을 마쳐 실질적으로 중국인 과학자들이라 할 수 있다.

이러한 결과는 결코 우연이 아니다. 장기적인 과학기술 정책과 인재우대 정책의 합작품이다. 중국의 적극적인 인재우대 정책은 10년 이상

내다보며 과학기술 토대를 닦아왔다. 중국은 1966년부터 10년 동안 지속된 문화대혁명으로 과학·교육 분야의 기반이 붕괴됐다. 하지만 1978년 덩샤오핑은 "지식을 존중하고 인재를 존중한다"는 과학 정책을 펴기 시작했다. 중국과학원은 1990년대 중견 과학자가 부족하다는 판단에 '백인(百人) 계획'을 실시했다. 해외 유학파 가운데 우수 중국인 과학자를 귀국시켜 첨단기술을 양성하는 것이 목표였다.

2008년 후진타오 국가주석은 백인계획을 잇는 '천인(千人) 계획'을 실시했다. 외국에 있는 학자들에게 1인당 연구비 100만 위안(약 1억 7천만 원)과 함께 연구영역에 따라 5~7년간 800만 위안을 지급했다. 2012년 9월부터는 천인계획을 확장한 '만인(萬人) 계획'을 추진했다. 향후 10년 동안 국가적 인재 1만 명을 키우겠다는 만인계획에는 노벨상 수상이 기대되는 과학자 100인을 만들겠다는 계획도 포함돼 있다.

중국의 이공계 우대 정책은 실로 엄청나다. 2002년 제 16대 공산당 상무위원 9명 전원이 이공계 출신이었다. 지도자들도 마찬가지다. 장쩌민 전 국가주석은 상하이 자오퉁대학에서 전기공학을 전공했으며, 후진타오 전 국가주석은 칭화대학 수리공정학과를 졸업했다. 시진핑 국가주석도 1979년 칭화대학 공정화학과를 졸업한 이공계 출신이다.

중국은 5년마다 전인대가 발표하는 5개년 계획을 바탕으로 과학기술 계획을 추진하고 있다. 일당독재인 중앙집권적인 성격을 띠고 있어 장기적인 계획과 전폭적인 투자가 가능한 이점을 최대한 살리고 있는 것이다.

7. 중국의 신 병기, 소프트 파워

소프트 파워에 승부수 던진 시진핑

소프트 파워(*soft power*)는 보이지 않는 힘이다. 군사력이나 경제력 등 물리적 힘으로 표현되는 하드 파워(*hard power*)에 대응하는 개념으로, 문화적 영향력이나 존경에 의해 자발적 동의를 얻어내는 능력을 뜻한다. 예컨대 외교 정책 목표를 달성하기 위해 당근과 채찍 같은 전통적인 도구 대신 긍정적인 매력과 설득을 사용하는 것이다. 하드 파워에서 소프트 파워를 중심으로 한 연성국가의 시대를 강조하는 의미로 하버드대학 조지프 나이 명예교수가 용어를 개발했다.

최근 흥미로운 보고서가 발표됐다. 영국이 소프트 파워가 가장 강한 나라로 평가된 반면, 중국은 최하위에 머물렀다. 영국을 거점으로 한 컨설팅회사 '포틀랜드'가 2015년 주요 국가 50개국을 대상으로 평가한 결과다. 정부, 교육, 문화, 기업활동, 외교, 디지털 등 6개 부문에 대한 평가와 여론조사에 의한 순위를 종합해 소프트 파워 순위를 매기고, 이 중 상위 30개국만 결과를 공개했다.

포틀랜드는 소프트 파워 분석에서 권위를 인정받는 회사로 많은 언론이 이번 보고서를 인용 보도했다. 영국에 이어 독일(73.89점), 미국(73.68점), 프랑스(73.64점), 캐나다(71.71점)가 2~5위를 기록해 서방국가들이 상위를 차지했다. 한국은 20위(54.32점), 일본은 8위(66.86점)였다. '꼴등'을 기록한 중국은 정부 30위, 교육 16위, 문화 9위, 기업활동 24위, 외교 10위, 디지털 30위, 여론조사에서는 29위였다.

소프트 파워에서 30위를 기록한 중국은 비 민주적인 정부 부문에서 '침몰' 수준이었다. 또한 웹(*web*) 접근을 제한해 디지털 소프트 파워도 최하위였다. 그러나 중국의 소프트 파워가 비록 하위권에 머물고 있지만 세계 패권 전략에 따른 소프트 파워에 대한 투자는 기하급수적으로 늘고 있다. 중국은 일본을 제치고 세계 2위의 강자로 부상하면서 가치와 문화면에서 기존의 '어글리 차이나' 등 부정적 이미지를 개선하기를 원한다. 이를 위해 소프트 파워 전략도 함께 펴고 있다.

일례로 세계 곳곳에 500개의 공자학원(孔子學院)을 설립하는 등 중국 문화의 전파를 위한 노력을 아끼지 않고 있다. 하지만 서구권에서는 중국 정부와 공산당의 일방적인 선전이 반감을 사는 등 문화의 내용면에서는 보편적 환영을 받지 못하고 있는 것도 사실이다.

중국 전문가인 미국 조지워싱턴대학의 데이비드 샴보 교수는 외교전문 〈포린어페어즈〉(*Foreign Affairs*) 2015년 7·8월호에 실은 '중국의 소프트 파워 대공세'라는 논문에서 중국이 최근 수년간 자국 이미지를 개선하는 등 소프트 파워 강화를 위해 해외에 쏟아부었거나 약속한 금액이 1조 4,100억 달러(약 1,650조 원)에 달한다고 밝혔다.

중국이 설립을 주도한 신설 국제금융기구와 해외투자사업에 중국이 출자하거나 지원하기로 약속한 금액을 보면 AIIB 500억 달러, 브릭스 신개발은행 410억 달러, 실크로드 경제벨트 400억 달러, 해상 실크로드 250억 달러 등이다. 이미 중국은 2025년까지 개발도상국 등 세계 각국에 약 1조 2,500억 달러를 투자 및 지원하기로 약속한 바 있다.

이는 미국이 제2차 세계대전 후 잿더미가 된 서유럽을 재건하려고 시행한 '마셜플랜' 예산의 가치(1,030억 달러)보다 11배 많은 금액이다. 심지어 냉전 시대에 치열한 체제경쟁을 벌였던 미국과 소련의 지출액도 중국이 투자한 금액보다 훨씬 적었다는 게 샴보 교수의 지적이다.

또한 중국은 대략 연간 100억 달러를 대외용 선전에 쓴다고 추정되는 반면, 미국은 2014년 공공외교 부문에 6억 6,600만 달러를 썼다. 중국 정부의 자국 이미지 개선 정책은 2002년 후진타오 국가주석 취임 이전부터 시작됐으나 본격화된 것은 시진핑 국가주석이 취임하면서부터다. 시진핑은 국가주석으로 공식 취임하기 전인 2011년 10월 중국 공산당 제17차 중앙위원회 제6차 전체회의에서 중국을 '사회주의 문화 초강대국'으로 만드는 것을 국가적 목표로 선언했다.

중국 정부는 '서구 언론의 독점'을 깨야 한다며 〈신화통신〉, CCTV, 중국국제방송(CRI) 등 국영 언론매체에도 엄청난 예산과 인력을 지원하고 있다. 〈신화통신〉의 경우에는 기자 3천 명, 170여 지국에 400여 명의 특파원이 근무하고 있다.

현재 중국 대학에서 공부하는 외국학생은 30만 명에 이르며 중국 정부는 이 중 매년 2만 명에게 장학금을 지원한다. 하지만 중국의 소프트 파워 강화 정책은 천문학적인 투자에도 불구하고 중국의 이미지 개선에 도움이 됐다는 증거는 없다. 2014년 영국 BBC방송의 국제 여론조사결과를 보면 중국에 대한 부정적 인식이 10년 전보다 14%p 높아졌다.

소프트 파워는 돈으로 살 수 있는 게 아니라 상대방의 공감으로 얻어지는 것이다. 인간의 자유로운 발전을 허용하지 않고 국가가 통제하는 중국의 정치시스템으로는 앞으로도 효과를 내기 힘들 것이라는 분석이 많다. 조지프 나이 교수 또한 2015년 기고전문매체 〈프로젝트 신디케이트〉에서 중국 정부의 국수주의 경도와 민간·비정부기구 취약을 중국의 소프트 파워 강화 공세의 실패 요인으로 들었다.

소프트 파워의 첨병, 중국의 문화산업

중국은 전통과 문화를 기반으로 한 문화강국 건설을 계획하고 있다. 중국이 전통문화에 대한 자부심을 갖는 것은 5천여 년에 이르는 유구한 역사에서 비롯된다. 청조 18세기 건륭제 당시 하늘을 찌르던 자부심은 19세기 근대화를 먼저 이룬 서구 열강의 침입으로 여지없이 짓밟혔다. 1966년부터 시작된 문화대혁명 과정에서 전통과 문화에 큰 타격을 입었지만 21세기 경제대국과 국제질서의 새로운 강자로 부상하면서 문화강국으로서의 입지를 다져나가고 있다.

중국의 문화산업은 체제의 특성상 정치 이데올로기의 선전과 유포라는 정치적 특수성을 가진다. 이는 서구 문화산업과는 확연히 다른 입장이다. 당-국가체제 속에서 당-정부가 주도하는 독특한 발전경로를 따라가고 있다. 정치적 통제를 유지하면서도 세계화 시대에 발맞춘 개방과 시장시스템의 강화를 통해 영화산업의 경쟁력을 높이는 정책을 전략적으로 채택했다. '정부 주도형 영화발전 모델'이라는 독특한 형태의 영화산업이 자리매김한 것이다.

문화산업이 중국의 미래 국가기간산업으로 성장할 것이라는 경제적 필요성과 함께 문화산업이 국가 이데올로기 창출기제로서 사회주의체제를 수호하기 위한 문화적 도구가 될 것이라는 정치적 측면이 동시에 작용했기 때문이다.

대외적으로도 글로벌 시대를 맞아 중국 문화산업의 '저우추취'라는 국제경제 전략과 더불어 국가이미지 제고를 위한 소프트 파워 외교 전략의 일환으로 활용하려는 의도가 담겨 있다. 1999년 장쩌민 당시 국가주석이 대외선전공작회의에서 "중국의 정치 · 경제 · 문화 안보를 보위해야 한다"고 밝히면서 처음으로 문화 안보에 정치 및 경제 안보와 동등한 중요성을 부여했다.

2004년 4월 후진타오 주석에 의해 기존의 조직을 통폐합하면서 중국대외문화집단공사를 설립했다. 이 공사는 중국 문화산업 해외진출 전략의 중요한 토대가 됐다. 2005년 4월 국무원 문화부와 재정부는 저우추취를 위한 전문기금을 설립해 문화 소프트 파워 강화에 시동을 걸었다.

이런 과정을 거친 중국의 소프트 파워가 본격적으로 모습을 드러낸 것이 2008년 베이징 올림픽에서이다. '베이징 올림픽' 이후 포효하는 용처럼 전 세계를 상대로 문화대국으로서의 위상을 과시하기 시작했다. 건축학계의 노벨상으로 불리는 프리츠커상을 수상한 건축가 왕슈(王澍)는 중국 남부지방의 독특한 가옥형식인 '투러우'(土樓)에서 착안한 대학캠퍼스로 그 가치를 인정받았다.

중국은 베이징 올림픽 이후 중국 내 55개 소수민족의 전통문화를 발굴하고 보호 정책을 적극적으로 펼치고 있으며, 7만여 건의 무형문화재를 등록하는가 하면 유네스코 세계무형문화유산 등재를 위해 정부 차원의 노력을 펼치고 있다.

중국의 영화굴기

가장 눈에 띄는 것이 영화산업이다. 과거 서구 사회로부터 싸구려 무협영화로 취급받던 중국 영화의 발전 속도는 실로 놀랍다. 2014년 2월 제64회 베를린영화제에서 최우수작품상, 남우주연상을 거머쥔 〈백일염화〉(白日焰火)는 베니스, 칸, 베를린 등 세계 3대 영화제에서 대상 수상만 7번을 차지했다. 현재 중국 영화의 위상을 보여 주는 대표적인 사례라고 할 수 있다.

2000년 세계 시장을 뒤흔든 중국 영화 〈와호장룡〉(臥虎藏龍)은 아카데미상 4개 부문을 수상했고 해외흥행수입도 8,540만 달러에 달했다. 〈와호장룡〉의 성공은 중국의 전통요소가 서구 시장에도 통할 수 있다는 자신감을 심어주는 계기가 됐다.

중국 영화의 발전을 그대로 보여 주는 저장성의 헝디엔 야외 촬영장은 명·청 시대 왕궁을 실물크기 그대로 재연했다. 고대부터 근현대까지 각 시대를 재연한 세트장이 16군데에 이르는 대형 오픈세트장이다. 그 규모만도 여의도의 10배가 넘는데 이곳에서 촬영된 중국 영화는 컴퓨터그래픽기술에 의존하는 할리우드와는 또 다른 사실감과 스펙터클을 제공하며 중국 영화의 경쟁력을 높이고 있다.

이런 분위기 속에서 중국 영화산업은 호황기를 맞았다. 중국 정부의 전폭적인 지원을 받으며 순항 중인 영화산업이 할리우드를 제칠 것이란 희망 섞인 보도가 나올 정도다. 대표적으로 2015년 국경절(10월 1~7일) 중국 영화 판매액을 보면 알 수 있다. 이 기간의 판매액이 18억 5,300만 위안(약 3,300억 원)으로 2014년 국경절 판매액(10억 8,400만 위안)보다 71%가 늘어났다.

2015년 매출액 기준으로 중국 영화 시장 규모는 세계 1위인 미국의 절반 수준이다. 중국 시장은 연평균 30% 이상 성장하는 반면 미국은 정체, 소폭 감소세다. 이런 추세라면 중국 영화 시장이 2017년 연간 100억 달러에 달해 미국을 제치고 세계 최대 규모가 될 가능성도 높다.

중국에서는 일주일 만에 천만 관객을 훌쩍 넘은 영화가 비일비재하다. 2015년 한국의 '대박' 영화로 꼽히는 〈베테랑〉은 64일 동안 누적 매출액 1,050억 원을 기록한 반면 중국에서는 국경절 연휴 개봉한 〈로스트 인 홍콩〉(*Lost in Hongkong*)이 일주일 만에 10억 위안(약 1,750억 원) 매출을 올렸다. 역대 최고 흥행수입인 24억 3,800만 위안(약 4천 3백억 원)을 넘어설 기세다.

세계 최대 규모의 중산층을 자랑하는 중국은 이제 여가생활에 본격적으로 눈을 뜨기 시작했다. 1989년 톈안먼 사건 이후 사전 검열이 심했던 탓에 영화산업은 한때 암흑기를 겪었지만 2000년대 들어 영화를 내수 진작을 위한 산업으로 보기 시작했다. 영화관을 갖춘 복합 쇼핑몰이 중소도시에도 들어서 중산층과 신세대의 소비 욕구를 자극했다. 이에 발맞춰 국무원 산하 신문출판광전총국은 매년 영화산업 지원을 위한 정책과 자금을 내놓고 있다. 이런 지원으로 중국 스크린 수는 2010년 6,256개에서 2014년 24,317개로 3배 가까이 증가했다.

이처럼 영화 시장이 커지면서 중국 3대 인터넷업체인 배트맨(BAT, 바이두·알리바바·텐센트)이 모두 영화판에 뛰어들었다. 이들은 영화 제작, 투자, 유통 등에 손을 대면서 영화 시장을 키우고 있다. 중국 최대 부동산그룹인 완다(萬達)는 99개에 달하던 백화점을 줄이는 대신 영화관을 확장하며 문화 엔터테인먼트 그룹으로 변신을 꾀했다.

2015년 국경절 연휴 중국 극장가는 중국 영화가 휩쓸었다. 할리우드 영화로는 〈미션 임파서블: 로그네이션〉(*Mission Impossible: Rogue Nation*) 정도만 박스오피스 상위에 랭크됐다. 중국 영화가 날로 맹위를 떨치는 것은 중국의 '스크린 쿼터'(자국영화 의무상영)가 엄격한 탓도 있지만, 외국 영화제작사가 중국인이 선호하는 로맨스, 코미디 등 '문화 코드'를 잘 이해하지 못하는 측면도 있다. 희로애락에 대한 동서양 코드가 미묘하게 다른 것이다. 중국에서 인기를 끈 할리우드 영화는 화려한 컴퓨터그래픽을 앞세운 액션물이 대부분이었다. 최근 할리우드는 중국인이 싫어할 만한 장면을 삭제하는 등 중국의 눈치를 보는 분위기도 있다.

차이나 머니의 할리우드 공략

차이나 머니의 할리우드 공세는 무시무시할 정도다. 거대한 자금력을 갖춘 중국 기업들이 미국의 할리우드 영화산업을 향한 투자 러시로 봇물을 이루고 있다. 중국 후난(湖南) TV의 경우, 2015년 3월 〈헝거게임〉(*The Hunger Games*)을 제작한 미국 할리우드 제작사인 라이언스게이트와 함께 15억 달러(약 1조 6,600억 원) 규모의 합작 계약을 체결했다. 후난 TV는 이 중 25% 정도의 제작비를 부담할 예정이다. 그리고 매년 라이언스게이트가 제작한 4편의 영화를 중국 시장에 독점 공급하게 됐다.

중국 최대 영화제작사 화이브라더스는 2015년 3월에 미국의 STX엔터테인먼트와 18편의 영화를 공동 제작하기로 했다. 앞서 푸싱(復星) 그룹은 2014년에 스튜디오 8(Studio 8)에 약 10억 달러를 투자했고, 스튜디오 8은 중국 자본의 투자를 바탕으로 거대 예산이 들어가는 압도적인 스케일의 영화를 포함해 연간 5편가량의 영화를 만들 예정이다.

완다그룹 왕젠린(王健林) 회장과 알리바바 그룹 마윈(馬雲) 회장도 관심거리다. 그들을 비롯한 중국 대표 기업가들의 할리우드 영화 투자는 이미 2014년부터 본격화되었다. 왕젠린 회장은 2012년 미국 2대 영화관 체인인 AMC를 26억 달러에 인수한 데 이어 2015년 초, 호주 영화관 체인인 호이츠(Hoyts)의 지분 100%를 사들였다. 인수가는 7억 5천만 달러로 추산됐다. 바이두 그룹 리엔훙(李彦宏) 회장 역시 최근 미국에 아쿠아멘(Aquamen) 엔터테인먼트라는 영화제작사를 설립하고 4천만 달러를 투자해 《서유기》(西遊記)를 주제로 한 애니메이션

〈콩〉(*Kong*) 제작에 돌입했다.

이 같은 중국 기업 투자의 배경에는 중국의 영화산업을 할리우드 수준으로 키우고, 이를 통해 중국의 소프트 파워를 키우고자 하는 야심이 깔려 있다. 중국 기업들은 미국과의 합작을 통해 할리우드의 노하우와 전문기술을 습득하기를 원한다. 중국 정부가 엔터테인먼트 산업을 일종의 '소프트 파워'의 원천으로 적용하려는 방침과도 무관치 않다.

21세기 들어 중국은 영화대국으로 변모했다. 2012년부터 중국의 영화산업은 미국에 이어 두 번째 규모가 됐다. 2014년 중국이 영화산업으로 거둔 수익은 48억 달러로, 같은 기간 104억 달러를 기록한 세계 최대 미국 할리우드 시장을 뒤쫓고 있다.

지금도 중국 전역에서 매일 10여 개씩 스크린이 늘어나고 있다. 조만간 영화산업도 미국과 어깨를 나란히 할 수 있게 될 것이다. 중국은 소프트 파워를 갖춘 문화강국으로 발돋움하기를 진정으로 원하고 있다. 문화산업에 대한 지대한 관심과 투자는 중국이 표방하는 '화평굴기'(和平崛起)의 상징이다.

세계 언론계 장악에 나선 마윈

중국 최대 전자상거래업체인 알리바바가 홍콩 유력 영자지 〈사우스 차이나 모닝포스트〉(*South China Morning Post*)를 인수했다. 알리바바 그룹은 2015년 12월 11일 〈사우스 차이나 모닝포스트〉와 인터넷판 및 홍콩판 〈에스콰이어〉(*Esquire*), 〈엘르〉(*Elle*) 등 SCMP 그룹의 미디어 부문 자산을 모두 인수한다고 공식 선언했다. 알리바바 그룹 차이충신(蔡崇信) 부회장은 "〈사우스 차이나 모닝포스트〉를 인수한 것은 알리바바의 인터넷에서의 강점과 〈사우스 차이나 모닝포스트〉 언론미디어 분야에서의 장점을 결합해 국제 사회가 중국을 제대로 이해할 수 있는 창구를 열기 위한 것"이라고 밝혔다.

112년 전통의 〈사우스 차이나 모닝포스트〉는 최근 지면에서 온라인으로 넘어가는 독자를 제대로 확보하지 못하면서 판매부수가 급감, 경영상황이 악화됐다. 지난 3년 연속 수익이 감소했고, 2013년 2월부터는 홍콩 증시 거래도 중단된 상태다. 알리바바가 이 신문의 경영난을 틈타 인수에 성공했지만 단순히 기업적·경제적 측면에서 이런 거래가 성사된 것 같지는 않다. 중국 굴기에 나선 시진핑 정권과 모종의 협약이 있었을 수도 있다.

중국 본토기업인 알리바바는 중국 당국의 영향력에서 벗어날 수 없다. 결국 알리바바를 통해 홍콩 언론을 인수하여 중국 중심의 언론보도를 쏟아내려는 의도가 감지된다. 최근 알리바바가 미디어 사업 공략에 공을 들이는 분위기도 심상치 않다. 마윈 회장의 야심이 루퍼트 머독 같은 중국 '언론재벌 등극'으로까지 커지고 있다는 관측도 나왔다.

중국의 홍콩 언론 장악을 위한 포석이라는 분석도 있다. 〈명보〉(明報)는 진융이 1959년 자신의 중학교 동창 선바오신(瀋寶新)과 함께 공동으로 창간한 신문이다. 진융은 1989년 〈명보〉 사장직을 사임하고 현재 이사회 주석직만 맡고 있다. 〈명보〉는 중국에 대해 비판적이면서 홍콩 민주화를 옹호해 홍콩인들의 신뢰를 받고 있다. 2014년 2월에는 〈명보〉의 케빈 라우(劉進圖) 전 편집장이 출근길에 괴한으로부터 공격을 당해 중상을 입기도 했다. 당시 홍콩 행정장관 직선제와 관련하여 중국의 입장에 거슬린 기사를 게재해 친중파가 공격했다는 분석이 나오기도 했다.

중국의 '루퍼트 머독'으로 불리는 리루이강(黎瑞剛) 차이나미디어캐피털(CMC) 회장을 살펴보자. 리 회장은 중국 미디어 업계에서 호주의 미디어 재벌 루퍼트 머독과 맞먹는 영향력을 발휘한다는 평가를 받았다. 그가 성장한 발자취를 보면 중국의 미디어산업의 발전사를 한눈에 볼 수 있다. 미디어산업 자체는 이데올로기와 연결된 사안인 만큼 중국의 권력과도 밀접한 관련이 있다.

중국공산당원인 그는 2002년 상하이시 산하 국유 미디어기업인 상하이미디어그룹(SMG) 사장을 맡았다. 그는 2009년 중국 정부의 지원을 받는 사모펀드(PEF)인 CMC 회장으로 자리를 옮겨 국가 주도의 미디어산업 발전 모델을 만들었다. 그가 이끄는 CMC는 미디어, 엔터테인먼트에 주력하는 중국 최초의 국유 미디어 벤처투자업체다.

리 회장은 공격적인 경영기법을 쓰고 있다. 중국 소프트 파워의 핵심으로 미디어산업을 키우려는 중국 정부의 야심이 엿보인다. CMC는 2011년 7,400만 달러로 세계 최대 언론기업인 미국의 뉴스코퍼레이션과 합작 설립한 스타차이나의 지분 53%를 확보했다. 2014년 드림웍스애니메이션과 상하이에 스튜디오를 설립하기로 합의하기도 했다. CMC는 2015년 종합 미디어 그룹 타임워너와도 파트너십을 체결했으며, 홍콩 TVB 채널과도 손잡고 있다. TVB는 중국 표준어인 베이징어를 기반으로 한 드라마 제작 및 방송에 나서고 있고, 광둥성에서는 광둥어 채널도 운영 중이다.

저장 위성TV에서 방영돼 중국 최고 인기 오디션 프로그램으로 자리 잡은 〈보이스 오브 차이나〉 역시 리 회장이 SMG 출신들로 팀을 꾸려 만든 스타차이나의 히트작이다. 그는 2016년 초에 개봉한 〈쿵푸팬더 3〉(*Kung Fu Panda 3*)의 제작에도 참여했다.

2002년 상하이시 정부는 여러 소기업을 SMG로 통합하고 리루이강을 그룹 총재에 발탁했다. 미디어산업을 육성하기 위해서였다. 그는 33세에 15개 TV 채널, 11개 라디오 방송국, 8개 신문 및 잡지, 30개 디지털 채널을 보유한 거대 미디어 기업의 수장이 됐다. 그의 능력은 SMG를 맡으며 폭발했고, SMG의 사세도 폭풍 성장했다. SMG는 소니, 비아컴, CNBC와 라이센스 계약을 체결하는 등 해외진출에 적극 나섰다. 중국 역사상 처음으로 IPTV 플랫폼을 만들기도 했다.

양날의 칼, 중국의 인터넷굴기

시진핑 국가주석이 '인터넷굴기'를 선언했다. 2015년 12월 16일 중국 저장성 우전(烏鎭)에서 열린 제2회 세계인터넷대회에서다. 핵심 내용은 2020년까지 기본적으로 중국의 모든 농촌에 광대역 통신망을 깔겠다는 야심찬 계획을 발표한 것이다. 시 국가주석은 "글로벌 인터넷 인프라 건설을 위해 자금과 기술을 지원하는 동시에 모든 국가가 보편적으로 수용할 수 있는 사이버 공간에서의 국제 규칙과 반 테러 협약 제정을 원한다"고 밝혔다. 이러한 인터넷굴기 선언은 의미심장하다. G2에 오른 중국이 사이버 공간에서도 세계 강자가 되겠다는 의지를 구체화한 것이기 때문이다.

중국인터넷공간연구원에서 발표한 <중국 인터넷 20년 발전 보고서>를 보면, 1997년 10월 62만 명이던 인터넷 사용자 수가 2015년 7월 말 6억 6,800만 명으로 불어났다. 인터넷 인구 규모도 세계 최대다. 모바일 인터넷 사용자도 5억 9,400만 명으로 세계에서 가장 많다. 중국 내 인터넷 홈페이지도 413만 개에 이른다.

중국 네티즌들이 2014년 모바일로 인터넷을 즐긴 시간은 하루 평균 2시간 반으로 집계됐다. 중국 모바일 결제 시장 규모는 2014년에 22조 6천억 위안(약 4,083조 3,700억 원)으로 집계했다. 시장조사기관 아이리서치에 따르면 알리바바의 알리페이가 중국 모바일 결제 시장의 83%를 점유하고 있다고 한다.

이런 기반 위에 중국의 온라인 쇼핑 시장은 2015년 기준 6,720억 달러에 달한다. 물론 세계 최대 규모로 전 세계 온라인 쇼핑 시장의 40%에 점하는 수준이다. 소비 시장 규모에서는 중국이 미국에 이어 2위이지만 온라인 소비 시장에서는 중국이 1위이다.

'인터넷 강국'을 향한 중국의 행보는 치밀하다. 국가 빅데이터 전략과 인터넷+액션플랜을 시행하고 공유경제를 발전시켜 사이버 경제공간을 확대하는 수순이다. 국경 간 전자상거래를 키우고, IT 경제시범구를 건설해 글로벌 디지털 경제발전의 최강자가 된다는 구상이다. 특히 중국의 '인터넷+전략'을 눈여겨봐야 한다. 중국이 혁신을 산업의 성장 동력으로 만들기 위해 전통산업에 인터넷을 접목하는 전략을 담은 정책이다.

국무원이 승인한 '인터넷+액션플랜'은 제조업 업그레이드, 인터넷 인프라 확충, 글로벌 표준 제정 등에 나선다는 게 핵심이다. 2018년까지 가전, 신발, 의류 등에서 인터넷과 제조업을 융합한 혁신기업군을 키워낸다는 목표를 세웠다. 스마트 제조 시범 프로젝트도 200여 건을 추진해 스마트 장비의 국산화율을 높이기로 했다.

인터넷 인프라 확충을 위해 우선 2018년까지 중국 전체 촌(행정구역 기준) 가운데 80%에 광섬유망을 깔기로 했다. 4세대(4G) 이동통신망과 광섬유망이 모두 깔린 도시와 촌을 크게 늘리겠다는 것이다. 또 2018년까지 31개 성의 성도(省都)와 직할시 등 중국 주요 도시의 광대역 통신망 속도를 초당 30메가피트로 끌어올리기로 했다.

중국은 특히 인터넷 분야 국제표준 제정에도 적극 나선다는 전략이다. '인터넷+액션플랜'을 통해 차량 사물인터넷(IoT)과 5세대(5G) 이동통신망 국제표준 제정에 적극 참여하기로 한 것이 대표적이다. 그에 따라 기술 개발과 국제표준 제정에 나서고, 5G에 기초한 차량 IoT 시범사업을 하기로 했다.

하지만 중국의 인터넷 관련 정책은 이중적이다. 중국의 해외 인터넷 사이트에 대한 규제 정책이 중국의 인터넷굴기에 장애가 될 것이라는 우려도 이 때문이다. 중국의 '인터넷 만리장성'으로 불리는 방화벽에 걸려 중국에서 서비스를 하지 못하는 해외 인터넷 사이트가 구글, 페이스북 등 5천여 개에 이른다. 시 국가주석은 "사이버 주권을 존중해야 한다. 각국이 자주적으로 인터넷 발전의 길을 가도록 다른 나라에 대해 내정 간섭을 해서는 안 된다"고 밝힌 대목도 이런 이유에서다.

시 국가주석은 중국공산당이 만든 인터넷 안전 및 정보화 영도소조의 조장도 맡고 있다. 시 국가주석은 "사이버 안전이 없으면 국가 안전도 없고, 정보화가 없으면 현대화도 없다"고 강조해 왔다. 시 국가주석은 인터넷을 통해 자국의 경제를 살리면서 공산당의 통제도 강화하는, 두 마리 토끼 전략을 짜고 있는 것이다.

시진핑 시대의 문자옥: 만리방화벽

중국의 야심찬 인터넷 사업육성 이면에는 정보통제라는 브레이크가 있다. 중국의 인터넷 통제는 봉건왕조 시대의 사상통제인 문자옥(文字獄)을 연상케 할 정도로 무시무시하다. 문자옥이란 저작물 글자를 제멋대로 해석해 눈엣가시인 인물들을 제거하던 왕의 전횡을 말한다.

중국 내 스마트폰 사용 인구는 3억 3천만 명이다. 스마트폰 사용자 수가 3억 2,100만 명인 미국을 앞선다. 중국의 스마트폰 보급률은 전체 인구의 20% 수준에 불과해 보급률이 80% 가까운 미국 시장과 비교하면 엄청난 잠재력을 지니고 있다. 중국의 스마트폰 보급률이 높아질수록 사회적·경제적으로 어떤 파급력이 나올지 가늠하기 어렵다.

스마트폰이 급속도로 보급되면서 중국 사회의 명암은 엇갈리고 있다. 언론 통제가 심한 중국에서 스마트폰이 보급되고 SNS가 활성화되면서 감춰졌던 진실과 억눌린 욕구가 분출되기 시작한 것이다. 스마트폰과 인터넷, SNS 등 IT 인프라의 발전은 편리함을 제공해 주었지만 중국 검열 당국 입장에서는 결코 달갑지 않은 일이다. 스마트폰은 여론의 재갈을 풀어줬고, 당국에는 뜨거운 감자가 됐다. 중국 검열 당국은 만리장성과 방화벽의 합성어인 '만리방화벽'(*great firewall*)이라는 검열시스템을 가동하고 있지만 스마트폰과 컴퓨터를 통해 쏟아지는 정보와 여론을 통제하는 데 점점 어려움을 느끼는 실정이다.

2013년 1월 당국의 검열에 항의해 파업했던 중국 주간지 〈남방주말〉(南方周末) 사태에서도 이를 엿볼 수 있다. 개혁 성향의 이 신문 기자들은 당국이 찍어 눌러도 뜻을 굽히지 않았는데 여기에 힘을 보탠 것은 SNS였다. 3천만 팔로어를 거느린 인기 여배우 야오천(姚晨), 오피니언 리더인 작가 한한(韓寒), 유명 배우 천쿤(陳坤) 등이 중국판 트위터 웨이보에 기자들의 파업을 지지하고 나섰다. 외신은 이 사태가 중국 언론자유 투쟁에 대한 신호탄이 될 것으로 보았다. SNS상 여론의 지지와 맞물릴 경우 언론의 자유는 거스를 수 없는 대세가 될 것이라는 얘기다.

'아랍의 봄' 진원지인 튀니지는 단 한 줄짜리 트위터 메시지로 혁명이 시작됐다. 언론 검열이 심한 튀니지에서 시민들은 스마트폰을 들고 트위터와 페이스북 등을 활용해 서로에게 소식을 전하며 시위를 조직화했다. 스마트폰으로 실시간 SNS에서 정보를 확인한 시위대는 진압 경찰을 피했고, 시위장소를 바꿔가며 모였다 흩어지기를 반복했다. 시민들이 스마트폰으로 실시간 찍어 SNS에 올린 동영상은 중동의 민주화 시위를 전 세계에 알리는 대안언론의 역할을 톡톡히 했다.

스마트폰과 SNS는 튀니지발 혁명을 리비아, 이집트, 예멘 등 아랍권 전역으로 전파하는 지렛대가 됐다. 한 줄 메시지에서 시작된 아랍의 봄은 결국 수십 년 동안 철권통치로 군림하던 리비아와 이집트 등의 독재자를 권좌에서 끌어내렸다.

스마트폰과 SNS는 미국과 유럽의 사회적 불평등 문제와 러시아 정치 문화에도 경종을 울렸다. 2011년 12월 러시아에서 소련 붕괴 이후 최대 규모로 반 푸틴 시위가 벌어진 것은 유튜브에 선거 부정 동영상이 올라오면서 촉발됐다. SNS 위력이 시위의 원동력으로 작용한 것이다.

'우리는 99%다'(We Are 99%)라는 구호를 앞세운 월가 점령 시위 한가운데에도 SNS가 있었다. 뉴욕 주코티 공원을 점거한 시위대는 스마트폰과 SNS를 통해 소식을 주고받았고 연대의식을 공유했다. 2011년 8월 영국 런던의 폭동이 발생했을 당시에도 영국 정부와 경찰은 SNS를 폭동의 진원지로 지목했다. SNS로 빠르게 전파되어 늘어난 시위대는 경찰을 피하면서 시위를 반복했다. 폭동이 끝난 뒤 영국 정부는 소셜미디어 사용을 차단하는 대책을 세웠다가 강력한 반발에 한발 뒤로 물러났다.

하지만 중국 당국의 인터넷 통제는 날로 정교해지고 있다. '만리방화벽'을 더 높게 쌓는다는 이야기다. 중국은 보시라이 전 충칭시 서기 재판이 끝나자 비판적 보도를 한 〈사우스 차이나 모닝포스트〉 웹사이트 접속을 차단했다. 중국 사법 당국은 남을 심하게 비방, 모욕하는 글이 5천 번 이상 검색되거나 다른 사람에게 500번 이상 리트윗(재전송)되는 경우 형사처벌한다고 발표했다.

시 국가주석이 뉴미디어 장악을 지시한 이후 유명 블로거 등 체제 비판 인터넷 논객들이 줄줄이 구금되는 가운데 등장한 첫 사례가 16세 중학생 구류처분이었다. 공안이 살인사건 처리에 미온적이라는 소문을 전했다는 혐의가 적용됐다. 당시 학생 부모는 공안을 상대로 소송도 불사하겠다는 입장을 밝혀, 적지 않은 논란을 일으키기도 했다.

시 국가주석은 언론자유, 시민권 같은 서구의 '보편적 가치'가 미디어를 매개로 중국에 퍼지는 것을 막으려고 한다. 거창했지만 첫 적용 결과는 과도한 언로(言路) 통제로 시민들의 반발을 초래하고 있다. 중학생 처벌 논란을 일으킨 뉴미디어 통제는 중국식으로 개혁개방을 해야 하는 지도부의 난처한 상황을 반영하는 듯하다.

덩샤오핑이 개혁개방 후계자로 낙점한 주룽지 전 총리의 《주룽지 상하이 발언실록》(朱鎔基上海講話實錄)이 날개 돋친 듯 팔린다고 한다. 주룽지는 현 지도부에 강력한 개혁을 촉구하는 메시지를 던졌다. 위정자들은 민의와 달리 강력한 지도부를 열망한다.

그동안 중국인들은 전체 인구 13억 5천만 명 중 당원이 8,512만 명(6.3%)에 불과한 공산당에 순응적이었다. 그러나 빈부격차, 기회불균형 등의 불만이 점증하면서 사회적 모순도 깊어지고 있다. 더욱이 공산혁명에 성공한 1949년과 지금의 중국인은 다르다. 권리의식이 높아졌고 당에 대한 신뢰도 예전과 다르다. 그런 사람들이 인터넷 등 뉴미디어로 소통하며 인식을 공유한다. 역대 왕조가 외침을 막기 위해 만리장성을 쌓은 것처럼 현재 중국 지도부도 서구적 가치 침투를 차단하기 위해 장성을 축조하는 데 혈안이다.

중국은 이집트와 튀니지 등 중동·아프리카 지역 국가들과 달리 경제성장이 빠르고, 1989년 톈안먼 사건 이후 민주화 시위 반복을 막기 위해 전통적인 방법과 새로운 방법을 혼용하고 있으므로 자신감을 느끼고 있다. 노벨평화상을 받은 류샤오보 박사의 수감과 같은 전통적 방법을 쓰면서도 정치적으로 민감하지 않으면 인터넷기업을 통한 정보유입을 허용하는 복합적 검열방법을 채택하고 있다.

중국은 재스민 혁명 지지 시위 이후 보안등급을 높여 인터넷상 '재스민'이나 연관 단어 검색을 비롯해, '왕푸징'(王府井)과 같은 시위 관련 단어를 포함한 메시지 전송을 차단하고 있다. 중국에서 철수한 구글 대신 국영 〈신화통신〉과 정부 소유 휴대폰 회사가 제휴를 맺고 인터넷검색사이트를 오픈했다. 중국 네티즌들의 온라인 시위가 민주화 운동으로 발전할 가능성은 그리 높아 보이지 않는다.

8. 중국 패권주의 뿌리는 공자

중화주의 메카, 공자학원

중국은 문화전파를 위해 유가사상을 외교적으로 적극 활용하고 있다. 시진핑 국가주석은 "세계 각국의 많은 사람에게 중국의 역사와 문화를 전파하자"는 화두로 중국의 소프트 파워의 중요성을 더욱 강조하고 있다. 특히 공자를 문화아이콘으로 부각시켜 '공자학원'을 통해 소프트 파워를 강화하고 있다.

공자학원은 세계 각국에 퍼져 있어 중국인들의 언어와 문화를 이해시키는 것과 더불어 중국과 각국의 문화 교류를 증진시키려 한다. 공자학원은 춘추전국 시대의 사상가인 공자가 창도한 유가사상이 중국 전통문화의 근간을 이루는 중요한 요소로 2004년 3월 중국의 국무위원 천즈리(陳至立)가 '중국어·중국문화 교육기구'의 이름을 '공자학원'으로 명명하면서부터 시작되었다.

공자학원은 중외 협력을 바탕으로 설립된 비영리 교육기구로 중국 정부가 매년 운영비의 20~30% 정도를 지원한다. 중국 국무원 산하 외교부, 재정부, 교육부, 상무부, 문화부, 신문출판총국, 국가방송총국 등 총 11개 정부 부처에서 담당하고 있다. 전 세계 공자학원은 유럽 39개국 159개소, 라틴아메리카 17개국 154개소, 아시아 32개국 103개소, 아프리카 29개국 42개소, 오세아니아 3개국 17개소 등으로 퍼져 있다.

인터넷과 방송 등의 매체를 이용하여 지속적으로 확대할 계획으로 2020년까지 전 세계 공자학원의 건립을 기본적으로 완료하고, 시험제도와 파견교사 양성시스템을 통일하는 등 운영시스템의 통일성 및 질적 수준을 강화해 나갈 것이며, 궁극적으로 중국어를 외국인들이 공용어로 학습하는 언어 중 하나로 자리 잡을 수 있도록 발전목표를 추진해 나갈 계획이라고 한다.

그러나 부작용도 속출하고 있다. 중국 문화전파의 첨병역할을 하는 공자학원은 서방국가로부터 반감이 적지 않다. 미국 하원 외교위원회를 시작으로 공자학원이 미국 대학의 학문의 자유를 침해한다며 공자학원 퇴출론이 일고 있다. 미국 대학 가운데 처음으로 시카고대학이 공자학원 운영을 중단했다. 2014년 5월 시카고대학 교수 100명이 "공자학원이 중국 정부의 선전수단으로 활용되면서 학문적 자유를 짓밟고 있다"며 폐쇄를 청원한 데 따른 것이다.

그에 이어 펜실베이니아대학은 물론 캐나다(맥매스터대학), 스웨덴(스톡홀름대학) 등에서 공자학원이 중국공산당의 광고수단이라는 비판이 일면서 잇따라 공자학원의 퇴출결정이 내려지기도 했다. 제국주의를 통해 식민지 경험이 많은 서방국가들은 이미 중국의 문화 전략을 알아챈 것이다.

물론 중국 정부도 이와 관련하여 손을 놓고 있는 것은 아니다. 중국 정부는 공자학원은 대학의 자발적 신청에 의해 개설된 것으로, 모든 교육·문화 활동이 공개적이고 투명하게 진행되며, 중국어 학습과 중국문화의 이해에 도움을 줌으로써 중국과 각국 간의 교육·문화 교류 협력강화에 기여한다는 논리를 펴고 있다. 일부 서방국가들의 반발에도 불구하고 중국 정부는 막대한 경제력을 앞세워 당근 전략을 통해 해당국을 설득하는 전략에 나서고 있다.

문화아이콘, 공자

공자를 보면 중국이 보인다. 정확히 이야기하면 중국 권력의 풍향계이다. 공자가 창시한 유교는 한무제 이후 중국을 지배하는 이데올로기가 됐지만 공자는 중국 현대사를 거치면서 숱한 부침을 겪은 '비운의 인물'이기도 하다. 2천여 년 이상 권력의 문지기 개에서 공산 정권에 들어서면서는 조롱받는 상갓집 개로 전락하기도 했다.

하지만 공자는 현대 중국에서 새롭게 태어났다. 1949년 신중국 건국 이후 집권 공산당에 의해 타도의 대상으로 매도됐던 공자가 21세기 들어 중국에서 성인으로 거듭나는 속내는 참으로 복잡한 메커니즘 속에서 이뤄지고 있다. 그 비밀의 커튼을 하나하나 걷어가면서 공자에 대해 알아보자.

중국이 의도적으로 불을 붙인 공자 열풍에 대해 분석하면, 〈영웅본색〉(英雄本色) 등으로 유명한 배우 주윤발이 주인공으로 나온 〈공자〉(孔子) 라는 영화를 보면 그 속내를 알 수 있다.

공자가 천하를 주유하던 시절, 그는 위나라 영공을 찾아 한바탕 일장 연설을 토한 뒤 대화를 시작했다.

> 영공: 위나라를 보신 소감은 어떻습니까?
>
> 공자: 노나라보다 인구가 많습니다.
>
> 영공: 백성이 많아 다스리기가 어렵습니다. 묘책을 알려주십시오.
>
> 공자: 백성을 풍족하게 하십시오.
>
> 영공: 부자는 많아졌습니다. 그래도 사회는 여전히 불안합니다.
>
> 공자: 그러면 교화를 베푸십시오.

공자의 이 말에 영공은 무엇인가를 깨달은 듯 손뼉을 치며 즐거워했다. 그 '무엇'이 바로 중국이 4백억 원을 들여 이 영화를 만든 이유다. 영화에서 보다시피 중국이 공자를 주목하고 신 유교를 주창하는 것은 바로 중국 인민의 '교화' 때문이다. 부자가 된 중국인들을 사상적으로 단결시키는 철학적 근거로 공자가 선택된 것이다. 개혁개방 이후 먹고 사는 문제가 해결되면서 중국공산당은 14억 인구를 단결시키는 이데올로기가 가장 중요한 문제가 됐다.

1989년 톈안먼 사건을 보면서 중국 지도부는 엄청난 충격을 받았다. 마르크스주의 등 사회주의 이념이 용도폐기된 상태에서 이를 대체할 지도 이념이 필요했다. 그렇다고 마오쩌둥주의로 회귀하는 것은 개혁개방의 종말을 의미하는 것이기에 고심 끝에 민족주의, 애국주의의 카드를 꺼낸 것이다.

눈여겨봐야 할 것이 중국의 '국학' 열풍이다. 21세기 근대 중국철학의 태동기부터 집요하게 계속된 국학 탐구가 중화주의 세계관에 뿌리를 뒀다는 사실은 중요한 대목이다. 최근 경제대국으로 발돋움한 중국에서 국학의 뿌리인 공자의 열기가 뜨거워지는 것은 중화주의 세계관의 현대적 부활을 알리는 신호탄이나 다름없다. 천하의 중심이었던 과거의 영광을 재현하기 위해 중국과 중국인들이 유교 종주국의 위상 되찾기에 전면적으로 나선 것이다.

중국의 이런 시도가 가깝게는 동아시아의 평화와 안정에, 멀게는 인류 문명의 발전과 진화에 어떤 영향을 미칠 것인가? 지금으로서는 희망적이라기보다 우려가 앞선다. 18~19세기 제국주의가 기승을 부리는 세계의 역학구조 속에서 동아시아는 분명 중심에서 벗어나 있었다.

동아시아 근대 주체들은 중심을 동경하면서도 이에 대항하고, 변방의 이웃들을 억압하는 분열적 이중성에 빠져들었다. 1868년 단행된 메이지 유신 이후 근대화에 가장 먼저 성공한 일본 제국주의가 한반도 병탄과 중국 침략, 대미 전쟁 등 광란의 도가니에 빠져든 것이 대표적인 예다. 잊지 말아야 하는 것은 일본 제국주의가 펼친 광기는 '대동아공영'이라는 군국주의 철학이라는 점이다. 중국이 21세기 들어서 중화부흥이라는 독단적 민족주의 이념에 몰두하는 것은 일본의 예처럼 불길한 징조임이 틀림없다.

21세기 중화부흥의 키워드

중국 지도부는 공자를 중심으로 한 국학열풍을 일으키면서 21세기 대국의 길을 제시하고 있다. 중화민족의 부흥은 중국이 반드시 쟁취해야 하는 필수조건이자 필연적인 수순이라는 것이다. 중국공산당은 철저한 언론플레이를 통해 이념적 뿌리 만들기를 시작했다.

중국 권력의 핵심은 왕도정치에서 공산당 정권의 합법성을 찾는 단계로 진화했다. 중국의 대표적 애국주의 지식인들은 "천여 년 동안 세계 최강대국으로 군림했던 중국이 외세에 밀린 것은 고작 150여 년에 불과하다. 중국의 국력은 현재 미국을 제외하고 두 번째다. 신중국 건국 이후 60년 가까이 국력과 군사력은 눈부시게 성장했다. 위대한 중화민족의 부흥을 달성할 날이 얼마 남지 않았다"는 등의 사회주의 수호선언을 발표하기도 했다.

애국주의가 구체적으로 모습을 드러낸 것은 2006년 11월 중순 CCTV를 통해서다. 원래 중국공산당 지도부의 집체학습 내용을 토대로 만들었다는 이 다큐멘터리는 엄청난 반향을 일으켰다. 총 12부작으로 15세기부터 9개 강대국이 흥망을 거듭한 역사를 다루고 있다. 해당 나라는 포르투갈, 스페인, 네덜란드, 영국, 프랑스, 독일, 일본, 러시아(소련), 미국이다. 그런데 각 나라의 성쇠를 다룬 1~11편까지를 보면서 필자는 특별한 감흥을 받지 못했다. 세계사에 조금이라도 관심이 있는 사람이라면 대개 알 만한 내용이었기 때문이다.

마지막 12편은 '대도행사'(大道行思), 우리말로 하면 '큰 길을 가는 생각'(EBS는 '21세기 대국의 길'로 번역해 방송했다)이라는 제목으로, 이

전의 내용을 총괄하면서 대국이 되는 조건에 대해 다루고 있었다. 그런데 여기서 귀가 번쩍 열리는 소리가 들렸다. 이것이 '대국굴기'가 찾은 대국의 제 1 조건이었다. '소프트 파워'의 중요성을 역설하는 조지프 나이 교수의 인터뷰 화면이 자막과 함께 스쳐갔다. 경제의 중요성은 그 다음이라는 것이다.

사회발전이 사상과 문화의 혁신에 의해 인도돼야 하고, 그럴 때에만 경제발전이 대국으로 가는 사회발전의 강력한 엔진이 된다는 것이 이 다큐멘터리의 골자였다. 그 뒤에야 정치체제와 제도의 개혁, 국가의 리더십, 과학기술의 중요성 등이 차례로 강조된다. 이처럼 국가 지도부가 사상과 문화의 중요성을 통감하고 이를 국민에게 '학습'시키는 나라가 중국이다. 오래된 문화대국의 자신감이 이를 가능케 한다. 그들은 묻는다. 세계적으로 영향력 있는 사상과 문화를 꽃피웠으며, 앞으로도 꽃피울 수 있는 나라는 어디인가? 문화의 저력에 뿌리를 두고 인류의 미래를 이끌 수 있는 21세기 최강대국은 어느 나라인가? 직접 답하지 않지만 '대국굴기'는 이미 '중국'이라고 말하고 있다.

어느 시대나 경제력은 중요했지만, 단지 돈만으로 시대의 흐름을 선도하는 대국이 탄생한 경우는 없었다. 시대가 요구하는 정신적 가치에 민감하고 새로운 창조적 흐름을 만들어내는 민족과 나라가 세계사의 주인공이 되었다. 경제적 성공은 그 뒤에 따라붙었다. 한 번이라도 세계의 중심 무대에 서본 나라들은 경험적으로나 역사적으로나 이를 잘 알고 있고, 그래서 사상과 문화를 존중한다.

중국은 지금 천하의 중심이던 옛 영화의 부활을 꿈꾸며 21세기 세계 초강대국을 향한 행보에 나섰다. 그들은 전통문화와 전통사상의 중요성을 재발견하고 있다. 중국은 자신들의 문화를 동양문화의 대표주자로 자리매김하기 위해 전통문화의 발굴이나 현대화 작업에 국가적 관심과 인력을 집중하고 있다.

이는 비단 중국만의 일이 아니다. 일본 역시 전통문화에서 국가발전의 새로운 목표와 동력을 찾고 있다. 국가와 주요 기업들이 연합해 일본 전통문화와 첨단기술을 결합하는 '네오 재팬니스크'(*Neo Japanesque*, 신 일본양식) 구축에 열을 올리고 있다. 유럽에서도 문화가 대세다. 유럽연합은 각국의 고유한 문화 다양성을 미국에 대항하는 최대 장점으로 육성하고 있다. 이는 모두 미국 중심의 일극(一極) 세계체제 이후를 대비하는 정신적·제도적·학문적 준비라고 할 수 있다.

이처럼 세계의 강국들이 모두 자국의 전통문화에서 성장의 핵심 동력을 찾는다. 그들의 가장 큰 자산은 자신들의 문화와 정신적 전통을 사랑하는 국민의 높은 문화의식과 자긍심이다.

공자 부활에 승부를 건 시진핑

공자학원에 대한 시진핑 국가주석의 열정은 대단하다. 그는 마오쩌둥의 문화대혁명 당시 철저하게 부정됐던 공자를 화려하게 부활시키는 데 앞장섰다.

시 국가주석은 2014년 9월 24일 베이징 인민대회당에서 열린 공자 탄신 2,565주년 국제학술대회 및 국제유학연합회 제5차 총회에서, "공자가 창시한 유학과 유가사상은 중화문명의 정수로, 중화민족의 정신과 사유에 깊은 영향을 끼쳤다. 탁월한 철학과 인문정신, 교화사상, 도덕관념 등은 오늘의 세상을 개선하는 데도 큰 깨우침과 계시를 주고 있다"고 강조했다.

이전에는 주로 중국 정협 주석이 출석하던 공자 탄신 기념식에 중국 국가주석이 직접 참석한 것은 시진핑이 처음이다. 시진핑 정부는 중국어와 문화 교육기관인 공자학원의 세계 진출 10년을 맞아 2014년 처음으로 '공자학원일'(27일)까지 제정했다. 시 국가주석은 2013년 11월 공자의 고향인 산둥(山東) 성 취푸(曲埠)를 방문하기도 했다.

공자만큼 중국 현대사에서 풍파를 겪은 인물은 드물다. 1970년대에는 공자와 유교사상이 수모를 겪었다. 당시 극좌파는 마오쩌둥의 비준 아래 공자를 변혁과 진보에 반대하고 봉건 노예제를 옹호한 인물로 철저하게 부정하며 비판하는 비공(批孔) 운동을 전개했다. 전국적으로 공자의 사당과 유적이 크게 훼손되었고, 공자의 무덤이 파헤쳐진 것은 물론 비석과 동상도 파괴됐다. 이후 마오쩌둥이 숨지고 덩샤오핑의 개혁개방 정책이 추진되면서 공자에 대한 재평가도 시작됐다.

1984년 공자기금회가 창립되고 구무(谷牧) 당시 부총리가 명예회장으로 선임됐다. 1994년에는 국제유학연합회가 창설됐고 2004년에는 중국어를 학습하는 해외 외국인을 위해 '공자학원'까지 설치했다. 2010년 '공자평화상'이 제정된 데 이어 2011년엔 톈안먼 광장에 높이 9.5미터의 공자 동상까지 등장했는데, 격렬한 논란으로 인해 결국 100여 일 후 어디론가 사라졌다.

이처럼 중국 사회의 뜨거운 감자인 공자를 시 국가주석은 확실하게 부활시킬 요량인 것으로 보인다. 시 국가주석은 2015년 5월에 베이징대학에서 유학의 대가인 탕이제(湯一介) 교수와 만나 "중국 전통문화의 보존과 계승에 큰 공헌을 했다"고 칭송했다. 시 국가주석의 이러한 행보는 그의 정치적 구호인 '중화민족의 위대한 부흥'에도 부합된다. 공자와 유학, 전통문화를 부정한 채 중화민족과 부흥을 이야기할 순 없기 때문이다.

시 국가주석의 공자 예찬은 중국 정치와 관계가 깊다. 중국에서는 공산당 집권 후 문화대혁명에 마오쩌둥의 전위대 홍위병들이 낡은 사상 타파를 외치며 공자 사당까지 파괴했다. 공산당 좌파세력은 여전히 공자를 비판하고 있다. 그러나 경제발전과 인터넷 등 정보 개방화가 급속도로 전개되면서 마르크스-레닌주의, 마오쩌둥 사상 등이 중국의 젊은층에게 호소력을 잃고 있다는 위기의식이 공산당 내부에 확산되면서 공자사상이 새로운 아이콘으로 결정되었다.

인(仁)을 바탕으로 국가에 대한 충성과 군주와 신하 간의 도리를 강조한 유교사상은 공산당 통치철학으로 안성맞춤이라는 분석이다. 역사학자 장리판은 〈명보〉에 "통치자들은 공자가 말한 임금과 신하 간의 윤리와 질서를 좋아한다. 유교철학은 임금을 당 지도자로 바꿔 자신의 본분을 지키라고 교육할 수 있는 장점이 있다"고 지적했다.

중화민족주의 대해부

세상에 군림하려는 천하주의 유전자가 공산당의 핏속에 흐른다. 개혁개방 이후 중국의 민족주의는 1993년 베이징 올림픽 유치에 실패했을 때 처음으로 격렬한 반응을 보였다. 중국공산당의 스포츠 외교는 큰 타격을 받았고 중국 인민은 민족적 자존심에 큰 상처를 입었다.

톈안먼 민주화 운동에 서양의 반 중국세력이 개입했다는 말을 믿지 않는 사람도 서양의 반 중국세력이 베이징 올림픽 유치를 물거품으로 만들었다는 선전은 모두 믿었다. 이는 지난 100년간 이어 온 외세 치욕의 연장선이며 반 중국세력에게 중국공산당을 전복하려는 음모가 숨어있다는 분위기가 중국 전역을 휩쓸었다. 급진적인 민족주의 열풍이 불었다.

당시 민족주의는 원망과 규탄, 비난 등의 감정으로 나타났고 역사 왜곡과 날조를 통해 100년 동안 서구 열강이 중국에서 저지른 죄악과 중화민족에 저지른 모욕을 열거했다. 당시 불티나게 팔렸던 《노라고 말할 수 있는 중국》(中國可以說不)이 대표적인 예다.

150여 년 전 아편전쟁은 중국 역사로 보면 1천 년 이래 최대의 비상사태였다. 1949년 중국공산당이 정권을 잡기까지 100년은 혼란의 역사이자 굴욕의 역사 그 자체였다. 서구 열강의 군함외교에 굴복하는 굴욕은 그렇다고 치자. 서양의 과학과 기술을 도입하자는 양무운동으로 희망을 건 중국은 1894년 청·일 전쟁에서 패배, 외세에 굴복했다.

중국을 지탱한 국가 이데올로기인 유교에 대한 반성은 5·4 신 문화운동으로 이어졌다. 하지만 외세의 분할통치로 중국 지식인들이 꿈꿨던 주권 회복이 불가능함을 깨닫게 됐다. 이 과정에서 주권을 잃은 치욕에 사로잡혀 모든 개혁을 민족주의적 시각에서 이해하려는 오류를 범한 것이다.

중국공산당이 집권한 50년 동안 마오쩌둥은 인류해방의 국가주의를 주창했지만 내심 공산당이 지지했던 사상은 국가주의가 아닌 민족주의였다. 마오쩌둥 시대의 오만하고 전투적인 애국주의는 이후 덩샤오핑 시대에 방어적 애국주의로 변했고, 장쩌민 시대와 후진타오 시대를 거치면서 다시 전투적인 애국주의가 힘을 얻었다.

21세기 중국에서의 애국주의는 마오쩌둥 시대에 뿌리를 두고 있다. 더 근원적으로 150여 년 전 아편전쟁 이후 서방세계에 당한 굴욕까지 닿아 있을 것이다. 최근 인터넷에서 표출되는 호전적 애국주의는 1950년대 '미 제국주의를 타도하자'는 〈인민일보〉의 사설을 연상케 한다. "미국은 정치・군사・경제 등 모든 분야에서 행패를 부리는 진정한 깡패국가", "미국과 영국, 일본이 진정한 악의 축", "중국은 무슬림국가와 러시아와 연합해 미국 패권주의에 대항해야 한다" 등이 대표적이다.

부활한 민족주의

앞서 언급한 공격적 확장과 전투적 언론 및 외교활동은 현재 자기중심에 빠진 공산당의 천하주의(天下主義) 부활과 맥이 닿는다. 이는 시진핑 시대에 다시 중국몽으로 부활했다. 그 과정을 살펴보자.

중국 인민들은 마오쩌둥을 절대적으로 신뢰했다. 절대권력을 쥔 마오쩌둥의 동풍이 서풍을 이긴다는 말을 믿었고, 그가 중국 인민과 인류를 해방시켜 줄 것으로 확신했다. 이런 배후에는 야만적・원시적 천하의식, 패권야욕, 원한교육, 적개사상, 투쟁철학과 폭력숭배가 잠재해 있었다.

이런 의식은 중국 인민의 신앙이 되었고 젊은 시대의 보편적 신앙이 되면서 문화대혁명은 절정기로 치달았다. 붉은 애국주의 선동 아래 폭력혁명의 광기에 사로잡혔고 문화대혁명은 홍위병들에게 이를 실천하는 무대가 됐다. 당시 잘 알려지지 않았지만 국내 폭력에 싫증이 난 젊은이들은 '혁명 수출'이란 위대한 이상을 가슴에 품고 베트남과 태국, 미얀마 등으로 가서 마오쩌둥식 유격전쟁을 벌이는 지식청년단을 구성하기도 했다.

덩샤오핑 시대의 실용주의와 경제발전 노선이 계급투쟁을 대신했다. 민생경제가 군사경제를 대체하는 방어형 애국주의를 표방하면서 제3세계 혁명 수출과 지원도 모두 버렸다. 외부 물질세계의 풍족함과 다원화 사회를 목격하면서 중국인들은 자신들의 낙후함과 빈곤을 뼈저리게 느끼기 시작했다. 민족의 치욕과 추월의 욕망, 풍족한 서양에 대한 질투와 전통문화에 대한 자만이 당시 중국인들에게 나타났다.

톈안먼 사건을 거치면서 애국주의(愛國主義)가 정부의 새로운 이데올로기가 됐다. 개혁개방 초기 서양을 배우자는 분위기는 톈안먼 사건 이후 돌변했다. 중국공산당은 정국안정과 목표전환을 위해 외부에서 적을 찾았다. 톈안먼 사건이 해외 반중국세력의 체제전복을 위한 음모라고 유포시켰다. 대내적으로 자연스레 애국주의와 민족주의로 연결될 수밖에 없는 구도였다. 하지만 경제발전이 시급했던 덩샤오핑은 대외적으로 소극적인 방어외교를 취하면서 도광양회를 1990년대 주요 외교 노선으로 삼았다.

덩샤오핑의 실용주의와 중국 전통의 후흑학〔(厚黑學) 청말, 이종오가 쓴 '얼굴이 두껍고 뱃속이 시커먼 사람이 성공하고 출세한다'는 처세술〕,

물신주의 사상과 천하주의가 결합된 형국이었다. 무원칙적인 실용주의와 무이념의 천하주의가 결합, 공격적 애국주의로 표출된 것이다.

과거 애국주의가 열등, 원망, 규탄, 비난이 뒤섞인 방어적 성격이었다면 현재의 애국주의는 맹목적 자신감, 허황된 자만과 복수로 뭉친 공격적 애국주의로 바뀌었다. 이러한 민족주의로 전환하려면 민족의 원한과 자신감을 동시에 주입하면서 자기중심적 사고방식인 천하주의를 회복해야 한다. 또한 중국이 100년 동안 외세의 침략을 받은 것이 오만한 민족주의를 뿌리 깊게 한 측면도 있는데, 이는 오만함과 열등감이 동전의 양면이기 때문이다.

2000년 들어 전투적 애국주의를 이끈 사건이 적지 않았다. 1997년 홍콩 반환은 외세 침략을 설욕하고 민족적 자존심과 자신감을 회복할 절호의 기회였다. 1999년 나토의 유고슬라비아 주재 중국 대사관 오폭 사건으로 미국과 서방에 대한 감정이 극에 달했다. 국력과 군사력을 급속히 증강하면서 도광양회에서 대국굴기로 전화되는 계기가 됐다.

2008년 올림픽 개최와 월드컵 진출, WTO 가입, 상하이 엑스포 개최 등 다양한 국제활동의 성공이 민족의 자긍심을 고양시켰다. 중국의 언론매체는 정보통제를 통해 중국을 비판하는 기사 대신 세계 강국으로 성장하고 있다는 해외 언론들의 보도를 전달했다. 서양에서 유행하는 중국위협론이 중국의 강대함을 보여 주는 사례라는 선전도 했다.

예를 들면 "중국이 깨어나는 날 세계가 놀랄 것이다"라는 나폴레옹의 발언이나 "강대한 중국이 일어선다. 중국이 2020년 미국 경제를 앞지를 것"이란 외신들의 보도를 반복 전달했다. 류사오보 등 반 체제 인사들은 중국 인민의 판단력을 흐리게 하는 환각 전략이라고 언급했다.

9. 미·중 21세기 군사 대결

투키디데스의 함정

'투키디데스의 함정'이라는 말이 있다. 2500년 전인 기원전 5세기에 그리스의 역사가인 투키디데스가 만든 용어다. 그는 세계 패권 교체기에는 늘 기존의 강국과 새롭게 부상하는 국가 간에 전쟁이 불가피하다는 논리를 폈다.

그의 주장처럼 역사를 돌아보면 강대국들은 전쟁을 통해 패권을 쥐었고, 그 아래 숨죽였던 2등 강대국들도 전쟁을 통해 패권국을 역사의 무대에서 쫓아냈다. 지중해 패권을 쥐었던 그리스가 그랬고, 글로벌 제국을 구축했던 로마도 마찬가지였다. 중세 이후 한때 유럽의 패권을 거머쥐었던 포르투갈이나 스페인, 네덜란드도 비슷한 경로를 걸었다.

21세기 세계 패권국인 미국과 G2로 우뚝 선 중국은 어떠한가? 시진핑 국가주석은 집권 이후 줄곧 미·중 간의 신형(新型) 대국 관계의 필요성을 주장하면서 '투키디데스의 함정'을 거론했다.

시 국가주석은 2015년 9월, 미국 시애틀을 공식 방문했을 때도, "미국은 투키디데스의 함정에 빠지는 것처럼 전략적 판단의 오류를 범해서는 안 된다"고 지적했다. 직설적으로 말하자면 미국이 투키디데스의 함정에 빠져 중국에 대한 군사적 도발과 같은 어리석은 행동을 하면 안 된다는 강력한 경고의 메시지였다. 시 국가주석은 중국은 미국과 전쟁을 원치 않으며 사이좋게 세계 패권을 나눠 가질 수도 있다는 말을 하고 싶은 것이었다. 이것이 중국이 주장하는 신형 대국 관계의 요체다.

하지만 미국의 시각은 다르다. 오바마 대통령은 중국이 미국과 대등한 관계에서 대화할 수 있을 만큼 충분한 국력(國力)을 키웠다고 보지 않는다. 미국은 적어도 앞으로 50년 동안 세계 패권을 내줄 생각이 눈곱만큼도 없다. 무엇보다 중국의 군사력이 미국과 대등한 수준에 이르기 전까지는 중국은 미국으로부터 대등한 '대화상대'로 인정받지 못할 것이다.

중국과 미국의 화약고, 남중국해

시진핑 집권이 종료되는 2022년까지 난사군도(南沙群島, 스프래틀리 군도) 문제는 지속적으로 국제 뉴스의 단골메뉴가 될 것이다. 신형 대국 관계론을 토대로 미국에 대한 사이좋게 지내자는 중국의 간곡한 부탁에도, 미국은 중국의 아킬레스건(腱)인 난사군도 문제를 글로벌 쟁점으로 부각시킬 것이다. 이에 중국은 난사군도 문제를 자국의 핵심

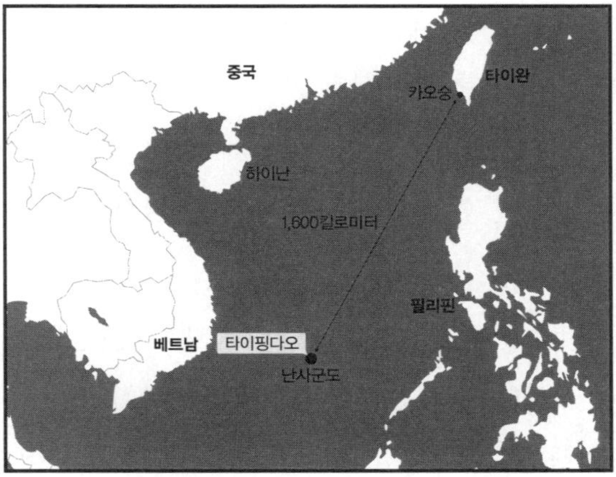

미국과 중국의 분쟁 지역, 난사군도

이익이라고 선포, 군사적 충돌도 불사하겠다는 입장을 여러 차례 밝혔다. 미·중 관계에서 험난한 미래를 예고하는 대목이다. 여전히 세계 패권국으로서 위상을 자랑하는 미국과 '넘버 2' 중국 사이에서 군사적 충돌이 언제라도 일어날 수 있는 '화약고'가 바로 난사군도인 것이다.

화약고 난사군도에서 2015년 10월 27일, 미국과 중국이 정면충돌했다. 미 해군 구축함 라센함(DDG 82)이 남중국해의 수비 환초(중국명 주비자오) 12해리 이내를 항해하면서 중국이 주장하는 '핵심 이익'을 건드렸다. '무해통항'(*innocent passage*)으로 불리는 이 작전에 따라 라센함은 남중국해 난사군도에 중국이 건설한 인공섬인 수비 환초 인근 해역을 72마일가량 운항하며 초계작전을 수행했다. 미국은 해군의 대잠초계기 P-8A와 P-3도 함께 투입하면서 중국을 향한 무력시위를 한 것이다. 과거의 입씨름에서 이제 무력시위로 질적인 방향전환이 일어난 것이다.

화들짝 놀란 중국 외교부는 미국의 행위를 '도발'로 규정하며 필요한 주권수호조치를 강화하겠다는 입장을 천명, 베이징과 워싱턴 D. C.의 외교채널로 미국 측에 공식 항의했다. 중국은 미군의 군함 파견 방침이 전해진 후 남중국해에서 미사일 발사 훈련 등을 벌이며 무력시위를 하기도 했지만 미국과 직접적인 군사적 충돌은 자제했다.

미국 정부는 그동안 인공섬에 대한 중국의 영유권을 인정할 수 없음을 수차례 시사했다. 남중국해를 비롯한 모든 공해상에서 항해의 자유를 행사할 것이라고 밝혔다. 미군 함정이 중국의 영유권을 주장하는 지역(인공섬)에 들어간 것은 2014년 중국의 인공섬 건설 이후 처음이며 난사군도 해역에 미국이 들어간 것은 2012년이 마지막이었다.

미국이 중국군과의 충돌 위험을 감수하면서까지 난사군도 해역에 들어간 것은 다목적 카드다. 미군의 패권을 전 세계에 과시하면서 G2 국가인 중국의 현주소를 인식시키기 위한 전략이 담겨 있다. 미국의 속내는 복잡하다. 미국은 난사군도 항로 봉쇄를 실천하는 것이 아니라 이를 핑계로 동남아 국가들에 대한 미국의 영향력을 유지하고, 미군 주둔을 허용하도록 하는 것이다. 실제로 필리핀은 난사군도 분쟁으로 1992년 떠나보냈던 미군을 다시 받아들였다.

미국은 난사군도 분쟁에 개입해 자국의 군사력을 앞세워 욱일승천하는 중국의 경제력 성장을 늦추거나 압박하려는 계획이다. 말라카 해협 봉쇄 아이디어 자체가 중국의 무역봉쇄, 자원공급 중단과 밀접하게 관련이 있다는 점에 주목할 필요가 있다. 이런 다목적 카드가 깔린 군사행동은 오바마 대통령이 최종 결재했다.

2015년 9월 25일 미국을 방문했던 시진핑 국가주석과의 비공식 만찬에서의 '입씨름'이 발단이 됐다. 외교 소식통들의 말을 종합하면 이렇다. 국빈 방문한 시진핑 국가주석을 맞이한 오바마 대통령은 공식 만찬에 앞서 따로 사적인 만찬을 준비했다. 모든 현안에 관해 터놓고 이야기하기 위해 참석자도 극소수 측근으로 추렸다. 오바마 대통령이 무려 3시간 동안 이어진 만찬에서 가장 많은 시간을 할애한 것이 남중국해 문제였다.

오바마 대통령은 "남중국해에 인공섬을 만들어 군사시설을 만들었다는 건 도무지 용납이 안 된다. 그만두라"고 거듭 촉구했지만, 시진핑 국가주석은 "그곳은 중국 영토"라고 맞받아치며 격한 논쟁이 벌어졌다고 한다. 만찬이 끝나자마자 격노한 오바마 대통령은 해리 해리스 미 태평양군사령관에게 "남중국해에서의 '작전'을 승인한다"고 통보했다. 미 해군은 이때부터 구체적인 실행 계획 마련에 들어갔고, 이것이 한 달 후인 12해리 내 항해로 현실화된 것이다.

미군의 움직임은 그전부터 강경했다. 정상 간 만찬이 있기 5개월 전부터 미 국방부를 중심으로 인공섬 12해리 내에 미군을 파견해 '인공섬을 결코 중국 영토로 인정하지 않겠다'는 자세를 보여야 한다는 건의가 제시되었다. 하지만 당시 오바마 대통령은 승인을 주저하며 "미·중 정상회담이 9월에 있으니 그때 해결해 보겠다"는 입장이었고, 만찬을 통해 시 국가주석의 의중을 확인한 오바마 대통령은 결국 강경대응으로 선회한 것이다.

남중국해는 지금 미국과 중국의 패권다툼의 장이 됐다. 미국의 아시아 회귀 전략과 해양대국을 꿈꾸는 중국의 국가 전략이 부딪치면서 엄청난 파고(波高)가 넘실거린다. 양국은 '항행의 자유'니 '주권 침해'

니 하며 국제법 조항을 들먹이지만 그건 그리 중요한 것은 아니다. 어차피 국제질서는 힘의 논리로 결정될 것이기 때문이다.

남중국해에서 미·중의 충돌은 필연적인 수순이다. 이는 2011년 미국이 '아시아로의 회귀'를 선언한 순간부터 예정돼 있었다고 보면 된다. 미국은 2001년 9·11 사태 이후 중동 지역에 깊숙이 발을 들여 놓았다가 깊은 수렁에 빠졌고 설상가상으로 미국발 글로벌 금융위기가 발생하면서 미국의 패권은 흔들리기 시작했다. 이 틈을 타 중국은 미국채 최대 보유국이 됐고, 2010년에는 일본을 추월해 세계 2위의 경제대국이 됐다. 위기에 처한 미국이 아시아 패권 탈환을 위해 구상한 것이 바로 '아시아 재균형' 전략이다.

반면 중국의 입장은 어떤가. 힘과 덩치를 키운 중국은 전후 미국이 만들어 놓은 세계질서를 불편해 했다. 군사 안보적으로 시시각각 조여 오는 미국의 대(對) 중 포위망이 중국의 근본적 이익을 해치고 있다는 판단을 내렸다. 미국은 중앙아시아에 미군 기지를 구축했고, 중국과 바다를 맞대고 있는 필리핀과 말레이시아, 싱가포르를 중심으로 군사동맹 복원을 시작했으며, 태평양으로 향하는 길목은 한·미·일 3국 군사협력체제로 포위망을 가동한다는 전략을 세웠다. 이런 포위 전략을 무너뜨리기 위한 회심의 전략이 바로 남중국해 인공섬 구축이다. 세계 원유 수송량의 3분의 2가 지나는 길목을 막아서는 중국을 미국이 어찌 가만두고 볼 것인가?

미국의 모든 정책 기준은 국익이다. 우리가 우려하는 일본의 군사대국화는 어떤가? 이 또한 미국이 오래전부터 기획한 국가 전략이다. 아베 신조 총리가 전면에 나섰지만 정작 막후 연출자는 미국이다. 이유는 간단하다. 일본의 재무장이 미국의 국익과 부합하기 때문이다. 아베 총리가 2015년 4월 종전 후 처음으로 미국 상하원 합동회의에서 연설한 것은 새로운 미・일 동맹의 탄생을 알리는 출범식이었다.

일본의 재무장 뒤에는 미국의 '아시아 안보질서 재편'이라는 큰 그림이 걸려 있다. 욱일승천하는 중국을 견제하고 아시아 지역에서 미국의 패권을 유지한다는 전략이다. 1995년 조지프 나이가 구상한 '나이 이니셔티브'가 토대가 됐다. 미・일 동맹의 역할을 '대소봉쇄'에서 '세계의 안정 유지'로 전환한다는 내용이다. 일본의 군사대국화를 추구하던 아베 정권과 이해관계가 맞아떨어진 것이 일본의 재무장 전략이다.

하지만 세상에 공짜는 없다. 경제적으로 휘청거리는 미국은 다른 특혜를 줬다. 바로 아베노믹스다. 일본 중앙은행이 거의 무제한 엔화를 찍어 내면서 엔화 절하를 인위적으로 추진하는 데도 미국은 한마디 경고도 하지 않았다. 중국의 위안화나 유럽연합의 유로화를 대하는 태도와 사뭇 다르다. 일본 경제가 살아나야 재무장이 가능하고 그래야 아시아 패권을 되찾아 올 수 있다는 속셈이 있는 것이다. 기축통화국 미국이 화끈하게 일본 경제를 살리기로 결정한 것이다.

일본의 노림수는 또 있다. 바로 군수산업의 부흥이다. 2014년 '무기수출 금지 3원칙'을 폐기한 것이 대표적이다. 미국의 승인 없이는 어림없는 일이다. 미쓰비시나 가와사키 중공업 등 이른바 '전범(戰犯) 기업'들이 세계 무기 시장에 뛰어들었다.

주변국들은 정교한 전략으로 움직이는 상황에서 한국은 또 남중국해 분쟁에 '울며 겨자 먹기'로 끼어들게 생겼다. '미국의 요청'을 받아 '항해의 자유'를 보장하라며 미국 편에 선 것이다. 중화부흥을 꿈꾸며 새로운 질서를 만들려는 중국이나 자신들이 구축한 세계질서를 지키려는 미국과 우리의 국익은 분명 다를 것이다. 양국의 패권다툼에서 선택을 강요받는 작금의 패러다임에서 벗어나지 않는 한 한국의 국익은 늘 심각하게 위협받을 수밖에 없다.

세계 원유 수송로 난사군도

난사군도가 속한 남중국해는 세계 원유 수송량의 3분의 2가 지나는 길목이다. 게다가 미 태평양함대의 안방과도 같은 곳이라 중국이 인공섬을 건설해 인위적으로 영유권을 굳히려는 시도를 미국은 묵과할 수 없는 입장이다.

난사군도는 해수면 위의 도서 면적을 모두 합해 봤자 2제곱킬로미터를 조금 넘는다. 약 100여 개의 무인도와 환초, 모래톱으로 구성돼 있고 식수를 얻을 곳은 극소수에 불과하다. 중국이 실효적 지배를 하는 가장 큰 섬인 이투아바섬(타이핑다오), 존슨 남암초 등이 있고 난사군도는 베트남의 실효 지배 아래, 티투섬은 필리핀의 실효 지배 아래 있다. 아시아해양투명성기구(AMTI)에 따르면 타이완이 이투아바섬에 1억 달러를 투입해 2015년 2월, 1,200미터 활주로와 3천 톤급 군함의 정박이 가능한 신 항구 확장 공사를 마쳤다고 했다.

지정학적으로 볼 때 난사군도는 중국, 말레이시아, 베트남, 브루나이, 타이완, 필리핀 등 6개국이 서로 영유권을 주장하면서 오래전부터 분쟁을 빚어온 지역이다. 이들 국가는 일부 산호초에 대해 실효적 지배를 강화하기 위해 인공 구조물을 지었다. 베트남은 스프래틀리 군도 내에 있는 9개 섬과 12개 인공섬에 군을 주둔시키고 있다. 필리핀도 자신들이 관할하는 일부 섬에 군을 주둔시켰고, 최근에는 군용 활주로 개보수 공사까지 진행한 것으로 알려졌다.

하지만 중국의 인공섬 건설사업은 이런 소소한 차원을 뛰어넘는다. 최근 중국은 수면 밑에 있는 산호초인 융수자오(永暑礁, 피어리크로스)에 인공 활주로를 건설하면서, 수백만 톤의 모래를 쏟아부은 뒤 그 위를 콘크리트로 덮었다. 이런 식으로 2010년 이후 축구장 약 1,500개 넓이인 8.1제곱킬로미터 규모의 인공섬을 만들었다. 해리 해리스 미 태평양군사령관은 중국의 인공섬 건설에 대해 "모래장성을 만들었다"고 비난하기도 했다.

중국이 국제 사회의 반발과 우려에도 이곳에 인공섬 건설을 밀어붙인 배경에는 국가의 생존이 달렸다고 판단했기 때문이다. 우선 남중국해는 원유를 비롯한 자원의 보고다. 확인된 석유 매장량만 77억 배럴(세계 10위 규모)이며, 예상 매장량은 288억 배럴이다. 천연가스 매장량도 7,500세제곱킬로미터에 달할 것으로 추산된다. 베트남과 필리핀, 말레이시아, 인도네시아, 브루나이 등 5개국은 이미 남중국해에서 1,380개의 유정(油井)을 개발해 원유를 생산하고 있으며 중국도 1980년대부터 이 지역에서 석유와 가스 탐사활동을 벌이고 있다.

또한 매우 중요한 해상로라는 점에서 중국에게는 포기할 수 없는 지역이다. 전 세계 해양 물류의 절반, 원유 수송량의 60%가량이 남중국해를 거쳐 간다. 글로벌 물류의 중심지인 것이다. 중국은 물론 한국과 일본도 원유와 교역 물동량의 상당 부분을 이쪽 해상로를 통해 해결한다. 글로벌 물류 중심지는 곧 전략적 요충지라는 의미다.

게다가 인도양과 태평양을 이어주는 요충지로 군사적 가치도 높다. 미국이 가장 우려하는 것이 바로 이 부분이다. 중국은 인공섬에 군사 막사와 활주로, 보급기지 등을 세움으로써 유사시 전투기와 군함, 전투병력 등을 동남아 전역으로 신속하게 보낼 수 있다. 중국은 인공섬 건설을 통해 동남아 전역을 군사적으로 위협하는 '불침항모'(가라앉지 않는 항공모함)를 손에 넣은 것이다. 이미 인공섬 중 한 곳에서 중국군이 이동식 대포 2기를 설치한 사실이 미군에 포착된 바 있다.

미국의 주적은 중국

세계 유일의 패권국 미국은 누구를 적으로 보는가? 매년 발표되는 미국의 군사 전략보고서를 보면 감을 잡을 수 있다. 2015년 미 군사 전략보고서는 북한과 러시아, 이란, 중국을 기존 국제질서를 흔들고 미국의 국가안보를 위협하는 4대 국가로 지목했다.

테러와의 전쟁을 수행 중인 미국은 이슬람국가를 비롯한 비국가 행위자들의 테러리즘이 새로운 안보적 도전과제로 부상한다고 지적하면서 주요한 위협은 국가 행위자들로부터 나온다는 미군의 인식을 분명히 했다.

미국은 중국과 관련해 "아시아태평양 지역에 긴장을 고조시키고 있으며 남중국해 거의 전부에 대해 영유권을 주장하는 것은 국제법과 맞지 않는다"고 강조했다. 보고서는 "현재로서는 이들 4개국 가운데 어떤 나라도 직접적으로 미국 또는 동맹국들과 직접적 군사충돌을 추구하는 것으로 보이지 않지만, 이들 국가는 국제 사회가 공통의 정책과 공유된 메시지, 조율된 행동을 통해 집단으로 해결해야 할 심각한 안보적 우려를 노출하고 있다"고 분석했다.

마틴 뎀프시 미국 합참의장은 "미래에 일어날 전쟁은 단기간에 끝나기보다는 장기화될 가능성이 크고 긴장 고조를 억제하기가 갈수록 어려워질 것"이라는 우려도 숨기지 않았다.

미군은 향후 대응방향의 일환으로 미국이 아시아 역내에서 패권질서를 유지하는 데 초점을 맞춘 '아시아 재균형 전략'을 적극적으로 추진하고 동맹과 우방국들과의 안보협력을 강화해야 한다고 결론을 내렸다. 호주와 일본, 한국, 필리핀, 태국을 지목해 동맹 강화가 필요하다고 지적했다.

중국군은 유사시에 2억 명의 병력을 동원할 수 있으며 첨단무기 개발에도 박차를 가하고 있어 '세계 최강' 미군을 빠르게 추격하고 있다는 것이 미국의 인식이다. 중국 정부는 2002년 발표한 '신형과학기술산업발전계획'에서 무기 국산화에 박차를 가해 21세기 중엽까지는 미국과의 '군사적 균형'을 실현한다는 목표를 제시한 바 있다. 중국의 군사력은 비약적인 발전을 거듭하고 있다. 중국은 2013년 처음 공개한 '국방자료'에서 인민해방군이 총 148만 3천 명이라고 소개했다. 이 중 육군이 85만 명, 해군 23만 5천 명, 공군 39만 8천 명 등이었다.

중국군은 총 18개 군으로 구성되어 있으며 군 산하에 각각 31개 보병사단, 23개 기계화사단, 17개 탱크사단, 19개 포병사단, 5개 해군육전사단, 3개 공수사단이 편성돼 있다. 1만 4천 명 규모의 특수부대도 존재한다. 18개 군 중 11개 군은 러시아와의 접경 지역인 중국 북부 지역에 배치돼 있다. 러시아 언론은 "중국의 방대한 동원능력은 여전히 유지되고 있다. 21세기 초 중국의 동원능력은 총 3억 8천만 명에 달하며 이 중 2억 8백만 명은 군복무가 가능하다"고 주장했다.

중국군의 전투기 수는 미국, 러시아에 이어 세계 3위 수준으로, 비교적 선진적 수준의 전투기 2,100대, 구형 전투기 1,500대, 수송기 500대, 공중감시기 및 정찰기 100대 등이 있다. 또한 최강의 전투기 중 하나가 될 것으로 예상되는 젠(殲)-20, 젠-31에 대한 시험비행을 완료했으며, 미국의 글로벌 호크와 유사한 고고도무인정찰기 샹룽(翔龍)도 개발했다.

제1호 항모 랴오닝호를 보유하며 항모 보유국 대열에 들어선 중국의 해군 전력도 급성장하고 있다. 중국 해군은 항모 1척, 구축함 24척, 유도탄 호위함 49척, 경량 호위함 9척, 상륙함 57척, 미사일함 100여 척, 해양순찰함 수백 척, 디젤잠수함 61척과 핵잠수함 5~8척을 보유하고 있다. 2020년까지 최소 5척의 신형 핵잠수함을 건조할 계획이라고 한다.

중국군은 미국, 러시아와 함께 세계 3대 핵 전력을 구성한다. 12만 명의 병력이 배치된 핵미사일 부대인 '제2 포병부대'는 핵탄두 탑재가 가능한 탄도미사일 1,500~2,000기를 보유하고 있다. 이 중 100기 정도는 미국, 러시아 전역을 타격할 수 있는 대륙간탄도미사일(ICBM)이다. 중국이 130기의 핵탄두 탑재 탄도미사일, 40기의 핵탄두 탑재 잠수함발사탄도미사일, 150~350기의 핵탄두 탑재 순항미사일 등을 운용하고 있고, 수십 발의 핵탄두를 탑재한 전략 폭격기도 배치한 것으로 추정한다. 중국의 핵 전력에 대한 이런 수치는 '가장 보수적인 분석'으로, 중국이 앞으로 최대 1만 개의 핵탄두를 보유할 것이라는 추정도 나온다.

1994년 60억 달러였던 중국의 국방예산은 2015년 1,500억 달러로 증가해 미국에 이어 세계 2위 수준에 올라섰다. 20세기 말까지만 해도 미국, 소련에 비해 한 세대 뒤처졌던 중국군이 질적으로 크게 변화했으며 '군사굴기'를 향한 움직임이 순조롭게 진행되고 있다는 평가다.

미 · 일 군사동맹, 중국을 겨냥하다

시진핑 시대에 일본과의 대결은 불가피하다. 세계 패권을 향한 중국의 제 1 목표는 아시아에서의 교두보를 확보하는 일이다. 하지만 중국의 굴기를 경계하는 일본은 21세기 들어서 미국과의 동맹 강화를 통해 중국의 영향력 확대를 억제한다는 전략을 마련했다. 아베 신조 총리가 이끄는 일본은 미 · 일 군사동맹 강화를 통해 군사대국화의 길을 걷고 있다. 미국은 아시아 맹주를 꿈꾸는 일본의 국가 전략을 이용해 중국을 견제한다는 이른바 '아시아 재균형' 전략에 착수했다. 이 전략은 궁극적으로 중국의 세계 패권을 저지하려는 이른바 대중 포위 전략이다.

일본의 군사대국화의 첫 걸음은 자위대의 해외 파병을 금지한 헌법 조항을 폐기하는 것이고 이를 위한 사전포석이 이른바 '안보법안'의 국회 통과였다. 2014년 9월 19일 새벽, 일본 집권세력인 자민-공명 연립 여당은 안보법안을 국회 참의원 본회의에서 전격 통과시켰다. 제 2차 세계대전 패전 이후 평화헌법체제에서 금지했던 해외 무력행사의 길을 열어놓았다. 일본이 어떤 방식으로 군사대국화의 길을 가는지 살펴보는 것은 향후 동북아 정세를 이해하는 데 도움이 될 것이다.

일본의 집단 자위권 행사를 가능케 한 안보법안은 미·일 군사동맹 강화라는 큰 그림 속에서 움직이고 있다. 일본의 11개 안보법안은 2015년 4월 개정된 미·일 방위협력지침(가이드라인)과 직접적인 관련이 있다. 미·일 동맹은 자위대가 일본과 주변 지역뿐만 아니라 세계 곳곳으로 미군과 함께 진출하여 지구방위대의 역할을 수행할 수 있는 길을 새롭게 열어 놓았다. 이 지침은 미군과 자위대의 협력 및 역할 분담을 규정한 정부 간 문서로, 1978년에 만들어졌고 1997년 한 차례 개정됐다. 이후 2015년 4월 18년 만에 재개정된 것이다. 가이드라인은 정부 간 문서이므로 그 자체로서는 법적 효력이 없다. 일본은 가이드라인에 따른 자위대의 역할을 법적으로 보장하기 위해 이번에 법제화했다는 의미가 있다.

미·일 방위협력지침의 가장 큰 특징은 기존의 '주변 사태'를 '일본에 영향을 미치는 위기 시'로 확대한 것이다. 위기의 범위도 일본 유사시, 제3국 피습 시, 일본 재난 발생 시라는 3개 상황으로 세부화했다. 그리고 각 시기별로 정보, 감시정찰, 해상안보, 군사훈련, 재난구호 등 미·일 공동 대비책을 마련했다.

주변 사태를 삭제하고 이를 일본에 영향을 주는 위기 시로 대체 한 것은 센카쿠열도(중국명 댜오위다오)에서의 중국과의 분쟁을 상정함과 동시에 궁극적으로 자위대의 역할을 세계로 확장하는 것이다. 미군 가는 곳에 자위대가 간다는 말이 나오는 것은 이처럼 주변 사태를 일본에 영향을 주는 상황으로 변화시켰기 때문이다.

미·일 방위협력지침을 법적으로 뒷받침하기 위해 일본이 안보 관련 11개 법안의 제·개정을 밀어붙인 것이다. 이미 이 법은 2015년 5월 14일 일본 각의에서 통과됐다. 자위대법, 무력공격사태법, 주변사태법, 유엔평화유지활동 협력법 등 10개 법안의 개정을 일괄한 '평화안전법 제정비 법안'과 국제 분쟁에 대처하는 타 국군의 후방 지원을 수시 가능하게 하는 새로운 법안인 '국제평화지원법안' 등 2개이다.

한반도 유사시에 자위대가 한국의 영역에 진입하는 것에 대해 '영역국가 동의' 규정을 포함하고 있지만 '눈 가리고 아웅'하는 식이다. 유사시에 한국군의 전시작전통제권은 미군이 가지고 있고, 미군은 일본과 공동작전을 수행하므로 한국의 의지와 무관하게 움직일 개연성이 크다. 윤병세 외교장관은 "이번 지침은 무엇보다 북핵 위협을 넘어 중국의 부상 등 근본적인 안보환경의 변화에 맞춰 미·일 간 중장기적 협력방향을 규정하고 있는 것"이라고 밝혔다.

미·일 가이드라인 개정은 주변 사태를 일본에 영향을 주는 위기로 확장해, 한반도에 일본이 미군 지원 명목으로 개입할 가능성이 높아진 것은 사실이다. 한·미·일 3국 군사협력을 강화해서 글로벌 동맹으로 확대하여 한국이 제3국의 분쟁에 의지와 상관없이 연루될 소지가 커졌다는 의미다. 한반도를 둘러싼 국제적 갈등 가능성이 점점 커지는 현실을 고려하면 한반도에 대한 일본의 개입 가능성과 한국이 동맹에 연루될 가능성이 커졌다는 것이다.

미·일 방위협력지침은 일본의 대외 팽창주의와 뗄 수 없는 관계다. 1978년 소련의 팽창 저지란 공동의 목적을 위해 처음으로 체결된 이

지침은 1997년 개정되면서 대외팽창 노선을 노골화했다는 평가다. 일본에는 미·일 협력구도를 활용하면 독자적 대외팽창이라는 주변국들의 의혹과 불만을 해소하는 데 유리한 반면, 미국은 일본과 책임분담을 통해 안보비용을 절감하고 아시아태평양 지역에서 지속적인 영향력을 행사하는 것이 가능하다. 양국의 이해관계가 절묘하게 맞아떨어진 것이다.

'나이 이니셔티브'는 일본 정부에 의해 지지되어 미·일 신 안보 공동선언과 1997년 가이드라인 개정으로 이어졌고, 2015년에는 일본의 보통국가화를 꿈꾸는 아베의 적극적 평화주의와 접목된 것이다. 신 안보 공동선언에서는 미·일 안전보장의 범위를 아시아태평양 지역으로 확대하고, 이를 위한 두 나라의 협력방안을 제시했다. 탈냉전기에 미국의 세계 전략 수립에 일본의 역할이 강화된 것이다.

신중국군 역사 다시 쓰다, 로켓군 창설

중국 지도부는 2015년 마지막 날인 12월 31일, 로켓군 창설과 육군 통합 지휘기구, 전략지원 부대 등 3대 군기구 창설대회를 가졌다. 중국 언론들은 이 사실을 2016년 1월 1일 일제히 보도했다. 불과 몇 달 전인 2015년 11월 말 중국은 군의 총사령부인 중앙군사위 기능을 강화하는 내용의 국방개혁안을 발표했다. 신중국 역사상 보기 드문 군사력 강화 조치를 새해 첫날 잇달아 발표하며 2016년을 전면적인 '군사굴기'의 원년으로 삼겠다는 의지를 드러낸 것이다.

남중국해 영유권 문제를 놓고 대치해 온 미·중 양국이 더욱 치열한 군사적 패권 경쟁에 돌입하는 상황이다. 시 국가주석은 3대 군기구 창설대회에 참석해 '군 현대화의 이정표'라는 의미를 부여했다. 무엇보다 로켓군 창설은 핵 전력 강화를 겨냥한 것이다. 시 국가주석은 "로켓군은 핵심적 역량이며 우리나라 안전의 중요한 토대다. 핵 억지력과 핵 반격력을 강화하고 중거리-원거리 정밀타격능력을 구축해야 한다"고 분명한 목표를 제시했다.

중국은 1950~1960년대 소련의 이전 기술을 토대로 핵 공격·방어 체계를 갖췄지만 미국과 러시아에 한참 뒤져 있다. 이에 대륙간탄도미사일인 둥펑(東風)-41과 미국의 미사일방어체제를 무력화하는 극초음속 비행체 등에 대한 개발에 몰두해 있다.

우주 전략무기도 '로켓군'이 담당할 것으로 보인다. 2013년 12월 무인 우주선을 달 표면에 착륙시키며 미국, 러시아에 이은 '세계 3대 우주강국'으로 도약했다. 중국은 우주개발 과정에서 얻은 로켓정밀 제어기술을 군사적으로 활용할 작정이다.

또한 중국군은 2015년 12월 독자적인 기술로 배수량 5만 톤급의 두 번째 항모를 다롄항에서 건조한다는 것도 처음으로 공개했다. 중국은 소련이 제작했던 구식 항모를 개조해 2012년 9월, '1호 항모' 랴오닝호(6만 7,500톤급)를 취역시키며 항모 보유국 대열에 들어섰다. 중국은 이미 세 번째 항공모함을 동시에 건조하고 있다. 해외 언론들은 상하이에서 항모 전용 독(dock)에서 선체를 블록으로 나눠 만든 뒤 대형 크레인으로 조립하는 공법으로 세 번째 항모를 제작하고 있다고 보도한 바 있다.

시진핑의 군 개혁

"언제든 싸울 준비가 돼 있고, 싸우면 이기는 군대를 양성해야 한다"며 강군몽(强軍夢)을 역설해온 시진핑 국가주석의 군 현대화 구상이 드디어 모습을 드러냈다. 지휘체계의 통합 일원화와 군기 재확립을 뼈대로 한 개편안은 덩샤오핑 이후 30여 년 만에 이뤄진 가장 큰 폭의 군 개혁안이다. 시 국가주석이 군 현대화와 군부 내 장악력 강화란 두 마리 토끼를 겨냥한 것이다. 분산적이고 영토 방어 위주인 '소비에트 스타일'의 군 명령체계에서 통합적이고 신속한 대응을 핵심으로 하는 '미국식 스타일'로 인민해방군 조직을 바꾸는 군 개혁이다.

시 국가주석은 2015년 11월 '중앙군사위원회 개혁공작회의'를 주재한 자리에서 "2020년 전까지 지휘관리체제, 연합작전 지휘체제에서 획기적인 진전을 이루고 군의 규모 및 체질을 최적화해 정책제도를 개선할 것"이라고 선언했다. 그는 국방과 군대 개혁을 '중국몽'과 '강군몽'이라는 시대의 요구를 실현시키기 위한 것이라고 설명했다.

중국군을 통솔하는 중앙군사위원회 주석이기도 한 시 국가주석이 사흘 동안 군 수뇌부와 논의해 결정한 군 개혁안의 가장 큰 특징은 유기적인 통합작전 체계수립이다. 구체적으로 밝히진 않았지만 군구 개편과 연합작전 지휘기구 신설을 적시했다.

현재 중국군은 지역 구분에 따라 베이징 · 선양 · 지난 · 난징 · 광저우 · 청두 · 란저우 등 7대 군구로 나뉘어 있다. 중국 내외 언론과 전문가들은 이 군구가 통합돼 동서남북의 4개 군구로 개편될 가능성이 높다고 보고 있다. 현행 4대 총본부(총참모부 · 총정치부 · 총후근부 · 총장비부)는 총참모부 중심으로 통폐합될 전망이다. 총참모부는 사실상 육·해·공군과 전략미사일부대인 제2포병을 통합해 지휘하는 사령부 구실을 한다.

중국군이 2015년 5월 발표한 〈국방백서〉를 보면 "각 군구는 지역방어 개념에서 전역합동방어 전략으로 나아가야 한다"는 방향이 제시되어 있다. 중국군 내부에서는 육·해·공군과 핵무기 등 미사일을 운용하는 제2포병이 각 군구로 나누어져 유기적인 합동작전을 펼치지 못해 효율이 떨어진다는 지적이 적지 않았다. 게다가 세분된 군구는 현대전의 핵심인 속도전과 정보전에 제대로 대처하지 못하는 단점도 있었다. 홍콩의 군사평론가인 량궈량은 "시속 수천 킬로미터인 초음속 전투기는 순식간에 중국의 군구 몇 개를 통과할 수 있다. 조금만 명령 하달이 늦어도 이에 대응할 수 없다. 따라서 현대전에서 필수인 조기경보 기능 강화를 위해 대형 전구로 개편할 필요성이 있었다"고 언급했다. 또한 캐나다에 본부를 둔 군사전문지 〈칸와디펜스리뷰〉(漢和防務評論)는 "중국군이 현행 육군 중심에서 육·해·공 융합작전체계로 탈바꿈할 것"이라고 전망했다.

중국군 전문가들은 홍군이 압도적인 병력과 장비를 지닌 국민당군을 물리친 원인 가운데 하나로 홍군이 군기 면에서 앞섰다는 점을 꼽는다. 국민당군이 일본군 주력과 맞서느라 전력소모가 컸던 이유도 있지만 군기가 정돈된 홍군은 중국 인민들의 지지를 얻었다. 당시 "국민당군은 빼앗지만 홍군은 값을 치른다"는 말이 있을 정도였다.

이제 상황이 바뀌었다. 공산당이 정권을 잡은 지 60년이 넘은 현재 홍군의 부패는 인민의 성토대상이 됐다. 특히, 군수와 재무를 담당하는 총후근부와 장비 유지와 구매를 담당하는 총장비부는 부패의 온상으로 여겨진다. 시 국가주석 집권 뒤에만 군부 2인자인 쉬차이허우 전 중앙군사위원회 부주석, 궈보슝 전 중앙군사위 부주석이 잇따라 부정부패로 낙마했다. 사형집행유예를 선고받은 구쥔산 전 총후근부 부부장의 수뢰액은 200억 위안(3조 8천억 원)에 달했다. 이번 군 개혁안은 시 국가주석의 간판 정책인 '반 부패'를 군에서 제도화했다. 개혁안은 "중앙군사위원회가 기율검사위원회를 만들어 각 군에 조직원을 파견하고 군사 법원과 검찰원도 설치하겠다. 의법치국 원칙에 맞게 군기를 엄격히 세우고 군내 관리, 감독을 철저히 하겠다"고 명시했다.

중국군은 앞서 군내 향우회, 동창회, 동호회 등의 모임을 일절 금지한다고 발표했다. 개혁안은 그동안 묵인하거나 제한적으로 허용해 온 군의 이익사업도 금지하겠다고 했다. 양위쥔 국방부 대변인은 "군 도덕성을 정화하고 인민의 군대라는 본분을 유지하기 위해 군의 외부 이익활동이 전면 금지될 것"이라고 했다. 여기엔 부동산 개발, 학교·병원 운영 등도 포함될 전망이다.

1978년 마오쩌둥에 이어 집권한 덩샤오핑은 경제발전에 초점을 맞춘 개혁개방을 추진하면서 국방비 부담을 줄이려 군에 일부 이익사업을 허용해 부대운영을 자급할 수 있도록 했다. 중국군은 군용지를 부동산업에 투자하고 군사시설을 민간에 임대하며 막대한 수익을 챙겼다. 장쩌민도 1990년대 이런 폐단을 파악하고 군의 영리사업 중단에 나섰지만 첫 민간인 출신 중앙군사위 주석이라는 배경 탓에 실패했다. 그러나 시 국가주석은 7명의 중앙정치국 상무위원 가운데 유일하게 군 경력이 있다. 1980년대 덩샤오핑 시대 이후 30여 년 만에 가장 강력한 것으로 평가되는 이번 군 개혁안은 결국 시 국가주석의 군 통솔력을 극대화할 전망이다. 시 국가주석은 군 개혁안과 관련해 "군대에 대한 최고 영도권과 지휘권을 당 중앙과 중앙군사위원회에 더욱 집중해야 한다"고 말했다.

그러나 이러한 군 개혁은 양면의 칼로 다가올 수도 있다. 과도한 권력집중과 급진적인 군 개혁안은 시 국가주석에게는 위기요소로 작용할 수 있다는 분석도 가능하다. 시 국가주석은 군을 비롯해 당, 정의 모든 권력을 쥐고 있지만 고도의 자제력을 발휘하지 않으면 재앙이 될 수도 있다는 의미다. 〈칸와디펜스리뷰〉의 아시아 편집장인 안드레이 창은 "대대적인 군 개혁은 필연적으로 적잖은 규모의 군 인사 정리를 동반하기 때문에 서둘러 추진해선 안 된다. 혹시 시 국가주석이 1960년대와 1980년대 각각 전면적인 군 개혁을 추진하다가 권좌에서 내려온 소련의 흐루시초프나 고르바초프 서기장처럼 시련을 맞을 수도 있다"고 우려를 표시했다.

이에 앞서 시진핑 국가주석은 2015년 전승절 기념 연설에서 인민해방군의 30%를 감축하겠다고 선언했다. 본격적인 중국군 개혁을 예고한 것이다. 중국 인민해방군은 1950년 한국전쟁 발발 당시 627만 명이었다. 이후 10차례에 걸친 감축조치에 따라 현재 230만 명으로 줄었고, 앞으로 200만 명 체제를 유지하게 된다. 시 국가주석은 항상 '언제든 싸울 수 있고 싸우면 이기는 군대, 전쟁을 할 수 있는 군대'를 강조한다. 주요 개혁방향은 소련 시절의 군사조직 문화가 남아 있는 현 체제를 전문화와 슬림화를 통해 탈바꿈시키겠다는 것으로 보인다.

현재 중국군은 4대 총본부가 독자적인 지휘권을 행사하며, 지역별로는 7대 군구로 나누어져 있어 단일화한 지휘체계가 확립되어 있지 않다. 전문가들은 이 가운데 작전과 지휘를 총괄하는 총참모부가 핵심 역할을 맡고, 총후근부와 총장비부는 총참모부를 지원하는 체계로 개편될 것으로 예상한다. 비리의 온상으로 지목된 총정치부의 역할은 대폭 축소될 것으로 보인다. 그리고 육·해·공군, 전략미사일부대(제2포병)를 통합해 미국식 연합작전사령부와 같은 역할을 하는 사령부의 창설도 예상된다. 현행 7대 군구체제를 4대 군구로 개편하면서 지역 지휘관의 정치적 영향력이 줄어들고 이 과정에서 자연스럽게 구조조정이 이뤄질 것이다.

중국의 해외 군사기지

중국이 건국 이후 처음으로 해외에 군사기지를 건설한다. 해외 군사기지 건설은 개혁개방 이후 '미국과 힘의 충돌을 하지 않는다'는 도광양회 전략을 전면 수정하는 것으로, 시진핑 국가주석 이후 가시화되고 있는 '군사굴기'가 드디어 모습을 드러낸 것이다.

2015년 11월, 중국 정부가 아프리카 북동부 지부티와 군사기지 건설에 관한 협상을 진행하고 있다는 사실이 공식 확인되었다. 지부티의 중국군 군사기지는 아프리카에 세워지는 중국의 첫 군사기지로 아프리카에 대한 중국군의 거점역할을 할 것으로 예상된다. 아프리카에서의 중국 군사기지 및 군항 확보는 시진핑 지도부가 추진 중인 대양 해군 육성을 통한 해양강국 실현과 밀접한 관련이 있다. 아프리카를 둘러싼 주요 2개국 간의 군사력 및 수송로 확보경쟁이 본격화된 것이다.

제해권(制海權)과 에너지 수송로 확보를 위한 이른바 중국의 '진주 목걸이'(중국이 중동에서 남중국해까지 해로를 따라 투자 개발한 거점 항구들을 이으면 진주 목걸이 형태가 된다는 뜻의 용어) 전략도 탄력을 받게 될 전망이다. 중국이 내세우는 표면적 이유는 유엔 결의안에 따른 아덴만 해역에서의 작전수행에서 장병들을 위한 휴식장소 제공 및 병참 목적이다.

중국은 구체적인 사항을 밝히지 않았지만, 미국 고위 장성은 중국이 지부티와 10년간 군사기지 사용계약을 체결했다고 언급했다. 데이비드 로드리게스 미군 아프리카 사령관은 "그들(중국)이 지부티에 군 기지를 건설하면 아프리카의 첫 (중국군) 군사거점이 될 것이며, 조성될 중국군 기지는 중국의 '영향력 확장'을 위한 물류 중심지 노릇을 할 것"이라고 말했다.

아덴만과 홍해에 모두 접해 있는 중동·북아프리카의 요충지인 지부티에는 이미 미국과 프랑스, 일본이 군 기지를 두고 있다. 이들 국가가 지부티에서 군사시설을 운영하는 명분은 테러나 해적행위에 대한 대응이다. 반면 중국의 군사기지 건설은 단순한 병참기능 제공이 아니다. 국제 사회에서의 중국군의 역할 강화, 아프리카에 대한 중국의 영향력 확대 등을 고려한 다목적 포석으로 풀이된다.

중국은 파키스탄의 과다르항을 43년간 장기임차하는 계약을 체결해 인도양에 본격적으로 진출할 수 있는 거점을 확보했고, 말레이시아에 자국 함선이 정박할 수 있는 근거지도 확보했다. 중국은 이른바 '차이나 머니'를 바탕으로 스리랑카에서도 콜롬보 항구 개발 프로젝트를 추진 중이며, 방글라데시, 캄보디아, 몰디브, 예멘 등에서도 항만 개발 등을 통해 남아시아, 아프리카 진출을 적극적으로 추진하고 있다.

2015년 5월, 싱가포르에서 개최된 '샹그릴라 아시아 안보포럼'에서 애슈턴 카터 미국 국방부 장관은 "중국은 난사군도에서의 인공섬 건설 작업을 즉각 중단해야 한다"고 경고했다. 그러나 쑨젠궈(孫建國) 중국 인민해방군 부총참모장은 샹그릴라 포럼에 직접 참석, 미국 국방부 장관의 경고를 세계 각국의 이목이 쏠린 가운데 정면으로 반박했다.

그는 남중국해에서의 인공섬 건설은 합법적이며 중국의 주권에 속하는 사항으로 남의 간섭을 받을 이유가 전혀 없다고 주장했다. 중국군은 스스로 주권을 지키기 위한 '자신감과 능력'을 모두 갖고 있다며 미국에 대한 군사적 맞대응 의사를 공개적으로 밝혔다. 중국이 미국 주도의 세계질서, 즉 '팍스 아메리카나'(*Pax Americana*)에 대한 도전을 본격화했다는 의미가 크다.

미국 하버드대학의 역사학자 니얼 퍼거슨(Niall Ferguson) 교수는 2008년에 'CIMERICA'(중·미 공동체)라는 독특한 개념을 제시했다. 그는 미국과 중국은 경제공생체라는 화두를 던지면서 미국과 중국이 기묘한 조합을 이루며 세계 경제를 견인하고 있다고 지적했다. 또한 "약 20년 후에는 CIMERICA 시대가 끝나고 이른바 팍스 시니카(*Pax Sinica*) 시대가 열릴 가능성이 있다"고 주장했다.

팍스 시니카는 중국이 중심국가가 되어 주변국들이 평화를 유지한다는 의미다. 이는 시진핑 국가주석이 중국 권력을 장악하면서 이른바 신형 대국 관계를 내세워 미국의 패권에 대한 도전 의사를 공공연히 밝히는 현재의 상황과 밀접한 관련이 있다. 수잔 라이스 백악관 국가

안보보좌관은 중국은 서방세계가 정한 국제질서를 존중해야 한다고 요구했다. 이에 대하여 중국은 미국 주도의 국제질서에 대항하지 않고 충돌하고 싶지 않다고 하면서도 상황변화에 따라서는 국제질서도 변화해야 한다는 단서를 언제나 달고 있다.

미국은 근본적으로 중국을 신뢰하지 못하고 있다. 2015년 시 국가주석의 미국 공식 방문을 앞두고 중국 매체들은 시 국가주석의 방미 목적은 한마디로 증신석의(增信釋疑, 신뢰를 높이고 미국의 의심을 풀기 위한 목적의 방문)라고 표현했지만, 미국은 중국이 노골적으로 미국의 이익에 도전하고 있다는 견해를 버리지 않았다. 미국은 소련의 해체 이후 미국의 제해권에 맞서 도전할 수 있는 잠재력을 갖춘 유일한 나라는 중국이라고 판단했다. 중국의 해양진출에 대해 과민할 정도로 사전 경계를 하는 것이다. 미국은 중국의 경제력이 지금처럼 위협적 수준으로 성장하기도 전인 2004년에 이미 민간 싱크탱크에 의뢰하여 보고서를 작성했다.

중국 해군은 2015년 상당수의 군함을 동원하여 한국의 내해(內海)인 대한해협을 통과해 러시아의 블라디보스토크에서 러시아와 합동군사훈련을 개최하였다. 중국 해군 역사상 처음으로 중국에서 멀리 떨어진 흑해까지 가서 러시아 해군과 원양작전을 위한 합동군사훈련도 실시했다.

중국군의 해외진출은 제해권이라고 하는 미국의 핵심 이익에 대한 직접적인 위협이다. 태평양을 반으로 나눠서 먹자는 중국의 주장도 그동안 수조 달러가 넘는 군사비를 지출해 확보한 이 지역에 대한 미국의 기득권에 대한 도전이다. 2011년 미국의 오바마 정부가 아시아 재균형 정책을 들고 나왔을 때 이미 중국과의 한판 대결이 벌어졌다. 이후 미국은 동중국해나 남중국해는 물론 중국의 외교안보 전략에 대한 본격적인 군사적 견제를 시작했다.

미국은 종전까지만 해도 바다에서의 자유롭고 안전한 항해만 보장된다면 섬을 둘러싼 영토 분쟁에 관해서는 당사자끼리 평화적으로 해결해야 하며 역외국인 미국은 개별적인 영토 분쟁에 대해 중립을 지킨다는 원칙이었다. 하지만 2011년 이후 영토 분쟁과 관련해 동중국해에서는 일본을 노골적으로 지지했고, 남중국해에서는 필리핀과 베트남 편을 들면서 중국을 고립시키려는 지역 내 안보의 조직화·체계화 작업을 공개적으로 진행하고 있다.

이에 맞서 중국도 경제적 지원을 앞세워 아시아 각국을 격파하는 수법으로 미국의 전략에 맞서고 있다. 경제를 앞세워 아시아 각국을 뒤흔들고 있어, 경제력이 취약한 파키스탄, 스리랑카, 미얀마, 태국, 말레이시아 등도 중국의 구애를 거부할 리 없다. 심지어 전통적으로 미국의 맹방 중 하나인 호주도 미국의 장거리 전략폭격기의 자국 내 배치 문제와 연합함대를 통한 남중국해의 감시 등 미국의 요구와 관련해 의견통일이 쉽지 않다. 미국과 군사적 협력도 중요하지만 중국과의 경제교류에 따른 국익도 고려해야 하는 처지가 된 것이다.

미국은 아시아 지역에 대한 중국의 영향력 확대를 절대로 두고 보지는 않을 것이다. 미국 또한 제 2차 세계대전 이후 자신들이 구축한 기득권을 포기할 의사가 없을 것이다. 패권국가로서 미국이 그동안 군사력을 동원해서라도 반드시 자신들의 국익을 관철해 온 역사가 이를 증명한다.

숨 막히는 미·중 첩보전

2001년 9월, 시험비행 중이던 장쩌민 당시 중국 국가주석의 전용기에서 이상한 신호음이 포착됐다. 이 잡듯이 수색작업이 진행됐고 결국 화장실과 장 주석의 기내 침대 밑 등에서 20여 개의 도청장치가 발견됐다. 하지만 전용기 제조사인 보잉사와 미국 정부 모두 관련성을 부인했고 뚜렷한 물증도 없었다. 이 사건이 보도된 시점은 2002년 1월경이었다. 조지 W. 부시 미 대통령의 2월 중국 방문을 앞두고 미·중 간에 엄청난 파장을 몰고 왔다.

영국의 〈파이낸셜타임스〉는 장 주석이 발견된 도청장치에 대해 격노하며 진상조사를 지시했다고 전했다. 만일 미국이 장 주석을 도청하려 위성으로 조작하는 첨단 도청장치를 몰래 장착했음이 사실로 드러나면 이는 미·중 관계에 파란을 초래할 수도 있는 엄중한 사안이었다. 중국 정부는 외신들의 보도에 대해 시인도, 부인도 하지 않았고 중국 언론들도 이에 관해선 함구로 일관했다. 미국 정부 역시 비슷한 자세를 취했다. 중앙정보국(CIA)의 대변인은 "우리는 그런 종류의 주장에 대해선 정책적으로 코멘트를 하지 않는다"고 말했고, 백악관과 국무부도 구체적인 논평을 거부했다.

미국 내 중국 전문가들은 국가 간의 첩보전은 새삼스러운 일이 아니라는 점을 들어 이번 사건이 흐지부지될 것으로 전망했고, 이런 방향으로 사태가 마무리됐다. 브루킹스 연구소의 베이츠 길 연구원은 중국이 전용기를 운항하기 전에 도청장치를 발견, 실제 피해가 별로 없을 것이라는 점을 들어 이번 일은 미국의 실패한 첩보작전으로 규정지었다.

미국과 중국 사이에 물고 물리는 첩보전은 정치, 경제, 사회 모든 분야에서 진행된다. 일극체제를 굳히려는 미국과 세계 패권에 도전하는 양국으로서는 피할 수 없는 한판 대결이다. 특히 양국의 첩보전은 자국의 대사관을 둘러싸고 긴밀하게 이뤄지고 있다는 것이 정설이다. 해외 주재 대사관은 외교라는 형식을 빌려 수행하는 첩보전의 최전방 초소이기 때문이다. 이런 이유로 대사관 건물에는 최고 수준의 감청 및 도청 방지 시설이 들어가게 마련이다.

2008년 공교롭게도 미국과 중국은 각각 상대국 수도에 최첨단 대사관 건물을 신축했다. 양국 모두 자국의 해외 대사관 중 최대 규모였다. 양국은 새 대사관 건축에 5년 안팎의 기간과 2~5억 달러의 거액을 들였다. 상대방의 도청을 방지하기 위해 최첨단 공법을 동원하는가 하면 주재국이 장난치지 못하도록 건축 자재도 본국에서 가져올 정도로 엄청난 공을 들였다.

베이징 량마허(亮馬河)에 있는 주중 미국 대사관은 2008년 8월 8일 올림픽 개막식 날 개관했다. 주중 한국 대사관과는 골목길을 사이에 두고 바로 옆에 자리 잡았다. 개관식엔 부시 대통령이 직접 참석했다. 대사관은 연면적 56,460제곱미터로 역대 미국 대사관 가운데 가장 많은 4억 3,400만 달러의 공사비가 투입됐다. 8층 높이의 본청 등 모두 5개 동으로 구성돼 있으며 보안을 위해 내부가 모두 연결돼 있다. 베이징의 외교 소식통들은 "신축된 미국 대사관은 도청 방지를 위해 사무실 벽면에 유리창이 없는 게 특징이며 대사관 건물 자체가 미·중 양국의 치열한 정보전의 상징이다"라고 말했다.

중국도 7월 29일 워싱턴 D.C.에서 당시 양제츠 중국 외교부장과 헨리 폴슨 미 재무장관 등이 참석한 가운데 신축 주미 중국 대사관 개관식을 열었다. 10,760제곱미터에 연면적 4만 제곱미터로 2억 5천만 달러의 공사비가 투입되었다. 미국에 있는 외국 대사관 중 규모가 가장 컸다. 중국 대사관은 미국이 건물 내부에 도청장치를 설치할 것을 우려해 건설인부 수백 명을 모두 중국에서 직접 데려왔고, 자재 역시 미국산은 사용하지 않았다.

미국과 중국 군부의 첩보전은 상상을 뛰어넘을 정도로 치열하다. 2010년 미 국방부는 보고서를 통해 공개적으로 중국군이 미국 기업과 정부기관들의 전산망을 은밀하게 공격하기 위해 민간인 컴퓨터 전문가까지 활용하고 있다고 경고했다. 또한 중국의 사이버 위협 관련 보고서에서 중국 인민해방군(PLA)이 적대국의 컴퓨터시스템과 네트워크를 공격하는 바이러스를 개발하기 위해 '정보전 부대'를 운영하고 있으며 이들 부대에는 민간인 컴퓨터 전문가들이 포함돼 있다고 밝혔다.

캐나다 분석기관 '인포메이션 워페어 모니터'(IWM)도 2009년 3월 중국의 사이버 첩보활동에 대해 비난하면서 고스트넷(GhostNet)이라는 중국에 근거지를 둔 컴퓨터 첩보단이 세계 103개국의 정부, 대사관 및 민간기업 전산망에 침입해 약 1,300대의 컴퓨터에서 민감한 정보들을 절취했다고 발표했다. IWM은 티베트의 정신적 지도자 달라이라마와 망명정부 사무실의 컴퓨터까지 해킹프로그램에 노출됐다고 주장했지만 중국 정부는 강력하게 부인했다.

미 정부기관 및 주요 기업들은 중요한 국방계획이나 다른 첨단산업을 겨냥한 사이버 공격에 관한 불만을 계속 제기했다. 컴퓨터 보안 전문가들은 기업 전산망이 공격당했을 때 중국 코드나 중국발 인터넷 주소가 있는지 분석해달라는 요청을 많이 받는다고 언급했다.

중국군이나 정부에 연결되지 않은 중국인 해커들도 미 기업과 정부 기관을 공격대상으로 삼고 있어, 민간인 사이버 범죄자의 어느 정도가 인민해방군과 관련이 있는지는 미지수다. 하지만 최근 들어, 미국이 중국의 사이버 위협을 거론하는 것은 미 당국이 인민해방군의 개입 증거를 충분히 확보했다는 의미다. 관련하여 미국 등 주요 국가들은 글로벌 사이버 범죄 퇴치를 위한 공조체계를 강화하고 인터넷 관리지침을 마련하려 애쓰고 있다.

미 · 중의 사이버 전쟁

2014년 7월 19일 미국 법무부가 중국군 장교 5명을 미국의 6개 주요 기업과 노동조합을 31차례 해킹한 혐의로 정식 기소하면서 미 · 중 간 사이버 갈등이 불거졌다. 미국이 정부 차원에서 중국은 물론 외국 정부 관계자를 해킹 문제로 기소한 것은 처음이었다. 이에 대해 중국 정부는 강하게 반발하며 주중 미국대사를 초치하고 양국이 설치한 사이버 안보 관련 실무그룹 활동중지를 선언했다.

미 정부는 기소된 인민해방군 소속 장교 5명의 기소장과 얼굴 사진까지 이례적으로 공개했다. 이들은 2010~2012년 원전업체 웨스팅하우스, 철강기업 US스틸, 특수금속기업 ATI, 알루미늄업체 알코아, 미 철강노조 USW, 태양광업체 솔라월드 등의 컴퓨터 내부망에 불법 침입한 혐의를 받았다. 해킹은 주로 미 · 중 간 무역협상이나 사업입찰

때 이뤄졌으며, 빼낸 제품정보와 직원신상 등은 중국 관련 기업에 제공됐다. 미 정부가 장교 5명의 신병 확보 없이 기소를 강행한 것은 해킹 배후에 중국군이 있음을 강조하려는 목적이었다.

중국은 강력히 반발했다. 경옌성(耿雁生) 중국 국방부 대변인은 "중국은 인터넷을 통해 상업비밀을 절도하는 활동을 한 적이 없다. 강력하게 분개한다"고 말했다. 친강(秦剛) 중국 외교부 대변인도 "중국이야말로 미국의 사이버 공격의 피해자"라고 주장했다.

미·중의 사이버 신경전이 뜨거워지는 데는 해킹의 허용범위에 대해 두 나라 간의 인식이 다르다는 점도 작용한다. 미 정부는 정부기관을 상대로 한 첩보전과 산업스파이전은 다르다는 견해를 밝혔다. 국가안보상 정보를 얻기 위한 첩보활동으로서의 해킹은 용인되지만, 국가기관이 나서서 기업정보를 취득해 자국기업에 제공하는 행위는 범죄라는 논리인 것이다.

미·중 사이버 첩보전은 2015년 9월 미·중 정상회담을 앞두고 최고조에 달했다. 미국 연방인사관리처(OPM)는 연방공무원 약 560만 명의 지문정보가 해킹으로 유출됐다고 발표했다. 이번 해킹은 2015년 상반기 OPM 전산망에 침입해 약 2,150만 명의 개인정보를 빼낸 해커와 동일범의 소행이라고 주장했다. 미 정보 당국은 해커들이 중국 정부와 연계됐다는 의혹을 강하게 제기했다. 제임스 클래퍼 미 국가정보국(DNI) 국장은 "중국이 첫 번째 용의자"라고 언급했다.

지금으로선 유출된 지문정보가 악용될 가능성은 제한적이지만 이후 기술발전과 함께 그 가능성은 변할 수 있다는 우려가 많다. 〈뉴욕타임스〉는 "사회보장번호나 비밀번호는 바꿀 수 있지만, 지문은 그렇지 않다. 지문만 있으면 공항 입국단계부터 추적이 가능하다"고 지적했다. 그리고 〈월스트리트저널〉은 "지문 도난은 정보와 국방 분야에서 일하는 공무원들에겐 악몽이 될 수 있다"고 평했다. 사이버 첩보전을 둘러싼 미국과 중국의 치열한 기싸움은 2015년 9월, 일단 봉합하는 수순으로 정리됐다.

2015년 9월 25일 오바마 대통령과 시진핑 국가주석은 정상회담을 통해 첨예한 갈등 이슈였던 사이버 해킹 문제와 관련하여 해킹 방지를 위해 노력하기로 함으로써 갈등을 봉합했다. 두 정상은 양국 당사자 간 핫라인 개설을 포함해 고위급 사이버 안보대화 개최와 사이버 범죄에 대한 수사와 기소를 강화하기로 하는 등 한 발씩 양보해 정면충돌을 피했다.

10. 중국 경제의 청사진, 신 창타이

시진핑 시대 : 경제전략 신 창타이

중국은 큰 틀에서 움직인다. 국가의 대전략은 공산당 하부조직에서부터 오랜 토론을 거쳐 수렴되고 한 번 결정한 정책은 정권이 바뀌더라도 지속성을 갖는 특징이 있다.

중국의 국가 대전략 중 하나가 삼보주(三步走)이다. 개혁개방의 설계자인 덩샤오핑이 1979년에 밝힌 3단계 중국 경제발전론이다. 즉, 원바오(溫飽) → 샤오캉(小康) → 다통(大同)으로 나아가는 발전단계를 말한다. 원바오는 기본 의식주를 해결하는 단계를, 샤오캉은 의식주가 해결된 중등생활 이상의 복지 사회를, 대동은 말 그대로 이상적 복지 사회를 의미한다.

1978년 12월 18일 중국공산당 제 11기 3중전회에서 덩샤오핑의 개혁파들은 회의에서 '대규모 대중적 계급투쟁'의 종결을 선언했다. 계급투쟁이 모든 것에 우선한다는 마오쩌둥 시대의 노선과의 결별을 명확히 하고, 4개 현대화(농업, 공업, 과학기술, 국방)와 경제발전을 당과 국가가 추구해야 할 새 시대의 총체적 과업으로 규정했다. 덩샤오핑은 '4개 현대화'를 이룩하기 위해 경제건설이라는 중심점을 확고히 하였다.

덩샤오핑은 당시 1단계로 300달러의 1인당 국민소득을 20세기 말까지 4배로 끌어올려 원바오 수준을 이룩하고, 2단계로 공산당 창건 100주년인 2021년까지 국민소득을 다시 2배로 끌어올려 중진국에 진입하며, 3단계로 건국 100주년인 2049년까지 선진국에 진입한다는 목표를 제시했다. 100년이 지날 때까지 이러한 체제목표가 바뀌어서는 안 된다고 못을 박았다.

이러한 개혁개방 과정의 3단계 발전 전략 가운데 첫 단계인 원바오 단계는 후진타오 시대에 완료했다고 판단하고, 이후 시진핑 시대는 2단계인 샤오캉 실현에 전력투구하고 있다. 중국 정부는 중국의 1인당 국민소득이 오는 2020년을 전후로 연 1만 달러가 돼 샤오캉 사회를 이룰 것이라고 선전하고 있다.

2020년까지 5년간 중국 경제성장률이 연평균 6.8%로 떨어진다고 하더라도 2010년 GDP의 2배에 달해 자연스럽게 샤오캉 사회를 달성할 수 있다는 것이 중국 지도부의 계산이다. 하지만 이런 구체적인 목표에도 불구하고 빈부격차는 중국이 가진 치명적인 아킬레스건이다.

국가통계국에 따르면 2014년 중국의 지니계수는 0.469로 6년 연속 하락했으나 여전히 사회 불평등을 의미하는 0.4를 넘는다. 중국 정부 집계가 보수적이라는 것을 고려해도 빈부격차는 여전히 해소되지 않고 있는 것이다. 국제통화기금도 중국 경제공작보고서를 통해 중국의 1인당 소득이 빠르게 늘고 있고, 소득이 하루 1.25달러 미만인 빈곤층도 크게 줄었지만 빈부격차는 갈수록 심해지고 있다고 지적했다.

보스턴컨설팅그룹(BCG)에 따르면 2014년 기준 현금과 주식, 채권 등 금융자산이 백만 달러가 넘는 백만장자는 중국에서 약 360만 가구에 달했다. 이는 7백만 가구의 미국에 이어 세계 2위 수준이다. 상대적으로 빈곤층의 소득은 더디게 향상하고 있다. IMF에 따르면 2015년 기준 중국 상위 20% 계층은 국민 전체소득의 절반 가까이를 차지했으나 하위 20%가 중국 전체소득에서 차지하는 비중은 5%에도 못 미쳤다. IMF 등 국제기구는 중국 정부에 고소득자에 대한 세금 인상과 저소득층 근로소득세 인하, 서비스 부문에 부가가치세 도입 등 세제개혁을 통해 빈부격차를 줄이는 방법을 제안했지만 수용될지는 아직 미지수다.

신 창타이(新常態)는 중국이 심혈을 기울이는 샤오캉 사회 진입을 위한 회심의 전략으로 2022년 가을, 시진핑 집권 기간까지 중국 경제를 대표하는 키워드가 될 것이다. 이 용어는 시진핑 국가주석이 2014년 5월 경제 관련 회의에서 "중국 경제가 개혁개방 이후 30여 년간의 고도성장기를 끝내고 새로운 상태로 이행하고 있다"고 언급하며 처음 사용했다. 미국 자산운용사 핌코의 공동 최고경영자였던 엘 에리언이 글로벌 금융위기 이후의 미국 경제를 설명하기 위해 만들어 낸 신조어 '뉴노멀'(*new normal*)의 중국판이라고 할 수 있다.

〈인민일보〉는 신 창타이의 4대 특징으로 ① 중고속(中高速) 성장, ② 구조 변화, ③ 성장 동력 전환, ④ 불확실성 증대 등을 제시했다. 베이징대학 광화경영대학원 명예원장인 리이닝은 "2003년 이후 중국 경제는 비정상이었다. GDP 하락을 막기 위해 억지로 대량투자를 하여 경제성장률을 9~10%대로 유지했다. 안정적 성장을 위해 성장이 꼭 빠를 필요는 없으며 적정한 상태가 좋다. 이것이 바로 신 창타이다. 더불어 경제구조가 조정되지 않으면 앞으로 성장을 유지하는 데 점점 더 많은 비용이 필요해지고 상품판매도 어려워진다는 의미에서 구조조정이 필요하다"라고 언급했다. 그는 결론적으로 중국 경제는 장기적으로 6.5~7% 수준의 경제성장률이 적합하다고 정리했다.

시진핑의 중국은 대대적인 국가 개조작업 중이다. 지난 30년의 생산대국 중국을 소비와 서비스 대국으로 탈바꿈시키고 있다. 역대 G2 국가 중에서 G1 국가 GDP의 절반에 해당하는 경제 규모를 가진 나라가 7%대의 성장을 한 적은 없다. 그런데도 전 세계 언론에서는 중국의 성장률 둔화에 대해 금융위기, 경착륙, 붕괴론이 넘쳐난다. 일본이 G2일 때 1~2% 성장도 버거워했는데 적어도 7% 내외의 성장을 계속하는 중국 경제를 두고 경제위기를 운운하는 것은 좀 과해 보인다. 7% 성장을 하는 대국 경제를 소수점 한 자릿수로 판단하면 안 된다. 2014년 중국은 10%대에서 7%대(2016년은 6.9%)로 성장률을 낮추고 산업의 구조조정, 경제성장방식의 전환을 시작했다. G2 중국의 변화가 무엇이고, 그 과정에서 한국은 무엇을 얻을 수 있을지를 연구하는 것이 답이다.

중간재 수출로 재미를 보던 한국의 전통제조업은 이젠 중국 특수(特需)는 잊어야 할 것 같다. 지금 중국의 산업을 분야별로 살펴보면 전통산업은 과잉설비 축소, IT를 중심으로 하는 신 성장 소비산업은 육성, 금융산업은 내부 구조조정 상태이다.

총수출의 30%를 중국에 의존하는 한국으로서는 중국의 금융위기보다는 전통제조업의 구조조정이 더 무서운 상황이다. 한국의 수출 호조는 이들 전통산업에 대한 중간재 수출이었는데 이젠 그 호황이 끝난 것이다. 한국은 중국의 구조조정 후에 등장할 경쟁 상대에 어떻게 대응할 것인지를 고민해야 한다. 중국의 변화에 따라 한국의 돈 벌 기회가 무엇인지를 제대로 파악하는 것이 중요하기 때문이다.

하지만 시진핑의 승부수가 안팎으로 시련을 겪고 있는 것도 사실이다. 기대했던 증시는 오히려 혼란에 빠지면서 중국 경제를 벼랑 끝으로 내몰았다. 날로 쌓여가는 부채 문제도 해결이 요원한 상태였다. 2014년 5월 시진핑 국가주석은 허난성을 시찰하면서 "중국 경제가 '신 창타이'에 접어들었다는 사실에 적응할 필요가 있다"며 신 창타이를 새로운 화두로 제시했고, 2015년 7월 중앙정치국 회의에서 "경제 거시조정을 개선하고 중고속 경제성장을 유지한다"며 최종적으로 신 창타이를 기본방침으로 정했다.

이는 시진핑, 리커창 등 현 지도부 임기에 경제 정책의 핵심은 '신 창타이'가 될 것이라는 의미로, 시 국가주석이 자국 경제를 '신 창타이'로 규정한 것은 중국의 고성장 시대가 끝났음을 인정한 것이다. 핵심은 경기둔화를 용인하는 것이 아니라 경제성장속도가 느려진 가운데 소비와 시장 역할 확대 및 도시화, 소득분배 개선 등 개혁에 박차를 가해 장기적으로 경제 펀더멘털을 견실하게 다지는 데 있다.

중국의 2015년 GDP 성장률은 7%로, 정부 목표를 간신히 달성했으나 전문가들은 실질적 성장률은 이보다 낮은 6%대로 추산했다. 지난

7년간 중국의 GDP가 2.5배 증가하고 세계 경제에 대한 영향력도 비교할 수 없을 정도로 커졌다. 중국의 구매력 평가 기준 1인당 GDP는 개혁개방 전 미국의 3% 수준에서 현재 25%로 높아졌다.

제2차 세계대전 이후 이렇다 할 천연자원 없이 중국과 비슷한 성과를 낸 국가는 한국과 일본, 타이완, 베트남 정도밖에 없다. 중국의 1인당 GDP는 미국과 비교하면 1980년대 중반 한국의 수준 정도다. 한국의 1인당 GDP는 그 이후 약 4배 증가했다. 중국이 한국처럼 1인당 GDP를 늘릴 수 있다면 장기적으로 경제 규모가 세계 1위를 차지하는 것은 물론 미국과 유럽을 합친 것보다 커지게 된다.

하지만 중국 경제는 분명 위기다. 국제통화기금은 중국 경제 평가 보고서에서 "중국은 개혁이 없다면 부채가 급증하는 가운데 성장률이 5% 내외로 축소할 것"이라고 경고했다. 유럽 정책연구센터의 대니엘 그로스 소장은 "GDP 대비 투자비율이 지금보다 약 10%p 낮아질 필요가 있으나 갑자기 그렇게 되면 내수도 급감할 것"이라고 우려했다. 중국 GDP 대비 투자비율이 2000년대 초반 수준인 35%로 낮아지는 것이 가장 이상적이나 이런 전환이 너무 빨리 이뤄지면 결국 중국 내수 자체가 휘청거리면서 신 창타이 전략이 좌초될 수 있다는 의미다.

경제 전문가들은 중국 정부가 '신 창타이'에 대응할 수 있는 가장 좋은 방법은 개혁을 지속하면서 소비자의 구매력 향상에 초점을 맞추며 공공지출과 환경개선에 대한 투자를 늘리는 것이라고 권고한다. 중국 지도부 역시 이런 전략을 세웠지만 이것이 현실에 적용되는 것은 또 다른 문제일 것이다.

시진핑 시대의 고민, 환경오염

날로 심각해지는 환경 문제도 고민거리다. 환경오염으로 국민의 건강은 악화되고 있지만 경기둔화가 심화되는 상황에서 환경보호에 전력 질주하기도 어려운 일이다.

2015년 베이징에서 열린 전승절은 환경 문제에 직면한 중국 지도부의 모순을 극명하게 드러냈다. 당국은 청명한 하늘 아래서 전승절을 치르기 위해 차량 홀짝제를 시행, 인근 공장과 건설현장에 임시 폐쇄령을 내렸다. 전승절 당일 베이징 주민들은 맑고 청량한 하늘을 만끽할 수 있었다. 이에 '열병식 블루'라는 신조어가 생기기도 했다.

그러나 전승절이 끝난 다음 날, 스모그로 짙게 뒤덮인 베이징 시내 사진과 함께 현지 주민들의 허탈한 심정이 전 세계에 낱낱이 공개됐다. 전승절 당일 베이징의 대기질지수(AQI)는 '매우 깨끗한 수준'을 뜻하는 17을 기록했으나 불과 하루 만에 '건강에 해로운 수준'인 160으로 치솟았다. 웨이보에서는 "'열병식 블루'가 단 한 방에 사라졌다. 마치 마술과 같다"고 한탄하는 글이 곳곳에서 쏟아졌다.

환경 문제로 주민들의 불만이 집중되는 것은 시진핑 지도부의 여러 고민거리 중 하나이다. 환경에 대한 우려가 당과 정부에 대한 불만으로 이어질 수 있기 때문이다. 중국 CCTV 전직 앵커였던 차이징이 만든 환경 다큐멘터리 〈돔 지붕 아래에서〉가 큰 반향을 불러일으키자 당국이 일주일 만에 해당 동영상을 차단하고 나선 것도 이런 우려에서 비롯됐다.

환경보호와 경제발전 사이에서 적절한 조화를 찾기란 어려운 일이다. 중국의 2015년 8월 제조업 구매관리자 지수(PMI)가 49.7로 3년 만에 최저치를 기록한 주요 이유 중 하나로 전승절 준비를 위한 공장 폐쇄가 꼽혔다. 경제를 살린다고 마냥 공해 문제를 방치할 수도 없다. 미국 캘리포니아대학(버클리캠퍼스)의 연구보고서에 따르면 매년 160만 명의 중국인이 심각한 공해에서 비롯된 심장마비와 폐암, 천식 등으로 사망한다고 한다. 이는 하루 4천 명이 공해로 사망하는 꼴이다.

중국 정부는 2015년 1월, 25년 만에 환경보호법을 개정하는 등 대책 마련에 나섰다. 개정된 법은 중국 역사상 가장 엄격한 환경 관련 법제로 평가받았다. 오염을 유발하는 기업에 대한 벌금 상한선을 없앴고, 환경 당국에 공장 폐쇄 등의 법 집행권한을 갖게 했다. 피해 오염물질을 배출했을 때는 행정처벌로 구금까지 할 수 있게 했다. 또한 각 지방정부는 심각한 대기·수질오염이 발생했을 때 경보를 발령하는 등 긴급조치를 취하도록 했다.

리커창 총리는 2015년 3월 전인대 폐막식 기자회견에서 "대기오염 등 환경 문제를 해결하겠다는 정부의 의지는 흔들리지 않고 있다. 어떤 기업이든 법에 따라 단호하게 추궁할 것이다. 몰래 오염물질을 배출하는 기업은 반드시 대가를 치르도록 하겠다"고 엄포를 놨다.

환경 부문에 대한 투자는 경제성장의 원동력이 될 수 있다. 중국 정부는 제 12차 5개년 경제계획(2011~2015년) 기간에 중국의 환경 분야 투자액은 3조 1천억 위안(약 573조 원)으로, 이전 5년간의 1조 5,400억 위안에서 2배 늘어난 것으로 추산했다. 천지닝 환경보호부 부장은 "앞으로 수년간 환경 분야에 대한 투자액이 8~10조 위안에 이를 것"이라고 내다봤다.

발목 잡는 국가 부채

천문학적 규모로 쌓인 부채가 중국 경제의 아킬레스건으로 작용하고 있다. 중국의 GDP 대비 총부채 비율은 2000년 121%였으나 2007년 158%로 오르고 나서 2014년 중반에는 282%까지 치솟았다. 이는 미국(269%), 독일(258%), 캐나다(247%), 호주(274%) 등 주요 선진국들보다 높은 수치다. 금액상으로도 2000년 2조 1천억 달러에 불과했던 총부채는 2014년 28조 2천억 달러(약 3경 3,445조 원)로 무려 13배 늘어났다.

심각한 것은 중국 부채의 절반이 직·간접적으로 부동산과 직결돼 있다는 점이다. 중국 부동산 시장은 지난 수년간 과열현상을 보이다가 당국의 규제완화로 주춤거린 후, 최근 회복조짐을 보였지만 막대한 재고물량에 짓눌려 있다. 부동산 개발업체는 물론 이들에 자금을 대준 금융기관 등의 연쇄부도로 이어질 수 있다는 의미다.

부채 문제는 지방정부 재정의 발목을 잡고 있다. 중국 정부가 2008년 글로벌 금융위기 극복을 위해 4조 위안의 경기부양책을 펼쳤을 때 대부분의 부담을 지방정부가 떠안았다. 당시 지방정부가 막대한 돈을 빌려 도로와 아파트, 교량 등 각종 인프라 건설에 투입하면서 중국 경제가 금융위기 여파에서 벗어났다. 그러나 제조업 과잉공급과 중복투자, 부동산 시장의 위축 등으로 지방정부 부채 부담이 더욱 커지게 됐다. 중국 지방정부 부채 규모는 2013년 6월의 17조 9천억 위안에서 2014년 말 24조 위안으로 급증했다. 1년 6개월 만에 무려 6조 위안의 빚이 늘어난 것이다.

중국 증시 역시 2015년 극도의 혼란을 보였다. 대공황의 서막인지, 일시적 조정인지 아직도 의견이 분분하다. 중국 증시 버블이 본격적으로 불거진 것은 2014년 11월부터였다. 중국 인민은행이 2년여 만에 처음으로 기준금리를 인하해 정부가 부동산 버블 리스크 억제 등 긴축에서 경기부양 모드로 선회했다. 중국 상하이 증시와 홍콩 증시 교차거래를 허용하는 제도인 '후강퉁'(滬港通)이 문을 열면서 외국인 투자자들이 본격적으로 뛰어들었다. 중국 증시에서 80% 비중을 차지하는 개미(개인투자자)들도 다시 시장에 뛰어들었다.

투자광풍이 불면서 중국 증시 상하이 종합지수는 2014년 2,400선이었으나 2015년 6월에는 5,100선을 돌파해 2008년 1월 이후 최고점을 찍었다. 〈인민일보〉 등 중국 관영 언론들도 주식 투자를 적극 장려했다. 통화 정책을 완화해도 기업과 가계 등 실물경제 주체로 돈이 잘 통하지 않자 정부는 내심 증시부양을 통해 경기를 살리려고 한 것이다.

하지만 증시 버블이 터지기 시작했다. 상하이 지수는 2015년 6월 정점 이후 10월까지 약 40%가 빠졌다. 중국 주민이 정부의 조언대로 주식에 대규모로 투자했다가 많은 주식투자자가 쪽박을 차면서 '정부가 시장을 이길 수 있다'는 믿음에 금이 갔다. 중국 정부가 곧 공산당이라는 점을 생각하면 중국 정치권력에 대한 불신으로 이어질 수 있다는 점에 문제의 심각성이 있다.

최악의 시나리오는 증시 쇼크가 1930년대 미국 대공황이나 1990년대 일본 장기 불황처럼 미증유의 경제위기로 이어지는 것이다. 미국은 1929년 10년간의 호황이 끝나면서 주가폭락을 시작으로 대공황이 닥쳤고, 일본 역시 호황 끝에 이른바 '잃어버린 20년 경제침체'로 이어졌다. 중국의 경제가 미국과 일본의 과거 경제발전 상황과 비슷하다는 점을 주목해야 한다. 특히 중국이 세계 GDP에서 차지하는 비중이 12% 안팎인 점은 일본이 장기침체를 시작했던 1990년의 규모와 비슷하다.

물론 반론도 만만찮다. 스탠더드앤드푸어스(S&P)의 폴 시어스 수석이코노미스트는 최근 보고서에서 "중국은 1990년대보다는 1960년대 일본과 닮았다"고 분석했다. 일본은 1964년 도쿄올림픽 개최를 앞두고 긴축 정책에 증시가 급락했으나 정부의 적극적인 개입으로 되살아났고 이후 고도성장의 길을 걸었다. 중국도 비슷하다는 것이다.

골드만삭스 아시아태평양 담당 회장인 마크 슈워츠도 "중국은 풍부한 재정과 자금유동성, 정책이행능력 등 경제를 안정시킬 수 있는 선택사항을 많이 가지고 있다"고 강조했다. 중국 인민은행 저우샤오촨 행장도 주요 20개국(G20) 재무장관·중앙은행총재회의에서 증시 버블이 있었다는 사실을 인정하면서도 "버블이 이미 터져 조정국면이 마무리 단계에 접어들었다"고 자신했다. 중국 지도부는 중국 경제가 잠시 조정기에 접어들었지만 앞으로 지속적인 성장을 이어갈 것이라는 확신을 가지고 있는 듯하다.

두 자녀 시대에 도래한 중국

고령화의 덫에 걸린 중국이 해법을 찾고자 안간힘을 쓰고 있다. 중국 국가통계국에 따르면 2014년 15~59세의 '노동연령인구'는 9억 1,600만 명으로 전년보다 약 371만 명이 줄어 2012년 이후 감소세를 이어갔다. 반면 60세 이상 인구는 2억 1,200만 명으로 전체의 15.5%에 달해, 2013년에 비해 0.6%p 높아졌으며 그 가운데 65세 이상 노인 비율도 10.1%에 달했다. 유엔은 중국의 60세 이상 연령층 비율이 오는 2050년에 전체 인구의 약 3분의 1을 차지할 것으로 내다봤다.

1990년대 일본의 장기 경기침체의 주요 원인 중 하나로 고령화가 꼽히는 가운데 중국도 개혁개방 이후 지난 30년간 누려온 '인구 보너스'가 사라지면서 불안이 커지고 있다. 경제가 지속적으로 높은 성장세를 유지하려면 생산과 소비활동이 왕성한 생산가능 인구가 늘어나야 하는데 그러지 못하게 된 것이다. 게다가 중국은 1인당 소득이 의미 있는 수준으로 높아지기 전에 이미 고령화 사회(전체 인구의 7% 이상이 65세 노인)에 진입해 일본보다 더 심각한 위기에 놓이게 되었다.

결국 중국 당국은 2015년 10월, 35년간 산아제한을 위해 유지해온 '한 가구 한 자녀' 정책을 폐기하고 모든 부부에게 자녀 2명을 낳는 것을 허용하는 '한 가구 두 자녀' 정책을 도입하기로 했다. 중국 인구학자들은 연 250만 명의 신생아가 추가로 출생할 것으로 추정하고 있다.

이 정책 시행으로 2029~2030년에는 중국 인구가 14억 5천만 명에 달하는 최고치를 기록한 이후 다시 감소세로 돌아설 것으로 보고 있다. 중국공산당은 1980년 9월 25일 공개서한을 통해 공식적으로 한 자녀 정책을 채택, 인구 증가를 억제해 왔다.

중국이 새로운 인구 정책을 도입하기로 한 이유는 심각한 저출산과 고령화로 인한 각종 부작용이 날로 심각해졌기 때문이다. 중국 사회과학원에 따르면 2014년 말 기준, 중국의 합계출산율(여성 1명이 평생 낳을 것으로 예상되는 평균 출생아 수)은 1.4명으로 국제적인 저출산 기준

(1.3명)에 근접했다. 중국의 만 15~59세 노동인구도 2015년은 9억 1,583만 명으로 2014년보다 371만 명 감소한 것으로 집계됐다. 반면 60세 이상 인구는 2015년 2억 1,242만 명으로 전체의 15.5%를 차지해 2014년 14.9%에 비해 0.6%p 늘어나 노령화 사회로 진입한 것이다.

그러나 전문가들은 중국의 인구 정책이 성공을 거두려면 가족계획은 물론 헬스케어와 사회복지, 연금 등의 제도 전반에 걸친 변화가 있어야 할 것이라고 강조했다. 아무리 자녀를 2명 낳도록 독려하더라도 노인복지가 미비하면 미래에 대한 불안으로 사람들이 움직이지 않을 것이라는 점이다. 부족한 사회안전망은 중국 경제개혁에 가장 큰 걸림돌 중 하나로 작용하고 있다. 개혁의 초점은 경제성장모델을 지금의 투자와 수출에서 소비로 전환하는 것인데 중국은 노후대책이 부족해 사람들이 좀처럼 지갑을 열기 힘들다.

중국 경제가 휘청거린다. 2010년 전 세계가 글로벌 금융위기로 어려움을 겪을 때 중국은 부러움의 대상이었다. 당시 중국은 GDP 5조 8,800억 달러, 교역 2조 9,700억 달러, 외국인 직접투자 규모 1,057억 달러 등 3개 부문에서 2위를 차지하며 승승장구했다. 외환보유고는 2조 8,500억 달러로 제 1위 외환보유고를 자랑했으며 경제성장률은 10.6%를 기록해 세계 경제의 중심으로 위용을 과시했다.

하지만 중국 경제는 고도성장의 부작용으로 내부가 곪아가고 있다. 과도한 신용대출, 투자와 소비의 불균형, 부동산 버블, 소득 양극화, 식품 및 생산물 안전, 물가상승 등의 문제를 안고 있다. 정치부패와 관료주의가 중국 경제를 멍들게 하고 있다는 반성의 목소리도 나오고 있다. 중국의 노동가능 연령대는 2012년에 최고치를 찍은 후 감소하고 있으며, 투자 역시 약세가 확연하다. 선진국과의 기술 격차는 줄고 있지만, 일정 수준으로 성장한 만큼 과거와 같은 고도성장은 어렵다.

중국은 2008년 금융위기 이후 자신들이 속한 신흥 시장의 신용을 과시한 측면이 있다. 선진국의 경기가 침체되자 중국의 부채속도가 증가하고 있다는 지적이다. 중국의 빠른 성장속도를 믿고 무리한 투자를 남발한 결과, 중국의 발목을 잡았다는 의미다.

팍스 차이나를 꿈꾸는 중국 경제

중국 경제가 2015년 6%대 성장 시대로 접어들었지만, 세계 1등 경제국의 꿈은 버리지 않았다. 개혁개방 이후 욱일승천의 기세로 10%대를 넘나드는 성장세를 보였던 중국 경제는 시진핑 시대에 지속가능한 성장으로 방향을 선회했다.

중국 경제의 세계 제패 전략에는 위안화의 국제화가 핵심이다. 달러의 기축통화로 세계 경제를 주무르는 미국의 전략을 벤치마킹한 것이다. 위안화 표시, 채권 시장 개방, 해외 금융권 위안결제 확대 등 중국의 위안화 국제화 전략은 다양하다. 국제통화기금 지분확대 등으로 위안화 국제화 인프라 구축 1단계 작업은 지속적으로 이뤄지고 있다. 기축통화 달러 중심의 글로벌 외환 시장에서 위안화의 영향력을 확대하겠다는 의지는 강하다.

그동안 쌓아둔 세계 최대 규모의 외환보유액 역시 위안화 국제화 추진의 '뒷심'이다. 2009년을 전후로 한국을 포함한 아시아 6개국과 통화스와프를 체결하고, 중국 내 전 지역에서의 위안화 무역결제를 허용한 중국은 2015년 환율시스템을 2년 만에 관리변동환율제로 개혁했다. 모두 위안화 국제화를 위한 사전 인프라 구축작업이었다.

이를 바탕으로 중국은 위안화가 국제 금융 시장에서 광범위하게 통용되도록 실무적 조치에 나서는 2단계 작업에 착수한 상태다. 중국 중앙은행인 인민은행 주요 인사들은 미국과 유럽, 한국 등 주요 경제권을 순회하며 각국 은행들의 위안화 결제를 촉구하는 '로드쇼'에 나섰으며 외국 은행들의 국내 채권 시장 투자를 허용했다.

그러나 위안화의 실질적 기축통화 등극은 수십 년이 걸릴 작업이다. 아시아 주변국을 제외한 선진 시장에서의 위안화 영향력이 아직 미미한 데다 중국 금융 시장의 개방성도 선진 금융권의 위안결제 욕구를 불러일으킬 만큼 높지 않다. 뉴욕대학 누리엘 루비니 교수는 "위안화가 국제 기축통화가 되려면 최소 10~20년이 걸릴 것"이라고 지적했다.

기축통화는 경제력 하나로 되는 일이 아니다. 역사적으로 군사력에서 세계 패권을 차지해야 국제 결제통화가 된다. 중국은 아직 미국에 비해 군사력이 턱없이 부족하다. 위안화 기축통화라는 중국의 야망을 가로막는 것은 중국의 뒷마당에서 벌어지는 안보적 긴장일 것이다. 난사군도에서 중국과 영토 분쟁을 겪는 아세안 국가들은 당장 중국에 대항해 군사적 보호막을 찾아 미국의 품으로 달려가고 있다. 중국과의 경제적 협력관계가 좋아도 외교안보적 갈등이 빚어질 경우 중국의 발목을 잡을 수 있다는 의미다.

톈안먼 광장에서 창안대로(長安大街) 서쪽 방향으로 5분쯤 차로 달리면 원형 모양의 출입구가 인상적인 중국 인민은행이 모습을 드러낸다. 중앙은행으로서 모든 금융 정책을 움켜쥔 채 중국을 세계의 공장에서 글로벌 금융제국으로 탈바꿈시키는 '대본영'과도 같은 존재다. 금융·자본 시장의 변방에 웅크리던 중국이 세계 경제의 재편기를 맞아 새로운 '용틀임'을 시작한 것이다.

중국은 미국이 건설한 금융제국에 도전하기 위해 호심탐탐 기회를 엿보던 '와호장룡'과 다름없었다. 금융강국으로서 중국의 위상은 이미 은행들의 시가총액에서 드러난다. 중국의 3대 국유은행인 공상은행과 건설은행, 중국은행이 전 글로벌 금융기관의 시가총액 1~3위를 휩쓸고 있는 것이 현실이다.

중국이 세계 최대 외환보유국인 동시에 미 채권의 최대 보유국이라는 점은 국제 금융질서를 송두리째 흔들 수 있는 무기다. 이런 메가톤급 폭발력을 바탕으로 중국이 노리는 1차 전략은 미·영 중심의 국제 금융질서를 변화시키는 것이다. 2011년 4월 런던에서 개최된 G20 정상회담에서 국제통화기금의 특별인출권을 2배로 확대하고 개발도상국 지원금을 설정했다.

국제 자본 시장에서도 '차이나 머니'의 위력은 대단하다. 2008년 해외투자액은 521억 5천만 달러에 이어 2009년 3배 가까운 1,500억 달러를 넘어서면서 세계 최대 투자국으로 등장했다. 중국은 국부펀드인 중국투자공사(CIC)와 사회보장기금 등을 축으로 자본 시장을 공략 중이다. 금융에서의 칭기즈칸을 꿈꾸는 중국은 초기 해외 금융사 투자에 머물렀지만 현재 원자재와 전력 부동산은 물론 헤지펀드까지 투자대상을 넓히고 있다.

통화전쟁: 위안화, 세계 4위 통화로

중국 위안화가 국제통화기금 기축통화체제인 특별인출권 통화바스켓에 편입돼 글로벌 3대 기축통화로 우뚝 섰다. 2015년 11월 30일 국제통화기금은 위안화의 특별인출권(SDR) 통화 편입을 결정했다. 공식 편입시점은 2016년 10월 1일부터다.

위안화의 SDR 통화 편입은 중국이 열망하는 기축통화로의 첫발을 의미한다. 위안화 SDR 편입비율은 10.92%로 결정됐다. 미국 달러화(41.73%), 유로화(30.93%)에 이어 세 번째로 큰 비중이다. 기존 SDR 편입 통화인 일본 엔화(8.33%)와 영국 파운드화(8.09%)를 단칼에 눌렀다. 당초 위안화 편입 비중은 15% 안팎이라는 전망에 못 미쳤다. 제조업에 이어 금융 분야에서도 빠른 속도로 세력을 확장하는 중국의 영향력을 견제하려는 미국의 압력이 작용한 결과라고 봐야 한다. 실제로 달러화의 SDR 편입 비중은 위안화 편입 전 41.9%에서 위안화 편입 후 41.73%로 큰 변화가 없다. 유로화의 경우 37.4%에서 30.9%로, 파운드화는 11.3%에서 8.09%로 줄어든 것과 대조적이다.

하지만 신흥국 통화로 달러나 유로화처럼 국제무역결제, 금융거래 등 글로벌 금융 시장에서 자유롭게 거래될 수 있는 위상을 단번에 갖추게 된 것은 위안화가 처음이다. 이미 전 세계 제조업을 장악한 중국이 '위안화굴기'를 통해 미국과 통화패권을 다투는 한편 글로벌 금융 시장에서 영향력을 확대하는 초석을 닦았다는 평이다.

복수 기축통화로까지 자리매김한 위안화에 대한 구애는 벌써부터 뜨겁다. 미국 뉴욕, 영국 런던, 독일 프랑크푸르트 등 세계적 금융도

시들은 벌써부터 '역외 위안화 허브'를 자처하며 각축전에 나섰다. 기축통화 위상을 갖춘 위안화 시장을 놓치는 것은 글로벌 금융 허브 전쟁에서 돌이킬 수 없는 패배를 의미하기 때문이다.

미국은 중국 금융 시장 정책의 불투명성 등을 이유로 위안화와의 연대에 소극적이었지만 위안화가 3대 기축통화로 부상하자 대책 마련에 나섰다. 월가의 강력한 경쟁 상대인 영국 런던이 이미 위안화 허브 구축에 나서면서 경쟁에 뛰어든 것이다. 2013년 영국은 유럽중앙은행 중 처음으로 인민은행과 통화스와프를 체결한 뒤 청산결제은행까지 개설했다. 2015년 10월 런던에서 사상 첫 역외 위안화 표시 국채까지 발행했다. 독일도 최근 위안화 허브를 위해 프랑크푸르트에 위안화 상품거래소를 설립했다. 해외에서 위안화 자산상품을 소개하고 투자할 수 있는 시장이 열린 것은 처음이다.

아시아에선 이미 홍콩이 튼튼한 위안화 허브로 자리매김한 상태로 싱가포르, 일본, 한국, 타이완도 위안화 허브를 놓고 각축을 벌이고 있다. 홍콩은 중국과 가장 밀착된 역외 위안화 허브로 위안화 직거래는 물론 후강퉁까지 시행되고 있다.

위안화의 기축통화로서의 지위 확보는 그동안 막후에서 벌였던 중국과 미국의 경제패권 전쟁이 무대 위로 올랐다는 의미가 있다. 위안화의 SDR 편입은 중국 '금융굴기'의 교두보이자 미국 달러화 중심의 국제 금융질서에 대한 본격적인 도전이다.

SDR 통화 편입은 위안화가 명실상부 달러화, 유로화, 파운드화, 엔화와 어깨를 나란히 하는 국제통화로 인정받았음을 의미한다. 중국 정부는 2009년 위안화 국제화 계획을 발표한 이후 2010년 위안화의 IMF

SDR 편입에 도전했으나 중국 외환 정책이 국제기준에 부합하지 않는다는 이유로 고배를 마셨다.

그 후 중국의 노력은 집요했다. 외환 정책의 초점을 '글로벌 스탠더드'에 맞췄다. 2015년 7월 중국은 한국, 독일, 프랑스, 호주, 칠레 등 16개국에 해외 위안화 청산결제기관을 설립했다. 또 중국 인민은행은 위안화 국제 결제시스템을 공식 출범하며 통계기준을 IMF에 맞췄다.

이런 중국의 노력은 결실을 거뒀다. 시진핑 국가주석은 2015년 9월 방미에서 위안화 IMF SDR 편입에 대한 오바마 대통령의 조건부 동의를 이끌어냈다. 유럽 국가들도 위안화 IMF SDR 편입에 찬성하고 있다. 특히 시진핑 국가주석의 10월 국빈 방문 이후 중국과의 '황금시대'를 선언한 영국은 런던을 위안화 금융 허브도시로 키우려는 기세였다.

중국은 2008년 글로벌 금융위기 이후 미국 달러화의 기축통화 지위가 흔들리자 위안화의 국제화를 본격적으로 추진하기 시작했다. 저우샤오촨 중국 인민은행장은 당시 국제통화기금 특별인출권을 새 기축통화로 삼아 SDR의 역할을 확대하자고 제안해 기축통화 논쟁에 불을 붙이기도 했다. 그러나 위안화를 국제통화로 만들려면 중국이 자본시장을 전면 개방하고, 자유변동환율제도를 도입해야 하는데 현재 중국은 금융 시장과 외환 시장을 완전 개방하지 않은 상태라 달러를 대체하는 기축통화가 되는 것은 어렵다.

그럼에도 중국은 다른 국가나 지역에서 위안화가 국제통화로 자유롭게 거래될 수 있도록 하자는 내용의 위안화 금융 허브 전략을 추진하고 있다. 이 전략은 위안화 표시 국제채권 발행, 홍콩을 중심으로 한 역외시장 형성, 본토 기업의 위안화 해외직접투자 허용 등이다.

중국의 외환보유고는 2015년 9월, 3조 5,141억 달러(약 4,100조 원)로 2014년 6월 최고점(3조 9,932억 달러) 대비 12% 줄었다. 인민은행이 위안화 환율을 방어하는 데 보유외환을 대거 투입한 데 따른 것이다. 하지만 최대 달러 보유국이라는 사실은 변함이 없다. 경제대국으로 우뚝 선 중국은 세계 경제에서 차지하는 위상에 비해 금융 부문에서의 영향력은 미약했다. 세계 패권국으로서 미국이 짜놓은 금융질서를 흔들기 위해 중국은 그동안 IMF 내 지분을 늘리면서 세계은행과 IMF, 아시아개발은행(ADB) 등 국제금융기구 고위직 진출을 통해 영향력 확대를 시도해 왔다.

마침내 2015년 6월 세계은행과 IMF, ADB 등 미국이 구축한 국제금융질서에 맞서 별도로 AIIB를 주도적으로 출범시켰다. AIIB는 육상과 해상의 실크로드를 통해 아시아 경제공동체를 만드는 일대일로 프로젝트에 필요한 재원을 조달하는 창구 역할을 하지만 근본적으로 중국 중심의 금융질서를 만들겠다는 강력한 의지 표현이다.

미국은 이를 저지하기 위해 노심초사했으나 영국과 한국을 포함한 우방이 무더기로 가입하면서 중국의 현실적인 힘을 인정하지 않을 수 없는 상황이다. 이에 맞서 미국은 2015년 10월 일본 등 아시아태평양 12개국이 참여하는 다자간 자유무역협정인 TPP 협상을 타결시켜 중국을 견제하면서 세계 최대의 지역경제공동체를 탄생시켰다. 중국은 TPP에 들어가지 않았다. 중국의 영향력을 억제하려는 미국의 의도 때문이었다.

이런 미·중 경제패권전이 한창인 상황에서 위안화의 SDR 편입은 금융굴기를 위한 중국의 핵심 전략이 성공을 거둔 것으로 볼 수 있다.

기존 SDR은 달러화, 유로화, 파운드화, 엔화 등 4개 통화로 이뤄져 있다. 위안화가 5번째 기축통화가 되면서 중국은 자국 화폐의 영향력을 확대하는 저변을 갖출 수 있게 되었다. 위안화의 SDR 편입으로 각국이 보유한 위안화 자산이 외화보유액으로 인정받게 되면서 국제 결제 수단과 준비통화로서의 위안화에 대한 수요가 늘어날 것으로 보인다.

2015년 10월 위안화는 중국의 무역 규모 확대에 힘입어 엔화를 제치고 세계 4위의 결제통화로 올라섰다. 제 2차 세계대전 이후 세계의 중심통화 자리에 오른 미국 달러화는 상당히 불편한 처지에 놓이게 됐다. 2008년 글로벌 금융위기 이후에 많은 나라가 외화 유동성 위기에 몰린 것을 계기로 달러화 중심의 기축통화체제에 대한 비판이 높아졌다. 미국의 양적 완화로 인한 여파로 달러 패권주의에 대한 각국의 반감이 높아진 가운데 위안화가 달러화에 맞서는 기축통화 지위를 확보할 수 있게 된 것이다.

그럼에도 전문가들은 당분간 달러 중심의 통화체제가 위협받지는 않을 것으로 보고 있다. 중국 외환 시장은 아직 거래가 자유롭지 않은 데다, 역 내외 환율 간 괴리도 크다. 전문가들은 미국을 대체할 기축통화가 되려면 무엇보다 글로벌 자본들이 마음대로 드나들 수 있도록 자본 시장이 개방되어야 한다고 말한다. 하지만 중국 자본 시장은 아직도 규제가 적지 않아 기본 요건을 갖추지 못하고 있다는 지적이다. 이러한 이유로 달러 중심의 금융 자본 시장체제가 유지되는 가운데 위안화의 영향력이 서서히 커져가는 모양새가 보다 현실적이다. 미국의 경우에도 영국과의 경쟁 시 패권 교체를 이루기까지 50년이 걸렸다는 점을 상기할 필요가 있다.

용호상박(龍虎相搏), 금융전쟁

위안화의 국제화를 시작으로 세계 경제를 양분하고 있는 미국과 중국의 환율전쟁은 시작된 지 오래다. 광속(光速)에 비유되는 중국 경제의 무한질주를 결코 좌시할 수 없다는 패권국 미국과 중화부흥을 통해 과거의 영화와 패권을 되찾겠다는 중국 간에 벌어지는 일종의 헤게모니 다툼이다. 중국의 경제력에 비해 지나치게 저평가된 위안화를 제자리로 돌려놓겠다는 미국의 공세에는 위안화의 '농간'을 더 이상 좌시하지 않겠다는 강한 의지가 담겨 있다.

1990년대 저임금을 기초로 한 '세계의 공장'에서 단시간 내에 일약 세계 2강으로 올라 선 중국 경제의 이면을 보면 정교하고 교묘한 '위안화의 마술'이 숨어 있다. 밀물처럼 들어오는 세계 각국의 천문학적인 직접투자(FDI)와 강력한 가격 경쟁력을 바탕으로 한 국제 수출 시장 석권 등은 저평가된 위안화 때문에 가능했다.

위안화의 마술이 시작된 것은 1993년이다. 당시 중국 경제사령관이었던 주룽지 부총리는 1992년까지 1달러 당 5.7619위안이었던 환율을 1993년 8.6187위안으로 떨어뜨렸다. 한꺼번에 33.1%의 평가절하를 한 것이다. 달러의 구매력이 3분의 1이나 높아진 것이다.

물론 세계는 깜짝 놀랐지만 당시 중국의 GDP는 한국의 1.2배 정도에 불과했다. 미국 역시 그리 신경 쓰지 않았다. 땅덩어리만 크고 후진 개도국에 불과한 중국이 위안화를 아무리 평가절하해도 세계 경제에 대한 영향은 미미할 것이라고 판단했기 때문이다.

하지만 이는 경제대국을 향한 중국의 심모원려를 과소평가한 것이었다. 평가절하 이후 벌어진 결과를 놓고 세계가 술렁이기 시작했다. 덩샤오핑이 개혁개방을 선언한 1978~1993년까지 중국의 수출 증가율은 연평균 16%에 불과했다. 하지만 위안화의 평가절하가 단행된 이듬해부터 중국의 수출 증가율은 무려 30.2%에 달했다. 중국의 전면적인 수출 드라이브 정책이 시작되었다. 환율의 마술은 곧 중국을 세계의 공장으로 만들어가기 시작했다. '메이드 인 차이나'(made in China) 제품은 세계 시장에서 가격 경쟁력이 가장 높은 상품으로 변했다. 외국자본의 대중국 투자도 급속도로 늘어났다. 한국 기업들이 앞다퉈 달러를 싸들고 몰려간 것도 당시의 이런 상황과 연관이 있다.

중국 경제의 급상승은 승승장구하던 아시아의 4마리 용(한국, 싱가포르, 홍콩, 타이완)에게는 불행의 시작이었다. 중국에 세계 수출 시장이 잠식당한 이 국가들은 대규모 무역 적자를 보기 시작했고 급기야 해외 차입으로 적자를 메워야 했다. 대외 부채도 눈덩이처럼 불어났다. 1997년 아시아에 몰아쳤던 외환위기 역시 위안화의 평가절하로 촉발된 '환율게임'과 무관하지 않다는 것이 경제학자들의 시각이다.

미국은 지속적으로 위안 평가절상(平價切上)을 요구하며 중국을 압박했다. 중국산 수입품에 무제한 관세를 부과할 수 있는 내용의 '공정무역을 위한 환율개혁 법안'을 하원에서 통과시켜 중국을 압박했다. 미국은 무역 불균형의 원인에 대해 중국 위안화의 가치가 지나치게 저평가됐기 때문이라고 지적했다.

중국은 미국의 이런 공세에 대해 1970~1980년대 욱일승천하던 일본 경제가 '잃어버린 20년 경제침체'로 전락한 이유를 환율전쟁에서 패배했기 때문이라고 보았다. 바로 일본의 경제력을 무력화시켰던 '플라자 합의'(Plaza Accord)다. 일본을 견제하던 미국은 당시 다른 서방 선진국들과 힘을 합쳐 지나칠 정도로 엔화의 평가절상을 밀어붙여 일본 제품의 가격 경쟁력을 끌어내렸다. 이것이 근본적으로 일본 경제의 장기침체를 야기했다.

중국은 한 세대 이전 일본이 겪었던 일을 경험하고 있다. 미국의 수요 둔화로 수출이 제한되면서 경제성장세에 급격한 제동이 걸린 것이다. 1980년대 후반부터 1990년대 초반 미국은 공산품 수출 급증을 이유로 일본을 '불공정한 교역국가'라고 비판했다. 미국은 단호하고, 의심할 바 없는 수입제한으로 협박했고, 일본이 엔화 가치를 과도하게 끌어올리도록 하는 데 성공했다. 이는 일본의 성장률에 급격한 제동이 걸리는 데 일조했다. 이 같은 일이 중국에게도 적용되었다. 미국의 압박으로 위안화의 가치가 고평가되며 중국 성장률은 급격히 둔화되었다.

2000년대 중반 중국의 수출이 붐을 이루자, 미 관리들은 중국 당국이 수출을 제한하는 조처를 취하지 않을 경우 무역보복에 나서겠다고 으름장을 놓았다. 위안화 평가절상과 소비 주도 성장으로의 전환이 뒤따랐다. 일본에 전달했던 것과 같은 메시지다. 미국의 위안화 평가절상 강요는 2008년 금융위기를 계기로 강화됐다. 그러나 중국의 '버티기 전략'도 만만찮았다. 중국 경제학자들은 중국에서 경제성장률이 1% 떨어지면 일자리가 800만 개 이상 사라진다고 항변했다. 중국의 중소 수출업체들의 마진율은 매우 낮아 근로자 임금 인상과 맞물려 위안화가 지속해서 평가절상되면 수만 개의 중소기업들이 채산성으로 문을 닫을 수밖에 없다고 반박했다.

하지만 미국의 압력은 더욱 거세졌고 그 결과 위안화는 2007년에 급격히 평가절상됐다. 일본이 그랬던 것처럼 평가절상은 이전 엔화의 상승일로 경험에 기반해 중국으로의 불안정한 자본유입을 촉발했다. 일본처럼 통화 평가절상은 금융버블을 불렀다. 실질 통화가치 상승은 연 15%가 넘던 중국 수출성장률을 붕괴시켜 10% 미만으로 끌어내렸고, 금융 시장 부진도 초래했다. 중국은 이런 흐름을 역전시키기 위해 2015년 8월 명목 기준으로 3% 평가절하시켰지만 여전히 고평가돼 있다는 분석이 많다. 중국이 쇠퇴한 경제성장을 지탱하고, 장기적인 '일본 함정'에 빠지지 않으려면 위안화의 추가 평가절하가 필요하다는 입장이다. 하지만 미국의 위안화 절상 압박은 앞으로도 더욱 거세질 것이다.

2020년 이후 중국 경제의 자화상

제 13차 5개년 계획을 통해 중국 경제가 2020년 이후 세계 최대 경제대국으로 등극할 것으로 중국 정부가 밝혔다. 국가발전개혁위원회는 현 기준 금리를 고려할 때 2021년이 중국 GDP가 미국을 앞서는 첫해가 될 것이라고 내다봤다. 만약 낙관적 시나리오를 적용한다면 이 시점은 2019년으로 빨라질 수도 있고, 비관적 시나리오를 가정해도 2023년이면 세계 최대 경제대국 진입이 가능하다는 것이다. 2025년이면 중국도 1인당 GDP가 세계 평균을 웃도는 명실상부한 국가가 될 것이며 이를 위해 '신 창타이' 진입 후 처음 수립하는 제 13차 5개년 계획이 중요하다고 강조했다.

제 13차 5개년 계획 기간에 중국 경제의 기회와 위기가 맞물릴 것으로 보인다. 기회는 셰일가스 혁명이 가져다 줄 '저비용 고효율' 패턴을 최대 관건으로 꼽았다. 여기에 IT 시대가 가고, DT 시대가 열리는 것도 중국 경제에 큰 도약대가 될 것이라는 관측이다. 의약 · 바이오, 신에너지, 신재료 같은 새로운 산업들도 중국 경제에 활기를 불어넣을 대형 호재이다. 셰일가스 혁명과 DT 시대 진입은 전 세계 경제를 침체에서 벗어나 대세상승으로 대전환시킬 수 있다.

제 13차 5개년 계획의 10대 목표는 경제성장률 유지, 경제발전방식 전환, 산업 구조조정, 혁신을 통한 발전 촉진, 농업 현대화 가속, 경제체제 개혁, 조화로운 발전 추구, 생태문명 건설 강화, 민생 보장과 개선, 빈곤지역 개발 등이다. 이 계획은 중국의 모든 경제 관련 부처가 총출동해 수립하며 2014년 공산당 중앙위원회 전체회의 심의를 거쳐 2015년 3월 중국 전인대에서 최종 확정됐다.

이 계획은 과거 양적 성장 일변도에서 벗어나 질적 성장을 추구하는 '신 창타이' 전략과도 맥이 닿는다. 시 국가주석은 2012년 11월 취임 이후 추진한 '신 창타이' 노선을 임기 끝까지 지속하겠다고 선언했기 때문이다. 또한 민생 개선과 관련해서도 대중 관심이 높은 교육, 취업, 사회보장, 의료위생, 식품안전 등 문제를 전면적으로 해결하라고 지시했다.

그러나 제 13차 5개년 계획 기간에 중국 경제에는 위기도 만만찮다는 경고가 많다. 개발도상국들과 노동집약형 산업 분야에서 더욱 치열하게 경쟁할 수 있고, 자본 · 기술집약형 분야에서는 선진국으로부터 더 큰 견제를 받을 수 있기 때문이다.

바오류 시대, 한국의 대응

중국이 '바오류'(保六) 시대를 맞게 됐다. 중국 경제성장률이 앞으로 7%대에서 6%대로 둔화되는 것을 말한다. 중국이 우리나라 수출의 26%를 차지하는 제 1 교역국이라는 점에서 중국의 바오류 시대에 어떻게 대응하는가는 중요한 문제이다. 중국의 성장률이 낮아진다는 것은 우리 경제에도 악재다. 한국개발연구원(KDI)이 2014년 발표한 〈중국 경제 구조변화가 우리 경제에 미치는 영향〉이라는 보고서는 중국의 성장률이 1%p 떨어질 때 우리나라의 성장률도 0.17%p 하락한다고 분석했다.

중국의 산업고도화 진전으로 차이나 인사이드(중간재 부분에서 중국산 제품의 비중이 증가하는 현상) 양상이 가속되고 있어 국내 소재·부품 등 중간재의 대중국 수출의 패턴 고급화 전략을 모색해야 한다는 지적이 많다. 중국 내수시장의 질적 향상에 대비해 차별화된 소비재 수출 확대방안을 수립해야 한다. 이미 중국 내에서는 한국 화장품, 패션, 전자제품 등의 수요가 큰 것으로 조사됐다. 더불어 5중전회에서 '한 가구 한 자녀' 정책이 공식 폐지됐다는 사실에도 주목할 필요가 있다.

'한 가구 두 자녀' 정책으로 유아용품 시장의 확대가 예상되는데 중국 소비자들은 2008년 멜라닌 분유 파동 이후 식품안전에 대한 우려가 크다. 중산층의 확대로 값이 비싸도 해외 분유를 고집하는 부모들이 늘면서 중국 유아용품 시장이 폭발적으로 늘어날 것으로 보인다.

경제성숙도가 높은 1선 대도시들이 아닌 발전 가능성이 높은 2, 3선 도시로의 진출 또한 시급하다. 이들 도시들은 경제발전 속도가 높아 앞으로 소비 시장으로서의 발전 잠재력도 높은 편이다. 대외경제 정책연구원이 다칭, 난퉁, 자싱, 정저우, 창사, 허페이, 어얼둬쓰, 시안, 충칭, 청두 등 10개 도시를 신흥도시로 선정, 중서부 내륙 도시의 소비 특성에 대한 연구가 매우 중요하다고 강조한 것도 이런 맥락이다.

과거 대도시를 중심으로 형성됐던 소비 시장이 중소도시로 점차 확산되는 상황에서 중국은 내수 위주의 경제성장 전략으로 전환했다. 중국 지도부가 도시화와 지역적 균형발전을 강조하는 것도 내륙 도시들이 활발한 경제성장을 예고하는 대목이다. 전문가들은 중국 신흥도시 소비 시장 공략에서 제품의 차별성도 중요하지만 신흥도시 소비자 특성, 유통망, 경쟁기업 등의 경쟁력 등에 대한 이해가 우선돼야 한다고 강조한다. 맞춤형 진출을 위해서는 도시별 및 계층별로 세분된 시장연구가 필요한 것이다.

시진핑의 노림수, 국유기업 개혁

"불사조는 자기 몸을 불태워 다시 젊은 모습으로 날아오르지 않으면 안 된다." 시진핑 국가주석이 2015년 7월 중국 동북지방을 시찰하면서 한 말이다. 여기서 말하는 '불사조'란 중국의 국유기업을 지칭한다. 상하이 증시 급락으로 중국 정부가 야심차게 준비하던 국유기업 개혁방안이 미뤄질 수 있다는 관측이 나오던 때였다.

이런 예상을 깨고 시 국가주석은 중국의 국유기업을 불사조에까지 비유하면서 개혁의 필요성을 역설했다. 그로부터 약 2개월 후 중국 정부는 '국유기업 개혁 심화에 관한 지도의견'을 발표하며 국유기업 개혁에 일단 시동을 걸었다.

국유기업은 1978년 개혁개방 이후 중국 경제가 고속 성장하는 과정에서 견인차 역할을 했다. 중국이 투자주도형 성장모델로 경제를 발전시키는 과정에서 국유기업은 에너지, 철강, 화학, 통신, 항공 등의 산업에서 맹활약을 펼쳤다. 이 과정에서 중국 경제의 국유기업에 대한 의존도는 갈수록 높아졌다.

하지만 2008년 글로벌 금융위기 이후 투자주도형 성장모델이 한계를 드러내면서 국유기업은 중국 경제성장을 가로막는 걸림돌로 전락했다. 중국 경제의 고질적인 문제점으로 지적된 과잉공급, 과잉재고, 과잉부채 등 '3대 과잉' 문제의 진원지가 국유기업이었다. 과잉공급과 과잉재고는 국유기업의 수익성 악화로 이어졌다. 국유기업의 총자산 순이익률은 2006년까지 민영기업을 웃돌았는데 2014년에는 6.7%로 민영기업(10.1%)의 3분의 2 수준으로 하락했다.

국가 전략산업과는 전혀 무관한 분야까지 문어발식 확장을 한 것도 국유기업의 문제점으로 지적되었다. '진장호텔'은 리처드 닉슨 전 미국 대통령 등 각국 수장이 중국을 방문할 때 숙소로 선택한 중국 대표 호텔 브랜드다. '광밍식품'은 4개의 상장회사를 자회사로 거느린 중국의 대표적인 식료품 업체다. 문제는 두 기업 모두 국유기업이라는 데 있다. 〈이코노미스트〉는 "약 15만 5천 개의 국유기업 중 51%에 달하는 8만 개 정도가 국가 전략산업과는 무관한 호텔, 건설, 쇼핑몰, 레스토랑 등의 업종에 분포돼 있다. 이 같은 국유기업의 존재는 중국 경제 전체의 활력을 떨어뜨리고 있다"고 지적했다.

이런 문제점 때문에 중국에서 국유기업 개혁은 정권이 바뀔 때마다 주요 개혁의제로 떠올랐다. 하지만 1998년 진행된 대대적인 국유기업 구조조정 이후 제대로 된 개혁이 이뤄지지 못했다. 국유기업과 공생관계에 있는 고위 정치인 및 관료들이 곳곳에 포진해 있었기 때문이다.

시진핑 국가주석은 2013년 10월 열린 중국공산당 제 18기 중앙위원회 3차 전체회의에서 국유기업 개혁을 추진하겠다고 밝혔다. 그러나 국유기업 개혁방안을 확정하는 과정에서 적잖은 내부 반발에 직면했다. 이에 감찰·사정을 총괄하는 중국공산당 중앙기율위는 26개 중앙 국유기업에 순시조를 파견해 대대적인 부패조사에 나섰다. 이 과정에서 우전팡 중국해양석유공사 부회장, 랴오융위안 페트로차이나 회장, 쉬젠이 이치자동차 회장 등이 부패혐의로 낙마했다.

국유기업 개혁 노선이 결정된 것은 중국 신우파(新右派)의 승리로 보는 시각이 많다. 신우파는 시장기능을 통해 기업가 정신이 자유롭게 분출돼야 한다는 입장이다. 반면 신좌파는 합리적인 중앙정부의 계획에 의해 경제성장이 이뤄진다고 주장한다.

리커창 총리의 입장은 신우파에 가깝다. 리 총리는 2012년 2월에 발표된 〈차이나 2030〉 보고서 서문에서 시장화의 진전을 역설했다. 그의 경제 정책은 리코노믹스(*likonomics*)라고 부르는데 중국의 경제성장이 둔화되더라도 부양책을 쓰지 않고, 공공부채를 줄여 가며, 경제구조 개혁을 단행한다는 것이 핵심 내용이었다. 고성장 기조를 탈피하면서 7%대의 중성장 국면으로 가더라도 지나친 부양은 지양하겠다는 태도였다.

2015년 3월 양회 이후 리코노믹스는 구체화되고 있다. 시진핑 국가주석도 경제 체질개선 의지가 확고하다. 당장은 어려워도 미래의 큰 재앙을 막고 건전한 발전을 위해 기업도, 금융권도 스스로 구조 개혁에 나서라는 신호를 던지고 있다.

하지만 반발도 만만찮다. 중국 은행감독위원회와 증권감독위원회 등 금융산업 규제부서가 상하이 자유무역지대 내 금융서비스 부문 해외개방 계획에 공개적으로 반대하고 나섰다는 보도가 나올 정도로 기득권 세력의 조직적 반발도 거세다. 이에 화가 난 리커창 총리가 회의 석상에서 책상을 내려치며 실망감을 표출한 것으로 알려질 정도다.

문화대혁명을 일으킬 때 마오쩌둥의 이론은 불파불립(不破不立)이었다. 파괴하지 않고는 새것이 이루어질 수 없다는 것이다. 오랫동안 누려온 권한이나 이권을 내려놓지 않으려는 기득권층의 반발을 제압하지 않는 한 시진핑의 개혁도 쉽지 않아 보인다.

국유기업 개혁방안이 실행단계에 접어들면 중국 경제에 적잖은 파장을 몰고 올 전망이다. 우선 같은 업종에 속한 국유기업 간 합병을 통한 대형화는 글로벌 무대에서 중국 기업의 부상으로 이어질 가능성이 높다는 분석이다. 혼합소유제 개혁을 통한 민간자본 유치는 중국 국유기업들의 재무 건전성 및 경영 효율성 개선으로 이어질 것이란 기대도 나오고 있다. 중국 5대 국유상업은행 중 정부 지분이 가장 낮은 교통은행의 경우, 정부 보유지분 일부를 민간에 매각하는 혼합소유제 개혁을 하겠다고 발표했다.

중국의 야심 전략, 인터넷+경제 정책

미국의 시장조사업체 이마케터(eMarketer)의 보고서에 따르면, 2015년 중국의 전자상거래 예상판매액은 약 3,339억 달러(약 378조 원)로 약 749억 달러(약 85조 원)인 미국의 4.5배에 달했다. 2019년에 이르면 중국에서는 71.5%의 전자상거래 소비자가 모바일 기기를 이용할 것으로 보이지만, 미국은 28%에 머무를 것으로 예상된다. 이마케터가 내놓은 중국의 2019년 전자상거래 규모는 약 1조 4,107억 달러(약 1,600조 원)로 2015년보다 4배 이상이 될 것으로 예측했다.

최근 중국 경제가 난항을 겪고 있지만 전자상거래 규모는 계속 성장하고 있다. 그 규모는 2015년 기준 6,720억 달러(약 762조 원)로 전년 대비 42.1% 증가했다. 중국의 전체 인터넷 사용자 중 87.4%는 모바일을 통해 접속한다.

이런 상황에서 '알리바바'는 많은 인터넷 비즈니스 창업자들에게 큰 희망을 주고 있다. 2014년 '쌍십일절'(雙十一節)로 불리는 11월 11일 하루 동안 알리바바 거래액은 10조 원이나 되었다. 이제 알리바바를 비롯한 인터넷 전자상거래 기업들은 중국의 젊은 소비자들이 원하는 모든 것을 인터넷이란 플랫폼에서 제공하고 있다.

반면 오프라인 거래는 죽어가고 있다. 이런 현상을 반영해 '1인 벼락부자 만인 실업'(一人暴富 萬人失業)이란 말이 유행이다. 인터넷 전자상거래로 손쉽게 벼락부자가 나오고 오프라인에서는 생산자와 소비자를 연결하던 도·소매상인들이 실직자로 전락한 현상을 빗댄 것이다.

실제로 2015년 상반기에 백화점과 대형마트를 포함한 소매업체 120

개가 폐업했다. 중국 최대 부호 왕젠린 회장의 완다백화점 10개 점포를 포함한 25개 백화점 점포가 문을 닫았다. 까르푸(家樂福), 메트로(麥德龍) 등 외국계를 포함해 95개 대형마트도 문을 닫았다. "곧 폐업하겠다"고 아우성을 치는 오프라인 매장이 줄을 섰다. 내부 경영실패도 이유겠지만 인터넷을 이용한 전자상거래가 활성화된 영향이 더 클 것이다. 이처럼 인터넷은 중국인들의 일상생활을 더 편리하게 변화시키면서 중국 내 시장 판도까지 바꿔 놓고 있다.

지금 중국에서 회사원이나 기업인이 모여서 밥 먹고 차 마시면서 나누는 대화의 화제는 단연 인터넷이고 그중에서 가장 뜨거운 이슈는 '인터넷+(플러스)'이다. '인터넷+'는 전통 도·소매 산업을 인터넷과 융합시키자는 취지의 국가 전략이자 전 국민적 프로젝트다. 리커창 총리는 2015년 5월초 베이징의 중관춘(中關村)을 깜짝 방문해 '인터넷+' 전략을 얼마나 중시하는지를 보여 줬다. 그는 스타트 업(*start-up*) 구인·구직 사이트인 라거우왕(拉勾網)이 인터넷으로 100만여 명의 구직자를 취업시켰다는 성공스토리를 듣고 즉석에서 크게 칭찬했다.

기업인들은 정부가 제시하는 '인터넷+' 정책을 반기고 있다. 정부 차원에서 400억 위안(약 7조 5천억 원)의 신흥산업 창업 인도기금 조성, 신규 인터넷 창업자에 사무실 3년 무료제공, 세금 및 대출이자 감면 등 정부 지원책이 다양하기 때문이다. 전통 은행과 인터넷 금융의 융합을 비롯해 '인터넷+'는 이제 다양한 영역에서 경제를 재편하고 게임의 룰을 빠른 속도로 바꿔가고 있다.

'인터넷+'는 한국 기업에도 기회다. 중국은 '인터넷+' 기술과 교육 분야에서 아직 실력이 부족하기에 한국과 협력 여지가 크다. 자유무역

협정이 체결된 한·중 경제관계는 이제 '인터넷+FTA' 시대를 기대해 볼 만하다.

경제 대통령 마윈, 양쯔강의 악어

중국 최대 전자상거래업체인 알리바바는 시진핑 시대 중국 민영기업들의 롤모델이다. 2014년 9월 19일 알리바바가 자본주의 심장이라고 하는 미국 뉴욕증시에 최대 규모의 IPO(기업공개)에 성공했다. 마윈 회장은 상장 전 투자자에게 보낸 공개서신에서 "과거 10년은 중국을 얼마만큼 변화시켰는가로 자신을 평가했지만, 앞으론 세계에 얼마만큼의 진보를 가져다주었는가로 평가하겠다"고 기염을 토했다고 한다. 알리바바의 약진은 중국이 미국을 제치고 세계 최대 인터넷 전자상거래 시장으로 부상한 것과도 연관이 깊다.

알리바바의 성공모델은 중국 기업의 글로벌화를 꿈꾸는 시진핑 시대 세계화 전략을 암시한다. 특정 기술이나 사업에 승부를 걸기보다는 부가가치사슬이 연계된 사업들을 하나의 생태계로 만들어 체계적으로 세계 시장을 제패하겠다는 의미인 것이다. 반도체에서부터 디스플레이와 스마트폰으로 이어지는 삼성의 사업모델도 이런 생태계 전략과 비슷하다.

1999년 B2B(기업 간) 전자상거래로 창업한 알리바바는 2003년 C2C(개인 간) 온라인 쇼핑몰인 타오바오를, 2008년에는 B2C(기업과 소비자 간) 쇼핑몰인 톈마오를 내놓았다. 중국 전자상거래 시장에서 알리바바의 입지는 확고하다. 2013년 전자상거래 규모는 1조 8,851억 위안으로 중국 소매유통의 8%를 차지했다. 이 가운데 알리바바를 통해 이뤄진 거래가 80%에 달한다. 2004년엔 인터넷 결제인 알리페이를 선보여 중국 인터넷 결제의 사실상 표준으로 자리매김했다. 2013년 5월엔 마윈 회장이 중국 어느 지역이든 주문 후 24시간 내 배달을 공언하며 1천억 위안을 물류사업에 투자한다는 계획을 내놓기도 했다.

이처럼 마윈이 중국을 바꾸고 있다. 관행과 통념을 거부하며 고집스레 자신의 길을 개척한 마윈이 새로운 세상을 연 것이다. 중국몽을 앞세워 중화부흥의 화두를 던진 시진핑 시대에 그는 중국 경제 아이콘으로 떠올랐다. 마윈의 생각은 늘 앞섰다. 상식과 통념을 뛰어넘는 혁명가적 기질이 다분한 그는 1964년 양쯔강 인근 항저우에서 태어나, 항저우에서 창업했다. 사람들은 그를 일컬어 '양쯔강의 악어'라고 부른다.

마윈은 키도 작고 체격도 왜소하며 학벌도 그리 좋은 편이 아니다. 그럼에도 그는 중국 젊은이들의 우상이 됐다. 중국 젊은이들은 그의 말 한마디 한마디에 열광한다. 마윈의 강연장에 모인 젊은이들은 마오쩌둥에 열광했던 홍위병(紅衛兵)들과 진배없다. 그의 어록을 보면 천부적인 전략가로서의 풍모가 느껴진다. "이베이(eBay, 온라인경매사이트)는 바다의 상어고, 알리바바는 양쯔강의 악어다. 바다에서 싸우면 우리가 지겠지만, 강에서 싸우면 우리가 이길 것이다." 신생기업인 알리바바가 거대기업과 똑같은 전략으로 회사를 운영한다면 백전백패(百戰百敗)라는 의미가 담긴 말이다. 알리바바만의 개성과 강점을 살리면 승산이 있다는 《손자병법》의 지혜가 번득인다.

어린 시절 마윈은 작은 체구에도 불구하고 덩치 큰 아이들을 전혀 두려워하지 않았다고 한다. 그리고 영어 배우는 걸 무척 좋아해, 외국인과 영어로 대화를 해보겠다는 일념으로 매일 아침, 자전거를 타고 45분이나 달려 시내 호텔까지 가곤 했다고 한다.

청년기엔 실패투성이였다. 대학입시에 2차례 낙방했고, 항저우사범대학 졸업 후엔 입사시험에서 번번이 낙방했다. 한동안 그는 월급 12달러짜리 영어 교사로 지냈다. 그러다 1995년 31세에 미국을 처음 방문한 것이 그의 인생을 바꾸어 놓았다. 친구가 알려준 인터넷이란 걸 보고 깜짝 놀란 것이다. 이후 1999년 동료 18명과 단돈 7천만 원으로 인터넷 회사인 알리바바를 설립했다.

마윈의 끈기와 경영철학은 2009년 창립 10주년 기념사에서 엿볼 수 있다. "오늘은 힘들다. 내일은 매우 힘들 것이다. 그러나 모레는 아름답다. 사람들은 대부분 내일 저녁에 죽어 모레 아침 해를 보지 못한다. 알리바바 사람들은 모레 아침 해를 볼 것이다."

그는 시대를 잘 읽었다. 1980~1990년대까지만 해도 중국에서는 인터넷이라는 개념 자체가 제대로 통용되지 못했는데, 마윈이 우연한 기회로 인터넷을 접하게 되면서 이를 활용해 자신이 선구자가 되겠다는 의지를 다졌다. 그의 성공은 당시 시대상황과 출중한 영어회화 능력, 사업을 키우고자 하는 야망, 실행능력 등이 복합적으로 작용한 것이다. 결국 그는 세계 최고의 인터넷 전자상거래를 일궈냈다.

그는 이익보다 한 차원 높은 동기를 중시했다. 수익이 나지 않는다고 불평하거나 조급해하지 않았다. 첫 사업인 번역사업을 할 때나 알라바바를 창업할 때나 마윈은 항상 자신이 좋아하는 일을 했고, 그 일에서 의미를 찾았다. 오로지 이익만 보고 창업했다면 결코 성공할 수 없었을 것이다. 마윈은 중국에서 중소 상인들이 자신들의 제품 수출을 쉽게 할 수 있도록 인터넷이란 수단을 마련했다. 중국 내 이베이와의 대결에서도 이베이는 투자자에게 받은 돈으로 수익을 창출하는 데 혈안이 되어 있었으나, 마윈은 중국인을 위해 전자상거래를 운영했다. 결국 이베이는 알라바바의 파괴력에 밀려 중국에서 철수했다.

무협지에서 창의력을 배운다

마윈은 2015년 1월 '후판(湖畔) 대학'을 설립했다. 후판대학은 창업인재를 육성하는 학교로 세간에서는 '마윈 창업사관학교'로 불린다. '제2, 3의 마윈'을 키우는 학교답게 남다른 발상의 혁신 기업인을 키우는 독특한 수업 과정이 중국 언론에 소개되기도 했다.

마윈 회장은 어릴 때부터 무협지에 심취했다고 한다. 이런 이유로 2014년 3월 강의를 시작한 후판대학의 첫 수업은 목공이었다. 항저우 시내 목공예술관에 집합한 신입생 36명에게 주어진 첫 번째 과제는 6개 조가 각각 나무 실로폰을 제작하는 것이었다. 이 악기를 이용해 약 한 달 후 열리는 개학식에서 유명한 무협영화 〈소오강호〉(笑傲江湖) 주제곡 '창해일성소'(滄海一聲笑)를 연주하라는 임무가 주어진 것이다.

〈소오강호〉는 중국 무협소설의 대가 김용(金勇)의 원작소설을 바탕으로 만든 영화로, 마윈 회장은 김용의 열혈 팬이다. 그의 기발한 발상은 대부분 김용의 무협소설에서 비롯됐다는 사실은 널리 알려져 있다. 마윈 회장도 스스로를 〈소오강호〉에 등장하는 화산파 고수 '풍청양'(風淸揚)이라고 소개한다. 알리바바 직원이 지켜야 할 9대 가치관에는 풍청양이 전수한 절세무공 '독고구검'(獨孤九劍)이라 이름 붙이기도 했다.

첫 수업에 대한 신입생들의 반응은 '마윈답다, 참신하다'였다. 한 신입생은 "창의적이면서도 의미가 깊은 첫 수업이었다. 간단한 수공업을 통해 각 팀의 팀워크를 시험해 볼 수 있는 시간이었다"고 평가했다. 개학식에 참석한 마윈 회장은 연설에서 "후판대학과 여타 국내 경영전문대학원과의 가장 큰 차이점은 바로 '실패'를 연구하는 대학이라는 점이다. 나보다 더 똑똑하고 능력 있는 많은 사람이 처절하게 패배한 것은 바로 잘못을 저질렀기 때문이다. 의식적으로든 무의식적으로든 그 원인을 반드시 찾아내야 한다. 실패를 성공의 교훈으로 삼아야 한다"라고 언급했다.

참고로 후판대학 입학 조건은 창업한 지 3년 이상, 직원 30명 이상의 기업을 운영하는 기업인으로, 수업은 2달에 1번, 5일씩 진행되며 총 3년 과정으로 이뤄진다. 학비는 3년 기준 1인당 28만 위안(약 5천만 원)이다.

뇌물은 NO 협력은 OK, 마윈의 반격

"연예는 하되 결혼은 절대 하지 말라." 중국 정부에 협조는 하되 뇌물은 주지 않는다는 마윈의 원칙을 빗대서 한 말이다. 중국공산당 기율검사위 감찰보는 '영원히 뇌물을 제공하지 않는 마윈과 같은 사람들의 미래는 밝다'는 제목의 논평에서 "부지런하고 부단히 자신을 개혁하며 변화를 수용하는 마윈과 같은 기업인들의 미래는 밝을 수밖에 없다"고 강조했다.

마윈 회장의 대정부 노하우는 이렇다. 정부에서 무엇을 부탁해오면 'OK'라고 말하고 그 프로젝트에 적합한 다른 지인이나 업체를 소개해준다고 한다. 그래도 끝까지 매달릴 때엔 돈을 받지 않고 무료로 프로젝트를 진행해주겠다고 한다. 그리고는 다음엔 절대 찾아오지 말라고 한다. 그런 방식이 중국 당국과 지금까지 좋은 관계를 유지한 비결인 것이다.

정부에서 불가피하게 개인정보 같은 것을 요청해오면 어떻게 할 것인가 하는 민감한 질문에 마윈 회장은 이렇게 답했다. "정부와 함께 작업하는 것은 매우 엄격한 절차를 거쳐야 하지만, 만일 그것이 국가안보와 관련된 것이라면 협조해야 할 것이다." 중국에서 그는 공산당원으로 알려져 있다. 그는 2015년 양회에는 참여하지 않았지만 몇 년 전까지 저장성 인민대표회의 위원으로 활동한 것으로 알려졌다.

마윈 회장은 시진핑 국가주석과 리커창 총리 등 10여 명의 국가 지도자들과 친분이 두텁다. 또 각 성의 서기와 성장 등 수십 명의 지방정부 지도자들과도 친하다. 지도자들과의 만남은 주로 (지도자들의) 회사 방문과 포럼에서 이뤄졌다. 시 국가주석의 경우 외국 방문 시 마윈이 수행을 담당하면서 친해졌다. 1990년대 저장성 당서기를 지낸 시 국가주석은 저장성이 고향인 마윈 회장과 관련해 공식석상에서 야심찬 젊은 기업인 마윈을 눈여겨보았다며 몇 차례 언급했다. 저장을 떠나 상하이 당서기로 영전해 갔을 때도 상하이의 전산관계 업무를 처리하기 위해 마윈을 초빙할 정도로 친분이 있다.

경제 분야를 대표하는 리커창 총리와는 더욱 가깝다. 2015년 6월 말 중국 베이징 중난하이에서 총리 주재로 열린 경제좌담회에 리 총리가 마윈을 초청하면서 그간의 불화설을 잠재웠다. 이날 3시간 반 동안 진행된 좌담회에서는 경제, 금융, 부동산, 대외경제 등 다방면의 전문가 6명과 마윈 회장, 리수푸(李書福) 지리자동차 회장 등 기업인 4명의 발언이 이어졌다. 리 총리는 주로 경청하는 형식으로 이뤄졌다.

특히 이날 좌담회에서 리커창 총리는 알리바바 그룹의 비즈니스 모델과 그간의 성과를 높이 평가했다. 마윈은 "알리바바 전체 직원은 2만 5천 명이지만 산하 타오바오몰에 등록된 업체는 모두 9백만 개이며, 이들 업체는 최소한 1천만 개 이상의 일자리를 창출한다"고 보고했다. 리 총리는 이에 대해 "알리바바의 새로운 경제성장모델이 창출하는 막대한 경제적 이익과 경제활력, 그리고 취업 기여도를 중시하고 있다"고 화답했다.

마윈은 2015년 봄, 리커창 총리의 다보스포럼 참석 때에도 주요 역할을 했는데, 리 총리가 마윈을 자주 언급하고 총애한 것은 그를 위시해 중국 권부가 적극 후원하고 장려하는 젊은이들의 창업 열풍 때문이기도 했다.

하지만 알리바바와 마윈 회장이 세계적 스타가 되면서 중화권 일부 언론들은 태자당과의 유착관계를 집중적으로 보도하기 시작했다. 알리바바에 이름을 올린 멤버들의 면면은 신 태자당을 망라하고 있다고 해도 과언이 아니다. 장쩌민의 손자 장즈청의 보위캐피털을 위시해 알리바바의 주식을 매입했다는 씨틱캐피털, 중국개발은행(CDB) 캐피털 등 중국의 신흥 금융회사들이 하나같이 신 태자당 인사들의 회사이다.

현 상무위원 류윈산의 아들인 류러페이 외에도 원자바오 전 총리의 아들인 원윈쑹, 허궈창 전 중공 중앙기율위 서기의 아들 허진레이(賀錦雷), 공산당 원로 천윈의 아들인 천위안 등 이른바 재계, 특히 금융 쪽으로 진출한 '공자님'들이 망라되어 있다.

2015년 짝퉁 논란으로 일격을 당한 마윈은 납작 엎드린 채 권력의 입맛에 맞는 행보를 보이고 있다. 속내야 어떻든 시진핑 권부로서는 세계 시장에서 중국의 국부와 권위를 한껏 높여주고 있는 희대의 풍운아 마윈이 예쁠 수밖에 없을 것이다.

중국 경제의 새로운 기수, 촹커

중국의 '신 창타이' 경제 시대에 중국 경제의 변화를 상징하는 키워드는 '촹커'(創客)다. 촹커는 단순 창업자와는 다른 의미가 있다. 영어 '메이커'(*maker*)에서 비롯된 이 단어는 흥미와 취미에서 얻은 창의적 아이디어를 현실화하는 혁신적 인재를 뜻한다. 정보기술, 인터넷, 모바일 등 기술 정보력 기반의 혁신 창업자란 의미다.

중국의 새로운 시대정신을 대표하는 촹커 열풍은 중국의 경제 패러다임의 변화와도 밀접한 관계가 있다. 인프라, 부동산 위주의 하드웨어형 투자 모델이 힘을 잃은 대신 스마트폰, O2O(*Online to Offline*) 기업 등 지식경제형이 부상하고 있다. 침체되는 경제를 살리기 위해서라도 중국은 촹커 경제에 목을 맬 수밖에 없는 구조다.

리커창 총리가 2015년 3월 전인대에서 한 말이 의미심장하다. 그는 정부 업무보고에서 '대중창업, 만인혁신'(大衆創業, 萬衆革新)이란 캐치프레이즈를 내걸었다. 창업과 혁신을 경제발전의 새 엔진으로 삼아 일자리를 창출하고 경제성장을 도모하겠다는 의미가 함축돼 있다.

앞서 리 총리는 2015년 새해 첫 방문지로 중국의 새로운 IT산업의 메카로 떠오르고 있는 선전의 창업 인큐베이터 '차이훠촹커쿵젠'(柴火創客空間)을 택했다. 차이훠(땔감)란 표현은 '여럿이 힘을 합쳐 땔감을 태우면 불꽃이 높이 인다'(衆人拾柴火焰高, 중인습시화염고)는 중국 속담에서 유래한 것이다. 리 총리는 신세대 촹커들과 만나 대화를 나누고 혁신제품들을 살펴본 뒤 직접 차이훠촹커쿵젠의 명예회원으로 등록했다. 국가차원에서 전폭적으로 지원하겠다는 의미였다.

이렇듯 촹커 양산은 중국의 국가 정책이다. 경제성장의 동력을 살리면서 자본주의 정신의 핵심인 창의적인 도전정신을 키워 세계 최강의 경제대국이 되겠다는 야심찬 프로젝트다. 이런 이유로 돈, 인재, 인프라 방면에서 창업에 대한 지원을 아끼지 않고 있다. 우선 창업 문턱을 대폭 낮췄다. 국무원은 2014년 2월 기업등록자본금 최소요건을 철폐했다. 기존엔 최소 3만 위안(약 537만 원)을 내고 기업을 차려야 했지만 이제는 단돈 1위안(약 180원)만으로도 창업할 수 있게 됐다. 그리고 평균 한 달 걸렸던 기업등록 절차도 사흘 이내로 단축시켰다.

파격적인 세금 감면책도 내놓았다. 중국은 영세기업 세금을 감면했다. 예상 세금감면 규모만 1천억 위안이 넘는다. 모두 창업의 경제적 부담을 덜어주기 위함이었다.

정책자금도 쏟아졌다. 중국 정부는 2015년 400억 위안(약 7조 1천억 원) 규모의 국가신흥산업 창업투자촉진기금을 조성했고, 9월엔 총 6백억 위안의 중소기업발전기금도 마련했다. 벤처기업들의 자금 조달 창구도 늘렸다. 베이징에만 한정되었던 벤처전용 장외거래 시장인 '신삼판'을 2015년 1월 전국적 범위로 확대했다. 신삼판에는 4천 개에 육박하는 벤처기업이 상장돼 있다.

뜨거운 창업 열기는 지방으로 확산 중이다. 베이징은 2억 위안 넘게 투자해 중관춘에 만든 200미터 길이의 창업 거리를 2015년 7.2킬로미터로 대대적으로 확장하는 한편, 기능별로 구역을 나눠 체계적으로 발전시키기로 했다. 제대로 된 '창업 생태계'를 구축함으로써 명실상부한 중국의 '창업 수도(首都)'가 되겠다는 심산이다.

상하이는 해외 고급인재의 창업을 지원한다는 '푸장(浦江) 인재계획'을 통해 해외 유학파 인재에게 매년 총 4천만 위안(약 70억 원)의 창업자금을 지원하고 호적 취득요건도 완화하고 있다. 광둥성에서는 창업 실패자들을 돕는 제도적 장치도 마련했다. 특히 벤처투자자들이 스타트 업에 투자해 실패해도 투자금의 절반을 보상해주는 파격적인 정책도 시행 중이다. BAT 기업들도 창업 생태계 조성에 앞장서고 있다.

중국의 촹커 열풍은 마윈 회장과 레이쥔 샤오미 회장 등 중국 토종 촹커의 성공스토리에 힘입은 바 크다. 이런 이유로 창업자들의 우상인 마윈 회장도 100만 명 창업인 육성을 목표로 내걸었다. 이를 위해 2015년 3월엔 100억 위안(약 1조 8천억 원)을 쾌척해 '촹커플러스'라는 온라인 창업지원 플랫폼도 선보였다. 또한 중국 50여 개 유명 벤처캐피털 투자사나 창업 인큐베이터 기업과 손잡고 스타트 업의 기술개발에서부터 홍보, 사무실 지원, 창업투자까지 전방위로 지원하고 있다.

이런 파격적인 지원으로 중국에 불어 닥친 창업 열풍은 세계에서 가장 뜨겁다. 2014년 중국의 신규 벤처창업자는 291만 명에 달했고, 중국에서 유치한 벤처투자금액은 155억 3천만 달러(약 16조 9천억 원)를 기록해 2013년 대비 3배 이상 급증했다. 미국에 이어 세계 2위였고 한국의 벤처투자(1조 6,393억 원)와 비교하면 15배 이상이었다. 현재 중국 정부는 세계 최대의 혁신 벤처강국으로 도약할 것을 자신하고 있다.

중국에서 창업의 주역은 대부분 20, 30대 젊은이들로, 일명 'BAT'로 불리는 중국 IT 3사의 성공스토리를 보고 성장해 같은 꿈을 품고 있는 세대이다. 이들의 사고방식은 창의적이고 실패를 두려워하지 않는다.

과거 제조업 중심이던 중국 경제는 새로운 패러다임 전환기에 들어섰다. 중국의 IT산업이 비약적으로 발전하고 인터넷과 모바일 플랫폼 중심으로 변화하면서 새로운 비즈니스 형태와 모델이 쏟아지고 있다. 촹커들은 좋은 아이디어와 인력만 있으면 상대적으로 쉽게 창업 자금을 구할 수 있다. 사업이 검증되면 막대한 자금이 투자되곤 한다. 투자가 이뤄지면 대부분 미국 실리콘밸리 스타일의 경영방식이 도입된다. 회사는 이사회 중심의 투명한 경영체제를 갖추고, 투자자들은 창업 경영진에게 20%에 가까운 스톡옵션(주식매입선택권)을 부여해 회사의 성장을 독려한다. 사업이 성공하면 'BAT'의 사례처럼 창업자들과 투자자들은 엄청난 부와 영광을 거머쥐곤 한다.

1978년 개혁개방 이후 중국에는 10년에 한 번꼴로 창업의 바람이 불었다. 1980년대는 상품의 구입과 판매 과정 중 가격 차이를 이용해 돈을 버는 자영업자들이 대거 나타났다. 1990년대는 안정적 직장을 버리고 상업에 뛰어드는 '샤하이'(下海) 바람이 거셌다. 2000년대에는 인터넷이 보급되면서 무수한 인터넷기업이 설립되기도 했다. 이번 촹커 바람은 네 번째 창업 붐이다. 풍부한 인적 자본과 14억에 가까운 내수 시장, 세계의 제조업 중심지, 실패도 용인하는 창업 문화까지 만들어지면서 중국의 촹커 경제는 욱일승천하고 있다.

11. 북한 조련사, 시진핑

애증의 북·중 관계

2015년 10월 10일 북한의 노동당 창건 70주년 행사는 '북·중 관계 복원'의 신호탄이 됐다는 점에서 주목을 받았다. 평양 김일성광장에서 개최된 열병식에서 김정은 국방위원회 제 1위원장은 중국의 권력서열 5위인 류윈산 중국공산당 중앙정치국 상무위원과 나란히 서며 양국의 전통적 우의를 대내외에 과시했다. 두 사람은 맞잡은 손을 번쩍 들어 군중의 환호에 화답하면서 북·중 관계 복원을 과시했고, 열병 행진을 보며 박수를 치고 대화를 나누는 모습도 수차례나 목격됐다.

류 상무위원은 7명으로 구성된 중국공산당 상무위원회 일원이다. 중국의 최고 지도부인 상무위원이 북한을 방문한 것은 2010년 이후 5년 만이었다. 즉, 시진핑 국가주석 체제가 들어선 이후 처음이었다.

류 상무위원은 전날 김정은을 만나 화기애애한 분위기 속에 중국과 북한의 '우의'를 강조한 시진핑 국가주석의 친서를 전달했다. 시 국가주석은 친서에서 "두 나라와 두 나라 인민에게 행복을 가져다주며 지역 및 세계의 평화와 안정을 수호하기 위해 적극적이며 건설적인 역할을 발휘할 용의가 있다"고 밝혔다. 김 국방위원회 제1위원장도 류 상무위원을 통해 "조(북)·중 관계는 단순한 이웃과의 관계가 아니라 피로써 맺어진 친선의 전통에 뿌리를 둔 전략적 관계"라고 화답하면서 관계개선 의지를 표했다.

류윈산은 '전통계승, 미래지향, 선린우호, 협조강화' 등 16자 방침을 언급, "양국 간에 고위급 대화를 확대하고 모든 수준에서 교류를 증진, 양국 관계에 새로운 미래를 열어가자"고 제안했다. 김정은도 "경제를 발전시키고 인민의 생활을 개선하기 위해서 평화롭고 안정적인 외부 환경이 필요하다"고 공감을 표했다.

양국은 1961년 북·중 우호조약을 통해 군사원조까지 약속한 동맹국 사이였지만 냉전 이후 양국 사이는 냉탕과 온탕을 반복하며 애증의 관계를 지속했다. 이런 측면에서 양국 관계는 기본적으로 상호 협력과 갈등이 언제든지 나타날 수 있는 '죄수의 딜레마' 게임과 유사하다.

동북아 외교전문가인 스나이더(Glenn H. Snyder) 박사는 북·중 관계를 '허세' 게임의 틀에서 해석했다. 그는 북한의 '벼랑 끝 외교'는 일종의 허세이고 이런 허세의 본질을 '응석받이'로 명명했다. 북한의 반복적인 벼랑 끝 전술을 추적하면, 최종적으로 후원국인 중국으로부터의 방기(放棄) 가능성을 차단하기 위한 술책이라는 주장이다. 북한이 도발과 분쟁의 수위를 높일수록 북한의 전략적 가치를 주목하는 중국이 발을 빼지 못한다는 의미다.

위키리크스가 공개한 미 국무부의 외교전문에서도 중국 외교부의 고위관리들이 북한에 대해 "국제적 관심을 받고자 하는 응석받이"라고 비난한 대목이 여러 차례 목격되었다. 앞으로도 핵과 미사일을 매개체로 중국을 묶어두려는 패턴이 반복적으로 나타날 수 있다.

2001년 9·11 테러 이후 미·중 관계가 급진전된 상황에서 북한이 2차 북핵 위기를 초래했던 사실이나 2006년 초 미국의 대북금융 제재에 중국이 암묵적으로 공조한 상황에서 7월 장거리 미사일 발사와 10월 핵실험을 감행한 것도 비슷한 이유다. 2009년 4월, 북한 미사일 발사에 대한 안보리 의장 규탄성명에 중국이 찬성한 직후인 5월에 2차 핵실험을 감행한 것이나, 2013년 12월 친중파 핵심 인물인 장성택을 처형한 것 역시 중국을 향한 일종의 경고라는 해석이 많았다.

시진핑 등극 이후 중국의 대외 관계의 핵심이 된 '신형 대국 관계'는 북·중 관계를 더욱 복잡하게 한다. 책임 있는 대국을 지향하는 만큼 과거 천안함 폭침이나 연평도 사건처럼 북한을 일방적으로 두둔할 수 없는 입장이다. 북핵 해결을 위한 '중국의 역할'에 대한 부담감도 크다. 북한 정권을 유지시키면서 남북한 세력균형과 미국의 대중(對中) 포위 전략을 깨야 하는 3중 딜레마에 직면한 것이다.

북·중 관계의 딜레마와 관련해 필자가 쓴 '김일성 부자의 유훈, 중국을 믿지 말라'(〈서울신문〉, 2015년 10월 7일)라는 칼럼을 보면 양국 관계를 더 명확히 이해할 수 있을 것이다.

1994년 중국이 대북 농산물 수출을 전면 금지했다. 당시 흉년에 직면한 중국이 자국민들을 위한 조치였지만 식량난에 허덕이던 북한은 분개한다.

2년 전인 1992년 8월 김일성 주석의 강력한 반대에도 전격적으로 한 · 중 수교를 단행했고 이듬해인 1993년엔 관행이던 우호국 결제를 폐지해 북한 경제에 타격을 줬다. 북한 인민들 사이에서는 김일성 주석이 죽으면서 김정일 국방위원장에게 다음과 같은 유언을 남겼다는 말이 돌아다녔다. "중국을 믿지 말라."

김일성 사후인 1995년 북한은 100년 만의 홍수와 연이은 대가뭄으로 이른바 고난의 행군(1996~2000년)을 시작한다. 이 시기에 대략 3백만 명 안팎의 아사자가 발생하지만 혈맹국 중국은 북한 정권이 무너지지 않는 수준의 교역만을 유지했다. 중국에 대든 김정일 정권에 '교훈'을 주기 위함이다. 이때부터 혈맹의 신뢰관계에 결정적으로 금이 갔다는 것이 정설이다. 김정일도 김정은에게 유언을 남긴다. "중국을 믿지 말라."

북한은 근본적으로 중국을 신뢰하지 않는다. 자국의 이익을 위해선 수단과 방법을 가리지 않는 중국의 대국주의를 체험적으로 알기 때문이다. 냉전 시기에도 북한은 중국과 소련의 패권주의에 반발해 등거리 외교로 자주성을 드러냈고 한 · 중 수교 이후 중국을 수정주의자로 몰아붙였다. 1995년에 2002년 아시안게임 개최지 선정 당시 북한은 타이완을 지지해 중국을 경악시켰다. 중국의 최우선 정책인 '하나의 중국' 원칙을 보란 듯이 깨버린 것이다. 핵실험을 말리던 중국을 향한 도발은 익히 알려진 일이다. 2006년 10월 9일 당시 후진타오 국가주석은 16기 6중전회 관련 회의를 주재하던 중 핵실험 30분 전에 통보를 받았다. 극도로 분개한 중국은 '제멋대로'(悍然)라는 표현으로 북한을 성토했다.

이런 북한을 상대해야 하는 시진핑 국가주석의 머리는 참으로 복잡할 것이다. 자신의 당 총서기 등극 직후인 2012년 12월 12일 장거리 미사일을 발사했고, 국가주석 등극 직전인 2013년 2월 12일 3차 핵실험을 강행해 시 국가주석의 체면을 구긴 북한이다. 2013년 12월엔 중국의 만류에도 불구하고 친중파 핵심인 장성택을 처형했다. 권력기반이 취약한 김정은은 장성택과 중국 지도부의 밀접한 관계를 의심했다고 한다. 중국이 망명 중인 자신의 이복형 김정남을 비밀리에 돕고 있는 것도 신경이 쓰인다. 북한 내부에 정치적 변고가 생길 경우 친중 정권을 세우려는 의도로 본 것이다.

이런 상황에서 중국이 북한 노동당 창건 70주년 기념식에 당 서열 5위인 류윈산 상무위원을 파견키로 한 대목에서 시 국가주석의 고민이 읽힌다. 김정은 정권의 시대착오적인 권력세습과 부도덕한 통치행태에 불만도 많지만 북한 정권의 존속으로 남북한 세력균형을 꾀하면서 미국의 대중 포위 전략을 깨야 하는 3중 딜레마에 직면한 것이다.

더욱이 미국과의 관계도 고려해야 한다. 시 국가주석은 지난 9월 25일 미·중 정상회담에서 '신형 대국 관계' 구축에 합의한 상태다. 세계를 양분한 중국과 미국은 서로의 '핵심 이익'(core interest)을 존중하면서 국제 문제를 공동으로 해결하자는 의미다. 책임 있는 대국으로서 북한 문제를 풀어가야 하는 난제에 직면한 것이다. 과거 천안함 폭침이나 연평도 포격 사건처럼 북한을 일방적으로 두둔할 수 없는 입장이다. 3차 핵실험 이후 중국이 유엔 안보리 제재에 동참한 것도 이런 이유에서다. 중국 전승절 70주년에 참석한 박근혜 대통령이 떨떠름한 미국을 설득한 논리도 '중국 역할론'이다.

시진핑, 북한을 어떻게 인식하고 있나?

북·중 관계가 당 차원에서 해빙기를 맞고 있다고 하지만 중국 인민들은 북한 김정은 체제에 반감을 보인다. 2013년 2월, 3차 핵실험 이후 북·중 관계가 악화되면서 중국 누리꾼들은 북한 김정은을 '김 씨 집안 세 번째 뚱보'〔진산팡(金三胖)〕라고 비하해 부르기도 했다. 사사건건 중국의 발목을 잡고 중국의 부담으로 작용하는 북한에 대해 적대감을 이런 식으로 표출한 것이다. 중국 누리꾼들은 개사해서 만든 노래에 김정은을 못된 망나니라고 부르며 '핵폭탄은 너의 장난감이 아니다'라는 가사를 붙이기도 했다. 중국 내 유튜브에 올라온 김정은 패러디 영상도 있다. 미국 달러와 햄버거에 눈이 먼 김정은이 탱크 위에서 고무총으로 핵폭탄을 쏘려는 장면이 있다. 오바마 미국 대통령에게 발로 차이는가 하면 아베 일본 총리, 푸틴 러시아 대통령과 멱살을 잡는 장면도 등장한다.

이런 분위기를 반영이나 하듯 북한에 대한 시진핑 국가주석의 인식은 더 복잡할 수밖에 없다. 시 국가주석은 2010년 10월 국가부주석 시절, 항미원조(抗美援朝) 65주년 기념일에 참석해 "항미원조는 침략에 맞선 정의로운 전쟁이었다"고 밝혀 당시 한·중 간 관계에 적지 않은 파문을 일으킨 장본인이다. 이런 시 국가주석의 등극 이후 북·중 관계가 최악의 상황으로 치닫는 것은 참으로 아이러니한 일이다. 그만큼 상황이 급변한다는 반증도 된다. 과거의 맹방에서 국제적 응석받이가 됐고 미래에는 중국에 어떤 부담을 지울지 알 수 없는 노릇이다.

한양대 문흥호 중국문제연구소 소장은 "'과거형 인식'에서 북한은 사회주의 혁명과 정의로운 전쟁을 함께한 맹방이요, 혈맹이다. 이러한 인식은 비록 약화되었지만 여전히 잠재되어 있다"고 언급했다.

'현재형 인식'은 북한 정권의 시대착오적 권력세습과 부도덕한 통치 행태, '인민'의 기본 의식주조차 해결 못하는 지도자의 무능함에 대한 심각한 회의와 불만이다. 특히 시 국가주석은 북한에 대한 부정적 인식과 한국의 정치적·경제적 성과에 대한 긍정적 인식의 괴리가 점점 확대되고 있다.

한편 '미래형 인식'은 중국이 바라는 한반도 미래상과 결부시켜 북한을 인식하는 것이다. 미래형 인식에서도 북한의 존속과 남북한 세력균형이 중시되지만 시 국가주석 특유의 현실적 관점에서 기존의 수세적인 현상유지 전략이 재편되고 있다. 즉, 시 국가주석의 뇌리에서 한반도의 현상타파와 남북통일이 아직은 핵심 현안이 아니지만 점차 불가피한 전략적 고려사항으로 대두되고 있다. 2014년 9월 2일 전승절 전날 열린 박근혜 대통령과의 정상회담에서 통일 문제가 의례적 수준 이상으로 논의된 것도 이와 무관하지 않아 보인다.

이처럼 북한 정권의 전도가 밝지 않고, 북·중 관계의 유지비용이 과다하며, 장기적으로 남북통일에 대비한 선제적 전략을 수립해야 한다는 시 국가주석의 인식은 중국의 대북 전략에 그대로 투영되고 있다.

그 핵심은 동아시아 정세가 불안정한 과도기적 상황에서 일단 북한이라는 전략적 자산을 유지하되 북·중 관계를 동맹과 정상, 과거와 미래가 병존하는 형태로 조정하고 정책 방향과 범위를 탄력적으로 운용하는 것이다. 전문가들은 이를 동맹관계와 정상관계를 넘나드는 '선택적 균형' 전략이라고 부른다. 이를 통해 중국은 남북한에 대한 압력 행사, 미·일을 의식한 한반도 영향력 확대, 북핵 및 인권 문제에 대한 국제 사회의 압력 회피 등의 이득을 얻을 수 있을 것이다.

중국의 이러한 전략은 다른 국가가 답습하기 어려운 중국만의 자산이지만 한계도 있다. 우선 막강한 대북 영향력에도 불구하고 중국이 북한의 존속을 원하는 한 실질적인 압력 행사는 제한적일 수밖에 없다. 또한 중국의 전략변화에 맞서 북한도 과도한 중국 의존도 축소를 꾀할 것이고 이는 중국의 영향력을 약화시킬 수 있다. 실제로 북한은 이미 러·미·일 등과의 관계 변화를 추진하고 있으며 이는 중국에 대한 강한 불만과 연계되어 있다.

북한에 대한 중국의 선택적 균형 전략은 한국을 함께 겨냥하고 있다. 다시 말해, 중국은 북한과의 동맹, 정상관계의 수위 조절이 한·중 전략적 협력수준과 연계되어 있음을 숨기지 않는다. 실제로 중국 지도부는 한국의 사드 구축 논의, 미군의 전시작전권 환수 재연기 등에 불만을 표하고 은연중에 북·중 관계강화 가능성을 암시한다.

이러한 상황에서 중국의 고압적 태도를 성토하는 것보다 중요한 것이 있다. 시진핑 집권 이후 변모하는 중국의 대외 전략과 그 연장선에 있는 대북 정책의 변화를 한반도 평화와 안정, 통일 환경조성에 더욱 능동적으로 활용해야 한다는 점이 그것이다. 주변국의 공감이 결여된 '자기 희망적' 통일 열기는 자칫 우리의 통일 염원을 더욱 공허하게 만들 수 있다. 애국심만으로 통일이 실현되지 않는다.

2인 3각의 북·중 관계

1990~2000년까지 북·중 관계는 냉탕과 온탕을 오가며 관계를 이어갔다. 이 시기는 큰 구도에서 동북아 지형은 '북·중' 대(對) '한·미·일' 구도를 중심으로 움직였다. 그러나 한국과 일본이 미국과 맺고 있는 동맹관계와 북한과 중국의 동맹관계는 결속력이나 의존도 측면에서 사뭇 다르다.

한국 내에서 간혹 반미 시위가 벌어지기도 하고 미국 측에 간접으로 불만을 표시하는 경우도 있지만 북한은 중국에 대해 노골적이다. 북한은 중국에 화가 나면 엄청난 수위의 비판을 가하며, 하고 싶은 말은 다 해버리는 경우가 많다. 1990년대에는 북한과 중국의 관계가 더욱 악화되었는데, 북한은 러시아가 한국과 수교한 것을 두고 "달러 몇 푼에 동맹을 팔아먹었다"고 맹비난했고, 중국이 1992년 한국과 수교하자 김일성은 노골적으로 중국을 수정주의라고 비판했다.

당시 〈노동신문〉을 포함한 북한의 언론매체들은 한·중 수교에 대해 엄청난 비판적 논설과 보도 논평을 연이어 했다. 또한 중국은 북한에 '우호가격'이라는 명목하에 싼 값에 석유를 공급하던 것을 석유가격 인상과 현금 결제를 요구했고, 그 결과 중국의 대북 석유공급은 50% 이상 줄어들었고 베이징과 평양 관계는 냉각되었다.

덩샤오핑의 사망과 김일성의 사망은 중국과 북한에서 혁명의 1세대 지도자들이 죽었다는 의미가 있다. 과거 항일무장 투쟁이나 사회주의 혁명 시절 공산당 지도부 인사들의 특수 관계가 막을 내리고 점차 정상적인 국가 간 교류로 바뀌는 시점이었다.

이 과정에서 국가이익이 관계설정의 중요한 바로미터가 되었다. 중국은 1995년 리덩후이 타이완 총통의 미국 방문에 대해 반대했고, 1996년에는 타이완의 독립 움직임에 경고를 보내고자 군사훈련을 실시했다. 미국은 타이완에 함대를 파견하여 이를 견제하려는 움직임을 보여 미·중 간의 갈등이 고조되자 중국으로선 동맹이었던 북한의 필요성이 부각됐던 시점이 있었다. 반면에 북한은 1990년대 중반 최악의 식량난을 거치면서 중국으로부터의 경제적 지원이 점점 절실해졌고, 각자의 필요로 한·중 수교 이후 최악의 관계에서 어느 정도 회복되었다.

2002년 부시 행정부는 북한, 이라크, 이란 등을 '악의 축'이라고 발언하는 등 북한과 미국 사이의 긴장감은 고조되었고 북한은 2000년 9월경부터 이미 경수로 건설 지연 문제를 놓고 제네바 합의를 지킬 것을 미국에 경고하며 이것을 서둘러 이행해줄 것을 요구하던 상황이었다.

미 중앙정보국의 첩보로 당시 미국의 국방부 장관이었던 럼즈펠드는 북한이 핵을 보유했다고 주장, 이를 확인하기 위해 파견된 (2002년 10월) 제임스 켈리 미 특사가 핵을 정말 보유하고 있는지를 묻자 북한 측이 "핵무기보다 더한 것도 가지고 있다"고 밝히면서 사실상 핵 개발이 진행되고 있음을 시인했다. 이후 북한은 3차 핵실험까지 강행하면서 핵 위기는 현재진행형이다.

북한의 핵 개발은 중국으로서도 용납할 수 없는 일이다. 중국은 크게 세 가지 이유로 북한의 핵 개발을 염려한다. 첫째, 북한이 핵을 가지게 되면 일본이나 한국에서도 핵무장 여론이 거세질 것이고 종국엔 타이완까지 핵을 갖게 되는 사태가 발생될 수도 있기 때문이다.

둘째, 동북아에서 자신들이 가진 핵 억지력이 약화되고 주변 정세가 불안해진다는 점을 우려한다. 베트남이 그랬던 것처럼 핵 보유 이후 오만해진 북한이 목소리를 키우고 고분고분 말을 듣지 않게 되는 것에 대한 걱정도 있다. 셋째, 북한 핵 문제가 시끄러워지면 미국의 군사적 개입이 뒤따를 수밖에 없고 한반도가 전쟁에 휩싸이게 되면 국가안보 자체가 위협받게 되는 상황도 우려한다.

이를 위해 중국이 총대를 멨다. 2003년 4월 베이징에서 3자회담을 주최하고 북한 핵 문제 해결을 위해 미국과 북한, 중국이 참여한 3자회담이 진행되었으나 북한은 동맹관계인 중국이 자신들의 편을 들어주기보다는 미국의 입장도 반영하는 것을 보고 배신감을 느꼈다. 이런 상황에서 2003년 8월 중국, 한국, 북한, 미국, 일본, 러시아가 참여하는 6자회담이 처음으로 선보였지만 아직까지 큰 진전이 없어 '6자회담 무용론'이 거세다.

중국의 대북 사령탑 교체

북·중 교류협력의 사령탑인 대외연락부(중련부) 수장도 교체됐다. 2015년 11월에 중국공산당은 대외연락부 신임부장으로 쑹타오(宋濤) 중앙외사공작 영도소조판공실 상무 부주임을 임명했다. 중앙외사판공실은 중국의 최상위급 외교 정책기구인 중앙외사공작 영도소조의 상설 사무국이다.

1951년 만들어진 중국 대외연락부는 공산당의 대외교류를 총괄하는 기관으로, 현재 북한 노동당 등 사회주의권 국가들의 좌익정당뿐 아니라 선진국의 사회당, 노동당, 보수정당 등과도 광범위한 교류협력관계를 맺고 있다. 중국의 안보·외교 정책 수립에도 중요한 역할을 담당하는 기관으로, 특히 공산당-노동당의 교류를 중심으로 한 전통적인 북·중 관계 형성에서 핵심적 연결고리 기능을 수행했다.

쑹 신임부장은 전임자들과 달리 2000년부터 외교부에서 활동하기 시작한 인물이다. 2011년 외교부 부부장에 오른 뒤 시진핑 체제가 시작된 2013년 말 중앙외사판공실 부주임을 거쳐 장관급 직책인 상무 부주임에 임명됐다. 그는 오랫동안 외교 분야에서 근무해온 인사라는 점에서 북·중 교류에도 변화의 가능성이 보인다. 시진핑 체제 출범 이후 북·중 관계를 기존의 '혈맹적' 특수 관계에서 '정상국가' 관계로 전환하는 과정이라 더욱 눈길을 끈다.

2003년부터 12년간 중련부장을 맡아 온 왕자루이(王家瑞)는 대표적인 친북인사로 분류된다. 김정일, 김정은과도 '구면'인 그는 '중국 대북외교의 핵심 담당자', '한반도 정책의 핵심 당국자' 등으로 불렸다. 북·중 관계가 얼어붙어 고위급 교류가 끊어지기 전까지만 해도 북한을 자주 드나들며 '북·중 우호'의 메신저 역할을 했다. 그는 김정은 체제가 출범한 직후인 2012년 8월 당 대외연락부 대표단을 이끌고 방북해 김정은과 면담하기도 했다.

왕 전 부장의 퇴진은 일반적으로 나이와 관련이 있다고 한다. 그는 만 66세로 퇴직 연령(일반적으로 장관급은 60~65세)을 넘겼고 이미 중국 국정의 최고 자문기구인 정협 부주석도 겸임했다.

친중파 '장성택' 처형

2014년 12월 부정부패혐의로 '쌍규' 조치된 뒤 재판에서 무기징역에 처했던 저우융캉과 북한의 관계가 의미심장하다. 저우융캉이 국가기밀을 북한에 누설해 친중파의 핵심인 장성택이 처형됐다는 주장이 나돌았기 때문이다. 미국에서 활동 중인 반중 매체 〈보쉰〉(博訊) 홍콩 소식통을 인용해 보도한 내용으로, 저우융캉이 한때 북한 망명계획까지 세웠으나 실패했다는 소문이 웨이신(중국 소셜미디어)과 트위터 등에서 나돌았다.

구체적인 내용은 이렇다. 2012년 8월 중국을 방문한 장성택은 후진타오 당시 당 총서기를 만나 북한의 후계구도에 관해 이야기를 나눴다고 한다. 이때 장성택은 김정일의 후계자로 김정은 대신 김정남을 세우는 게 어떻겠냐고 제안했지만, 당시 후진타오 총서기는 명확한 입장을 밝히지 못했다고 한다. 1시간 남짓 이어진 이날 회담은 비공개로 진행되었는데, 당 내부 첩보망을 장악한 저우융캉이 장성택의 발언을 김정은에게 알림으로써 결국 김정은이 장성택과 북한 내 친중파들을 모조리 처형 또는 숙청하게 되었다.

시기적으로 시진핑 당 총서기 취임 직전이었고, 반 부패의 칼날이 보시라이에 이어 저우융캉에게 시시각각 다가오던 순간이었다. 반 시진핑의 기치를 내건 저우융캉이 북한카드로 국면을 혼란으로 이끌려는 의도가 있었다는 것이다. 중국 입장에서도 자신들에게 고분고분하지 않은 김정은 대신 그동안 보살펴 온 김정남을 옹립시켜 북한을 개혁개방으로 이끄는 것이 여러모로 국익에 유리하다는 판단을 했을 법하다.

이런 측면에서 〈보쉰〉은 "2014년 12월 저우융캉 공산당 중앙정치국 상무위원이 '쌍규'로 체포돼 검찰에 송치될 때의 혐의 가운데 국가기밀 유출이 바로 후진타오와 장성택 간의 회담내용을 누설한 것"이라고 주장했다.

김정은의 고모부이기도 한 장성택은 북한 권력층 내의 대표적 친중파로 김정남과 밀접한 관계를 맺고 있는 것으로 알려져 왔다. 장성택과 그 측근들이 김정일 사후에 중국의 영향권 내에 편입돼 중국식 개혁개방을 한다는 계획을 세웠다는 주장들도 이미 중화권 언론들을 통해 보도된 바 있다. 그동안 중국 당국은 2000년 이후 중국으로 추방된 김정남을 비밀리에 보호해 왔다. 그 이유로는 북한에서 유사시 정변이 발생할 경우 김정남을 옹립해 친중 정권을 세운다는 계획과 무관하지 않다는 것이 전문가들의 견해다.

중화권 언론들을 종합해 보면 저우융캉이 장성택 관련 기밀을 북한에 넘겨준 것으로 파악되지만 그가 북한으로 망명하려고 했다는 것은 그리 신빙성이 높아 보이지 않는다. 그의 경력으로 봤을 때, 북한 지도부와의 관계는 돈독하지 않았고 중국과의 관계를 파탄 내면서까지 북한이 그의 망명을 받아줄 리 만무하기 때문이다.

장성택이 지지했던 김정남은 1971년 김정일과 성혜림 사이에서 태어나 1980년대에 소련의 모스크바를 거쳐 스위스에서 유학하여 제네바대학에서 정치외교학을 전공한 것으로 알려졌다. 그는 1998년부터 북한의 IT 정책을 주도하는 조선컴퓨터위원회 위원장을 맡기도 했고, 유학생활로 국제 사회의 정보에 밝은 개혁개방주의자로도 알려졌다. 1995년 인민군 대장 계급을 받는 등 한때 최고 권력자 김정일의 후계자로 관심을 모으기도 했으나 1996년 이모인 성혜랑이 미국으로 망명한 뒤 입지가 흔들리기 시작했다.

더불어 북한에 중국식 개혁개방을 도입해야 한다는 견해를 표명한 일이나 2001년 4월 도미니카공화국의 위조 여권으로 일본에 밀입국하려던 것이 적발돼 중국으로 추방되면서 김정일의 눈 밖에 난 것으로 알려졌다.

이후 주로 중국과 마카오 등지에 머물면서 김정일로부터 직접 지시를 받는 무기수출 총책임자로, 또 '김철'(金哲)이라는 가명으로 김정일의 비자금을 관리하는 조선노동당 39호실의 총책임자로서 활동했다는 것이 정보소식통들의 전언이다. 2009년 이후 이복동생 김정은이 후계자로 떠오르면서 후계구도에서 완전히 밀려났고, 2011년 12월 김정일이 갑작스럽게 사망한 뒤 구성된 국가장의위원회 명단에도 포함되지 못했다.

롤러스케이트 타는 북·중 경제협력

중국은 북한을 자국의 경제권으로 편입시키기 위해 부단한 노력을 하고 있다. 북한을 동북 3성과 연계 발전시켜 장기적으로 중국의 경제권을 한반도 북부로 확대하면서 통일 한국에 대비하려는 장기적 포석도 깔려 있다. 이른바 '북한의 동북 4성화'다.

2000년대 중반 이후, 중국 정부가 그동안 금지했던 5만 달러 이상 대북 투자를 허용했다. 경제난에 허덕이던 북한도 중국자본 유치에 적극적으로 바뀌면서 북·중 경제협력이 활발하게 진행됐다. 각 분야에서 중국 기업들이 이권 선점을 노린 선투자 차원의 의미도 컸다.

절대 다수는 동북 3성의 조선족 기업인으로, 북한을 잘 알기 때문에 일본과 한국의 전철을 밟지 않을 것으로 자신했다. 그러나 북한의 경제난이 계속되면서, 조선족을 비롯한 상당수 중국 기업인과 조교(朝

僑, 중국거주 북한국적 교포)들이 밀린 대금을 받지 못했고 일부는 추방되기도 했다.

특히 김정일이 2010년 5월부터 2011년 8월간 4차례나 중국을 방문하면서 동북 3성을 집중 시찰한 후에 접경지역 중심으로 경제협력 바람이 불기 시작했다. 김정은 체제로 넘어오면서는 과거 북한의 생존권 보장이라는 정치적 차원에서 벗어나 점차 경제적으로 실익을 따져 선별 협력하는 양상으로 변화되었다.

황금평·위화도 경제구(2002년 지정) 및 나선(나진·선봉) 경제무역구(1991년 지정) 등 접경 지역의 양대 경제특구 사업은 2011년 6월 착공식을 가지면서 다시 점화됐다. 김정은 체제가 들어선 2011년 12월 이후 우선순위에 올랐고, 2012년 8월 장성택 전 국방위 부위원장 방중 후 가속화되다가 그해 12월 장성택이 처형되면서 급속하게 냉각됐다. 2015년 10월 중국 당 서열 5위 류윈산 상무위원이 방문하면서 양국 간 경제협력 분위기는 다시 고개를 들고 있다.

'나선·황금평 특구 북·중 공동 개발·관리 지도위원회(특구 관련 최고지도기관) 제 3차 회의'에서, 북·중은 개성공단을 벤치마킹해 황금평·위화도와 나선 지구를 전담할 각 관리위원회를 설치했고, 중국이 나선에 전기를 직접 공급한다는 '장밋빛 청사진'을 제시했다. 이에 힘입어 6개 중국 기업의 대북 투자사업과 4개 정부 합작사업에 합의했고, 나선 특구에 투자를 결정한 중국 국유기업 및 민영기업도 8~10개에 이르렀다.

북·중이 2012년 9월 베이징에서 개최한 '북한 경제특구 투자설명회'에서 북한은 위안화 사용 허용 등 결제 및 투자보장 방안 등을 설명했고, 중국도 적극적으로 지원의지를 표명했다. 설명회에 200여 개 중국 기업이 참여하는 등 관심이 높았으나 개발 과정에서 2곳의 명암은 극명하게 대비되었다.

황금평·위화도는 첨단산업·현대화 농업·문화관광산업·의류가공업을 중점 유치대상으로 했으나, 중국 기업들이 인프라 건설에의 엄청난 자금 소요, 북한이 제정한 '특구법'의 미비 등으로 경제성에 의문을 제기하면서 더딘 행보를 보여, 외형상으로는 거의 변화를 느낄 수 없는 상황이 되었다.

반면 나선은 원재료공업·장비제조업·첨단기술산업 등 6개 산업 유치를 중점 목표로 했는데, 초반에는 북·중의 이해가 부합되어 속도가 붙는 듯했다. 중국이 나선에 주목한 이유는 첫째, 염원인 동해와 태평양을 연결하는 해상출구 확보였다. 둘째, 동북 3성 진흥계획의 일환인 지린성의 '창지투(창춘, 지린, 투먼) 개발계획'과 연계해 개발 상승효과를 내기 위함이었다.

중국은 2009년 10월 북한의 나진항 1~2호 부두 개발권을 따냈다. 이후 지린성-나진항 연결을 위한 훈춘-나선 간 포장도로 공사 착공(2011년 5월) 및 새 교량(일명 신 두만강대교)의 건설 추진, 나선항 4~6호 부두 신규개발 및 50년 사용권 확보 등에도 나섰다. 또한 중국은 이미 독점 사용권을 얻은 나진항 외에도 청진·김책·단천·흥남·원산 등 북한 북동부 항구 4~5곳에 대한 공동 개발에 합의했다.

북한도 외자유치를 위해 2011년부터 매년 8월 나선 특구에서 국제상품전시회를 개최했고, 2012년 2월에는 중국과 나선 특구(총 면적 621제곱킬로미터) 공동 건설 방안에 대한 최종합의를 도출하는 등 북한

특구 중 가장 많은 공을 들였다.

황금가치를 지닌 북한의 지하자원 및 항만 개발

북한의 지하자원은 세계 최대 매장량의 우라늄을 비롯한 200여 종류로, 6조 달러 규모다. 중국은 미흡한 도로·철도·전기 같은 인프라 건설을 지원, 투자환경을 개선하면서 채굴권을 얻는 방식으로 외자에 의한 북한 광물자원 개발사업 25건 중 20건을 싹쓸이했다.

2012년 10월 중국 오광그룹은 50억 달러 투자에 무산광산 개발독점권을 요구하면서 생산량 25%의 수익을, 북한은 대규모 투자는 바라면서도 독점권을 거부하며 생산량 50%의 수익 배당을 제시해 난항을 겪었다. 중국 기업이 국제 광물시세 하락, 북한 경제난을 빌미로 헐값의 개발권 협상을 시도한 사례다.

2013년 2월 북한의 3차 핵실험 후, 북·중 간 교역과 경제협력 사업은 급격히 얼어붙었다. 북한의 특구, 광물자원 등에 투자계획을 세웠던 중국의 대형 국유기업들이 슬그머니 발을 빼, 대북 투자는 장기침체로 이어졌다. 북한이 공을 들인 나선 특구에서도, 중국 야타이(亞泰)그룹이 100만 톤 규모의 시멘트 생산설비를 완공한 것 외에 다른 대기업의 진출소식은 전무했다.

중국이 막대한 사업비를 부담하는 북한 내 인프라 건설사업도 줄줄이 지연되었다. 2013년 6월 완공 예정이었던 지린성 훈춘(琿春)에서 나선 특구를 잇는 100킬로미터 구간 송전사업, 신 두만강대교 건설,

단둥과 신의주를 연결하는 왕복 4차로의 신 압록강대교 공사 등이 그 실례였다. 북한도 심각한 자금난을 겪다 보니, 중국 측 대규모 투자 유치보다는 관광객 유치, 노무 수출 확대, 미술품 판매 등 단기 외화벌이에 주력했다.

막무가내의 북한식 경제협력

중국의 500대 기업으로, 랴오닝성 하이청(海城)시에 본사를 둔 시양그룹은 2007년 3월, 중국 민간기업의 단일 대북 투자로는 역대 최고인 3천만 유로(약 419억 원)를 투자, 황해남도 옹진에 철광석 선광공장을 세웠다. 그러나 북한의 일방적인 계약서 16개항 수정요구를 거절하자, 북한은 2012년 2월, 계약을 파기하고 직원들을 추방해 투자금을 날렸다. 이 기업은 중국 정부에 사건중재를 요청했으나 여의치 않자, 2012년 8월, 웨이보와 인터넷망 등에 "지난 5년간의 대북 투자 과정에서, 북한이 사기꾼이자 강도라는 사실만 알게 됐다"며 상기 내용을 폭로했다.

이에 대해 북한의 해외투자를 총괄하는 '합영투자위원회'는 2012년 9월, "시양그룹은 계약한 지 4년이 되도록 약정한 투자의 50%만 투자하는 등 약속을 어겼다. 계약 파기는 법적으로 시양그룹 책임"이라고 반박했다.

2013년 4월 18일 중국 〈중경신보〉(重慶晨報)는 "북한 회사로부터 밀린 대금을 받기 위해 평양 시내 호텔에 장기투숙 중인 중국 기업인이

100여 명에 이르는데, 일부는 투자금이나 대금 한 푼 챙기지 못한 채 추방됐다"고 전하면서 중국 기업인들의 대북 투자의 실상을 공개했다.

이에 북한은 2013년 6월 〈조선중앙통신〉을 통해, "나선 경제무역구는 중국 동북지방, 러시아 극동지방과 몽골을 아우르는 황금 삼각지대"라며 나선 특구에의 외자유치를 위한 강력한 의지를 천명했으나 그동안 북한이 특수 관계인 중국의 투자기업을 대하는 행태로는 중국 민·관의 투자를 절대 유치할 수 없을 정도로 북한에 대한 중국의 신뢰는 땅에 떨어진 상태였다.

북한은 외국의 투자를 위해 다양한 노력을 했다. 1984년 '합영법' 공포 이래 대북 투자는 일본 → 한국 → 중국의 변천 양상을 보였다. 1990년대 중반까지는 조·조(朝·朝) 합영의 시기였다. 조총련계 기업들은 '애국사업'을 명분으로 대북 투자에 적극적으로 나서, 1995년까지 모란봉합영회사, 평양백화점 등 131개 합영기업을 세웠다. 그러나 북핵 문제와 관련한 북한체제 위기설이 불거지면서 투자 심리가 급격히 위축된 데다, 북한의 지나친 간섭, 계약 불이행, 원료공급 차질, 시장경제 몰이해 등으로 태반이 도산되거나 조업을 중단했다. 정상가동된 기업은 모란봉합영회사, 선합영은행 등 15개 정도였다.

1990년대 중반 이후는 남북 경제협력이 부침을 반복하는 시기였다. 남북 경제협력 활성화는 김정일이 집권 후 처음 2번의 방중(2000년 5월 베이징, 2001년 1월 상하이·베이징)이 계기가 되었다. 중국의 개혁개방 성과를 목격한 그는 1983년 비공식 방문 때 목격했던 상하이의 18년 후 변화를 '천지개벽'이라고 극찬했고, 중국을 벤치마킹하기로 작정했다.

북한은 면밀한 준비작업 끝에, 2001년 7월 발표한 경제관리 개선지침의 후속조치로 2002년 7월 임금·가격 현실화와 함께 배급제를 폐지했다. 이어 중국을 겨냥, 신의주 행정특별구(2002년 9월)를, 한국에 대해서는 금강산(2002년 10월) ·개성(2002년 11월)을 경제특구로 지정하는 과감한 개방조치를 취했다.

그러나 홍콩과 같은 '1국가 2체제'로 사회주의체제 내의 개혁개방을 시도했던 신의주 행정특별구는 2002년 9월 초대 행정장관으로 내정된 양빈(楊斌) 어우야(歐亞)그룹 총재의 비리 및 사기행각에 따른 낙마(징역 18년)로 무산되고 말았다.

남북 경제협력의 하나인 금강산 관광사업은 2008년 7월 관광객 박왕자 씨 피격사건으로 중단되었고, 2010년 3월 천안함 폭침에 따른 5·24 조치로 남북 교역은 전면 중단되었으며, 2013년 4월에는 개성공단마저 폐쇄됐다 열리는 악순환을 거듭했다.

12. '매의 눈'으로 한반도를 바라보다

시진핑의 한반도 전략

한반도를 바라보는 시진핑 국가주석의 머릿속은 복잡하다. 그는 과거 중국 지도자들이 평양을 먼저 방문한 후, 서울을 방문하는 관례를 깨고 서울을 먼저 방문하는 파격행보를 보였다. 냉랭해진 북・중 관계와 동북아 정세변화에 기초한 중국의 외교술이다.

시진핑 국가주석의 이러한 행보는 그동안 북한으로 기울었던 남북 간 등거리 외교 정책이 새로운 균형을 찾아갈 수도 있다는 신호이기도 하다. 상황에 따라서는 남북 관계에서 한국 측의 손을 들어줄 가능성도 있음을 행동으로 보여 준 셈인데, 이는 북한에게도 상당한 압박으로 작용할 것이다.

한・중 정상은 2014년 '미래비전 공동 성명'에서 북핵을 '심각한 위협'이라고 평가했던 것에서 더 나아가 '한반도에서의 핵무기 개발에 확고히 반대한다'라는 데 인식을 같이했다. 시진핑 국가주석은 지금까지 3차례(2005, 2009, 2014년)에 걸쳐 한국을 방문했다. 처음 한국을 찾은 것은 저장성 당서기 시절인 2005년 7월이다. 당시 반기문 외교통상부 장관(현 유엔 사무총장)의 초청으로 방문한 그는 서울 신라호텔에서 저장성 투자설명회를 가졌다. 방한 목적이 투자설명회였기에 한국 기업인들과의 면담에 주력했다.

2009년 한국 방문에서는 차기 지도자로서 위상을 과시했다. 그는 서울 신라호텔에서 열린 경제 4단체 초청 오찬에 참석해 "양국 기업인들은 한·중 협력의 핵심 주체다. 중국은 앞으로 한국 정부와 공조를 강화해 양국 기업인들에 우호적인 협력관계 및 질 높은 서비스를 제공하겠다"고 언급했다.

시진핑 국가주석은 삼성그룹과 인연이 깊다. 2005년 방한 때 삼성전자 수원·기흥사업장을 참관하기도 했다. 상하이시 당서기 시절인 2007년 7월에도 쑤저우(蘇州) 삼성반도체 공장을 찾았다. 이 과정에서 이재용 삼성전자 사장(현 삼성전자 부회장)과 친분을 쌓았다. 두 사람은 2010년 2월 중국 베이징 인민대회당에서 면담을 하기도 했는데, 당시 이 사장은 시 부주석에게 삼성전자의 중국 사업 확대에 대해 긴밀한 협조를 부탁한 것으로 알려져 있다.

세 번째 방한은 국가주석 자격으로 2014년 7월 3일, 1박 2일 일정으로 이뤄졌다. 당시 시 국가주석의 방한은 형식적으로는 2013년 6월 박근혜 대통령의 중국 국빈 방문에 대한 답방의 성격을 지니고 있었다.

한 · 중 수교 23년, 순망치한(脣亡齒寒) 경제

한국은 이제 중국 없는 시장경제를 상상할 수 없게 됐다. 1992년 한 · 중 수교 이후 23년의 세월이 흐르는 동안 중국은 한국의 가장 중요한 국제 사회 동반자로 자리 잡았다. 한 · 중 수교 후 양국 간 무역 규모는 연평균 약 19% 속도로 빠르게 증가했다.

중국은 한국의 가장 큰 수출 대상국이자 투자 대상국으로 수출 · 투자 규모가 지속적으로 확대되고 있다. 1992년 8월 수교 당시 63억 7천만 달러에 불과했던 양국 교역액은 2014년 2,353억 달러로 약 37배 증가했다. 글로벌 금융위기 여파로 2009년 한 · 중 교역액이 일시적으로 감소했지만, 중국 국내외 경기회복으로 한국의 대중 수출은 빠르게 회복됐다. 대중국 투자도 1992년 한 · 중 수교 이후 크게 증가해 2002년 중국은 한국의 최대 투자대상국이던 미국을 앞질렀다.

중국은 한국 기업의 주요 시장으로 1992년 수교 이후 한국 기업들의 중국 진출이 본격화됐다. 또한 2014년 6월 1일, 윤상직 산업통상자원부 장관과 가오후청(高虎城) 중국 상무부장은 한 · 중 FTA 정식 협정문에 서명했다. 57개 창립 회원국으로 출발하는 AIIB에서 한국은 중국(30.34%), 인도(8.52%), 러시아(6.66%), 독일(4.57%) 등에 이어 3.81%의 지분을 확보했다. 아시아 지역 인프라 투자 수요가 2020년까지 연간 7,300억 달러로 추정되는 만큼 많은 한국 기업이 건설산업 수주기회를 얻을 수 있을 것으로 예상된다.

2014년에는 한 · 중 인적 교류사상 첫 1천만 명을 돌파했다. 한 · 중 간 인적 교류는 1992년 13만 명에서 2014년 약 천만 명으로 77배가량 증가한 것이었다. 1992년 수교 이후 한국 입국 중국인은 8만 6,865명, 중국 입국 한국인은 4만 2,896명이었다. 이 수치는 그동안 급격히 증가해 2014년 한국 입국 중국인 612만 6,865명, 중국 입국 한국인 418만 1,800명이 됐다.

한국 내 중국인 거주인구도 꾸준히 증가해 외국인 주민현황 조사가 시작된 2006년 24만 7,440명이던 중국인은 2015년 1월 기준 95만 3,422명으로 집계됐다. 교류가 활성화되면서 한국 내 중국인 수도 늘어 중국인은 한국 사회 주요 구성원으로 자리 잡고 있다. 중국인은 한족과 중국동포로 구성돼 있는데 한국에 거주하는 전체 중국인 주민 95만 3,422명 중 중국동포를 제외한 중국인은 25만 9,166명이다.

한국에 살고 있는 중국인의 72%는 대부분 지린성, 헤이룽장성 등에서 온 중국동포로, 그들이 가장 많이 사는 지역은 서울로 26만 2,545명이 거주하고 있으며, 그중 영등포구(5만 6,227명)에 가장 많다. 더불어 안산(5만 2,681명), 수원(3만 8,630명), 인천(3만 2,780명), 시흥(2만 9,099명) 등에도 중국동포 거주지가 형성돼 있다.

한국의 중국에 대한 직접투자는 17배 늘어났다. 1992년 2억 2천만 달러에서 2014년 37억 5천만 달러로 연평균 14%씩 늘어났다. 업종별로는 제조업의 비중이 78.3%로 제일 높았고, 서비스업은 1992년 8.9%에서 2014년 21.1%로 증가했다. 그 사이 중국의 한국에 대한 직접투자는 100배 증가했다. 1992년 100만 달러에서 2014년 11억 9천만 달러로 연평균 38% 증가했다. 업종별로는 서비스업의 비중이 87.8%로 증가세를 보였고, 부동산·임대 분야 투자가 크게 확대되는 추세다.

한국과 중국의 금융협력은 2000년 초부터 시작됐지만, 2008년 이후

원-위안화 통화스와프가 체결되고 원-위안화 직거래 시장이 개설되면서 가속화되었다. 이에 따라 중국계 자금의 국내 유입이 확대되고 있다. 국내 주식 시장으로 유입된 중국 자금은 2009년 9천억 원에서 2014년 약 2조 원으로 연평균 18% 증가했다. 채권 시장에서는 같은 기간 1조 8천억 원에서 2조 3천억 원으로 연평균 5% 늘어났다. 주식·채권 시장에서 국내에 유입된 전체 외국인 자금 중 중국계 자금의 비중은 2009년 3.7%(주식), 9.7%(채권)였으나, 2014년에는 각각 31.9%(주식), 46.5%(채권)로 급증했다.

한·중 간 기술무역 규모도 급속히 확대되는 추세다. 한국의 대중국 기술수출 규모는 2001년 1억 8,600만 달러에서 2013년 34억 1,700만 달러로 약 18배 증가했다. 대중국 기술무역수지 흑자 규모는 같은 기간 1억 8천만 달러에서 32억 2백만 달러로 확대됐다. 양국 간의 고기술산업 무역은 대부분 전자부품을 중심으로 이뤄지고 있다. 2014년 기준으로 한국의 대중국 고기술산업 수출액 중 45.2%가 전자부품이고, 수입액 중에서도 33.7%가 전자부품이었다.

한·중 관계의 교두보, FTA

2014년 11월 10일 한·중 양국 정상은 FTA 타결을 선언했다. 2012년 5월 첫 번째 협상을 개시한 후, 14차례의 협상을 거쳐 30개월 만에 사실상 타결된 것이었다. 한·중 FTA 타결은 한·중 교역 역사의 새로운 장을 여는 동시에 중장기적으로 한·중 간 외교안보 지형에도 영향을 미치면서 동북아 정세 변화의 동력이 될 것이란 분석이 많았다.

여기서 잠시 FTA에 대해 살펴보자. 'Free Trade Agreement'의 약자로 자유무역협정을 의미한다. 특정 국가 간의 상호 무역증진을 위해 물자나 서비스 이동을 자유화하는 협정으로, 나라와 나라 사이의 제반 무역장벽을 완화하거나 철폐하여 무역자유화를 실현하기 위한 특혜무역협정인 것이다.

한・중 FTA는 기존과는 다른 형태로 농수산물과 자동차 등 쟁점이 되는 품목은 상당수가 양허대상에서 제외되었다. '낮은 수준' 또는 '중간 수준'의 FTA라 부르는 이유다. 지금까지 한국이 체결한 FTA 중에서 최초로 제조업보다 농업 부문을 배려한 경우였다. 농업 부문과 함께 섬유・의류・신발 등은 피해품목에 해당되었고, 석유화학・전기전자・자동차・철강 등은 이익을 얻는 품목으로 분류되었다.

정부는 농수산물 양허 제외 비율이 수입액의 30%에 이른다고 했다(한・미 FTA 0.9%, 한・EU FTA 0.2%). 국내 농업에 미치는 영향은 작지만 중국산 수입비중이 높은 민감 품목은 20년에 걸쳐 관세철폐가 이루어질 것이다. 큰 쟁점이 될 수 있는 위생검역 문제도 WTO 협정을 재확인하는 수준으로 타결되었다. 대부분의 신선 농산물은 현행대로 유지되었고, 가공품 관세의 일부 감축으로 가공품 수입이 늘어날 수는 있었다. 그러나 이는 채소나 가공품 위주의 기존 한・중 농업무역 구조에 기초한 것이었다.

한・중 FTA 타결은 국제정치적 의미가 크다. 타결 선언이 베이징에서 열린 아시아태평양경제협력체 정상회의에서 이루어졌던 점을 주목할 필요가 있다. 실무협상에서는 양국 모두 한 번씩 회의장을 박차고 나가는 등 협상결렬 위기가 있었다고 한다. 협상이 결렬됐을 경우 협상은 동력을 잃고 장기간 표류될 가능성이 컸다. 양국 정상이 결단을 내린 것이다. 시진핑 국가주석은 21개국 정상을 불러 모은 자리에서 한·중 FTA 타결이라는 성과를 과시하는 효과도 노렸다.

한·미 동맹과 남북 대치라는 조건하에서 한·미 FTA에 앞서 한·중 FTA가 추진되기는 어려웠다. 한·미 FTA가 체결되면서 중국을 긴장시킨 측면도 있었고, 중국 역시 장기적인 관점에서 한국과 경제적 긴밀도를 높이는 것이 외교안보 측면에서 한국을 자연스레 중국의 구심력으로 끌어들일 수 있다고 판단한 것이었다.

장기적·경제적 시야에서 보면, 한·중 FTA는 '동아시아 자본주의'의 확대 재생산이란 측면도 있었다. 글로벌 생산 네트워크는 1980년대부터 발전하기 시작했고, 동아시아에서는 1990년대 초반부터 급속히 발전했다. 동아시아의 생산 네트워크를 추동한 것은 중국과 아세안 국가들이었다. 제도적 차원에서 아세안 중심의 FTA 네트워크는 조밀하게 구축되었으나 한·중·일 간에는 FTA가 결여되어 있고 북한이라는 공백도 있다. 한·일 FTA가 당분간 어렵다는 현실을 고려하면 중국이 주도적으로 동아시아 경제를 이끌려고 하는 야심이 있음이 느껴진다.

한 · 중 경제교류 새로운 창구, 후강퉁

한국과 중국 사이에서 경제교류는 이제 개인들의 주식 투자로 확대되고 있다. 해외투자자들이 중국 주식을 직접 매매할 수 있는 후강퉁 제도가 2014년 11월 시행된 이후 한 · 중 간 경제는 개인 차원에서도 씨줄 날줄로 얽히고 있다.

후강퉁의 핵심은 중국 본토 주식을 개인투자자도 자유로이 사고팔 수 있다는 점이다. 그동안 한국 개인투자자가 중국 본토 주식에 투자하려면 펀드를 통해 간접 투자하는 방법밖에 없었다. 중국 상하이와 선전 증권거래소에 상장된 A주에 투자할 수 있는 위안화 적격외국인투자자 혹은 적격외국기관투자가로 자격을 한정하고 있었기 때문이다. 그런데 2014년 11월부터 한국 개인투자자도 홍콩 증권사를 거쳐 중국 본토 A주를 거래할 수 있게 된 것이다.

우리 투자자들은 최근 20년간 급성장한 만큼 중국에서도 경쟁력을 갖춘 우량주를 발굴해 장기간 보유하면 고수익을 얻을 수 있다는 판단을 하고 있다. 후강퉁 거래가 시작된 2014년 11월 17일부터 1년 동안 국내에서 중국 주식 직접거래에 나선 투자자가 3만 명을 넘은 것도 이런 맥락이다. 금융감독원은 2014년 11월 17일부터 2015년 10월 16일까지 11개월간 국내 투자자들의 후강퉁을 통한 주식 거래액은 12조 3,266억 원으로 집계했다. 이 기간 국내 투자자들의 중국 주식 순매수액은 7,832억 원이었다. 짧은 기간이지만 중국 증시에서 많은 거래가 이뤄진 것 자체가 한 · 중 경제협력이 새로운 차원으로 이행하고 있음을 보여 준다. 중국의 경제 규모와 비교해 중국 증시의 덩치가 여전히 작다는 지적도 있다. 중국의 GDP 대비 시가총액 비율은 61%로 미국(146%), 영국(137%), 한국(94%), 일본(90%), 태국(90%), 인도(84%) 등에 못 미친다.

중국 언론은 국민연금 격인 양로보험이 2016년 약 2조 위안(358조 원) 어치의 주식을 사들일 것으로 보고 있다. 위안화의 IMF SDR 편입과 모건스탠리 캐피털인터내셔널(MSCI) 신흥시장 지수편입은 외국인 투자비중 확대의 이벤트가 될 전망이다. 중국이 적극적인 성장률 관리에 나서고 지급준비율 추가 인하 등의 통화 완화 정책을 이어갈 가능성도 높기 때문에, 중국 증시 변동성은 크겠지만 상하이 지수가 보다 상승할 여력이 있다고 보는 것이다.

한국 투자자들이 어떤 종목을 선호하는지도 궁금하다. 유안타 증권이 후강퉁 거래 1년을 분석한 결과, 자사 고객의 후강퉁 누적 순매수 1위 종목은 중국 평안보험으로 집계됐다. 이 기간 중국 평안보험의 순매수 금액을 원화로 환산하면 529억 원을 넘어선다. 누적 순매수액 기준으로는 중신증권이 367억여 원으로 2위를 차지했고, 상하이자동차(359억 원), 중국철도건설공사(339억 원), 중국중차(281억 원), 항생전자(246억 원), 중국중철(234억 원), 복성제약(216억 원) 등이 뒤를 이었다. 상해전기그룹(217억 원)과 대진철도(210억 원), 중외운항공운수발전(204억 원), 중국국제여행사(185억 원), 국투전력홀딩스(171억 원), 제일대형장비(170억 원) 등도 상위권에 이름을 올렸다.

같은 기간 삼성증권의 후강퉁 누적 순매수 상위 15개 종목 중 복성제약과 상하이자동차, 중국국제여행사, 중국중차 등 절반에 가까운 7개 종목이 유안타 증권의 순위와 겹쳤다. 이들은 모두 각 업종 내 대표주자라는 특징을 갖고 있다. 국내 증시의 경우 삼성전자와 현대차, 아모레퍼시픽 등의 대표주들의 주가가 20년 전보다 100~200배 가까이 오른 점을 고려해 한국 투자자들이 각 업종의 2~3등 회사와 차별되는 업종 대표주를 발굴해 장기 투자에 나서고 있다는 의미다.

국내 투자자들은 올바른 정보를 위해 중국 사회의 변화하는 트렌드도 '매의 눈'으로 잡아내고 있다. 후강퉁 투자 초기부터 보험과 증권 등 금융주를 집중적으로 사들인 것은 중국의 소득수준이 늘면서 생기는 잉여자본이 결국 금융자산에 투자될 것으로 예상했기 때문이다.

그 다음에는 일대일로 프로젝트가 대두되며 건설과 철도 관련 종목이 주목을 받았다. '신 실크로드' 프로젝트로 불리는 이 사업은 러시아와 중앙아시아, 서남아시아를 경유하는 철도와 고속도로, 송유·가스관 등을 놓는 한편 해상 무역로 등을 확대한 사회간접자본 네트워크 건설을 주요 내용으로 한다.

최근에는 경제수준 향상으로 삶의 질을 중시하는 문화가 확산되면서 여행 및 헬스케어 관련주도 주목을 끌고 있다. 정보기술·인터넷과 미디어 관련주도 유망 종목으로 손꼽힌다. 중국의 IT 완제품산업은 자국의 수요만으로도 성장성이 풍부한 데다, 정부가 중국제조 2025, 인터넷+ 등의 정책을 통해 신 성장 동력산업으로 지정해 향후 시장이 커질 것이란 전망이다. 중국이 무형 콘텐츠를 소비하는 중산층 시대에 진입했고, 정부가 뉴미디어산업 육성을 위해 정책적 지원을 지속하고 있어 미디어 업종에서 관심이 크다.

13. 시진핑 시대의 다크호스

시진핑 시대 인물들

2022년까지의 시진핑 집권기간에 주목해야 할 첫 번째 인물은 왕치산 중앙기율위 서기로, 시진핑 집권 1기는 시진핑-왕치산 동맹이 정국을 주도하고 있다. 이 동맹은 신 4인방 사냥에 대한 반 부패 투쟁에 성공했다. 집권 초기 취약한 권력기반을 반 부패 투쟁을 통해 강화하면서 제거된 정적들의 공간에 시 국가주석의 핵심 측근들이 자리를 메웠다.

중앙기율위는 당원 수 8천만 명의 세계 최대 정당인 중국공산당 당원들의 기율문제를 책임지는 조직이다. 시진핑이 정권을 잡은 2012년 제 18차 전국대표대회 이후 중앙기율위가 낙마시킨 크고 작은 부패관료는 무려 30만 명에 달한다.

소방대장 왕치산, 반 부패 투쟁 사령탑으로

ⓒ 서울신문 라이브러리

반 부패 바람을 타고 왕치산(王岐山)이 시진핑 당 총서기의 뒤를 이어 권력을 쥐었다는 평가가 나온다. 왕치산은 중앙정치국 상무위원 7명 중 서열 6위에 불과하지만 중국에서는 '시왕(習王, 시진핑·왕치산) 동맹'이란 말이 회자되고 있다.

그 과정에서 시진핑-왕치산에 대한 암살 기도설도 꼬리를 물고 있다. 중화권 언론들은 집권 전후로 시 국가주석에게 저우융캉 등으로부터 모두 6차례의 암살 기도가 있었다고 전한다. 홍콩 잡지 〈동향〉(動向)은 반 부패 사령탑인 왕치산도 지속적으로 암살 위협을 받고 있다고 보도했다. 2013년 하순, 왕치산이 장시성 난창(南昌)시를 찾았을 때, 시민으로 가장해 그에게 접근한 킬러가 있었던 것으로 알려졌다. 킬러들은 왕치산의 경호원에게 발각돼 자살을 시도했다가 결국 체포됐다. 아울러 왕치산 앞으로 청산가리가 담긴 새해 연하장이 배달되기도 했다고 한다.

왕치산은 중앙기율위 산하 중앙순시조를 앞세워 사정작업을 진두지휘 중이다. '중앙순시공작 영도소조'는 '중앙순시조'의 활동을 지도하는 상급기관이며, 중앙순시조는 공직기강 암행감찰반에 해당하는 조직이다. 주요 감찰 대상은 각 성(省)의 당서기와 성장, 중앙부처 부장(장관급)과 부부장이다. 왕치산이 조장을 맡은 이후 중앙순시조의 사찰 대상과 범위는 대폭 확대되었다.

왕치산이 정계 스타로 떠오른 것은 2003년 중증급성 호흡기증후군(SARS, 사스)이 전 대륙을 강타했을 때이다. 광둥성 부성장을 지내고 하이난성 서기로 있을 당시 왕치산은 1997년 광동발 금융위기와 하이난발 부동산 위기를 진정시키고 있었다. 이후 사스로 초토화된 베이징에 시장으로 긴급투입되어, 이를 누그러뜨리며 '소방대장'이란 별명을 얻었다.

또한 '태자당'이란 배경이 왕치산에 더욱 힘을 실어주고 있다. 왕치산은 중국의 경제계획을 총괄한 국가계획위원회(현 국가발전개혁위원회) 주임을 지낸 야오이린 전 부총리(정치국 상무위원)의 사위로, 왕치산이 문화대혁명 기간 하방해 지청으로 있을 때 야오이린의 둘째 딸 야오밍산(姚明珊)과 눈이 맞아 결혼했다. 이후 농촌신탁투자공사 사장, 인민은행 부행장, 건설은행 행장 등의 요직을 두루 거쳤고, 상하이와 선전의 증권거래소 설립 작업에도 참여했다.

야오이린은 왕치산과 중국 정계 최대 학맥인 칭화방의 연결에도 도움을 줬다. 야오이린은 1934년 칭화대학에 들어가 지하당 활동을 했던 칭화방의 대부로, 칭화대학 출신인 주룽지와 왕치산을 연결해 주었다. 주룽지 전 총리는 1992년 중앙정치국 상무위원회에 입성해 부총리로서 인민은행장을 겸임했고, 왕치산은 '주룽지 사단'의 좌장 노릇을 했다. 왕치산은 1993~1994년까지 주룽지 아래서 인민은행 부행장을 필두로 4대 국유상업은행 중 하나인 건설은행장, 금융통상담당 부총리를 지냈다.

중국공산당의 구원투수 왕치산의 고민은 깊어지고 있다. 반 부패 운동이 자칫 공산당 통치 근간을 흔들 수 있다는 걱정 때문이다. 그는 중앙기율위 사이트 '학사천오'(學思踐悟, 배우고 생각하며 실천하고 깨닫자)에 "만연한 부패 척결 중에 병든 나무는 치료하고, 썩은 나무는 뽑아야 하지만 숲은 보호해야 한다. 수목과 삼림의 관계를 파악하라"고 주문했다. 이는 '수목삼림론'(樹木森林論)과 일맥상통한다.

그의 고민은 2015년 4월 23일 《역사의 종말》(*End Of History And The Last Man*)의 저자 스탠퍼드대학 프랜시스 후쿠야마 교수와의 회담에서도 잘 드러났다. 왕 서기는 후쿠야마 교수에게 종교는 교파 간 갈등을 어떻게 해결했는지에 관해 물었다. 당내 갈등이 존재함을 암시한 부분이었다.

후쿠야마 교수는 "교파 간 충돌은 상호 견제를 이끌었다. 최종적으로는 신이 유일한 진리 감별의 표준이다. 법(신) 앞에서 모든 사람이 평등하다. 정부에 대한 사법 독립이 나온 맥락이다"라고 답했다. 그러나 이에 왕치산 서기는 "불가능하다. 사법 역시 당의 지도를 받아야 한다. 이것이 중국의 특색이다. 선진국 인구는 모두 합쳐도 11억 명에 불과하지만 중국 인구는 13억 명이다. 이들을 깎아지른 절벽으로 가도록 할 수는 없다"며 토로하기도 했다.

시진핑의 1급 책사,
왕후닝

© HELLO PHOTO

시진핑 국가주석의 '1급 책사'는 단연 왕후닝(王滬寧) 중앙정책연구실 주임이다. 시 국가주석의 장기집권 비전인 중국몽이나 세계 전략인 신형 대국 관계도 그의 작품이다. 미국 국가안전보장회의를 본뜬 '국가안전위원회'도 그의 구상에서 나왔다. 시 국가주석의 국가 전략 가운데 그의 머리를 빌리지 않은 것은 없다고 보면 된다. 또한 장쩌민의 '3개 대표론'과 후진타오의 '과학발전관' 수립에도 혁혁한 공을 세웠다.

시 국가주석이 가는 곳에 늘 그가 동행한다. 그는 시 국가주석의 지방순시 때 빠짐없이 등장할 뿐 아니라 지진피해 현장을 방문할 때도 함께했다. 미·중 정상회담 등 주요한 외교행사에도 늘 그림자처럼 시 국가주석을 보좌한다. 왕후닝에 대한 시 국가주석의 신뢰를 알 수 있다.

왕후닝은 계파정치가 횡행하고 권력 투쟁이 소용돌이치는 중국 정가에서 장쩌민, 후진타오에 이어 시진핑까지 3명의 '황제'를 모신 책사로, 이 같은 인물은 역사상 선례가 별로 없다.

그런 그에게는 따라다니는 직함이 많다. 중국공산당 중앙정치국원, 중앙정책연구실 주임 등 공식 직함 외에도 중앙 수석 브레인, 저명 학자 등으로 불린다. 그중 왕후닝 자신이 가장 좋아하는 호칭은 '독서인'이라고 한다.

시진핑의 1급 책사인 왕후닝의 사상을 알아야 시진핑의 생각을 가늠할 수 있다. 그의 이론적 핵심은 '정치체제는 일정한 역사적·사회적·문화적 조건에 맞아야 하고, 민주정치는 절대로 현 중국의 역사적 단계와 조건을 뛰어넘어 이뤄질 수 없다'는 것이다. 그에 따르면 중국은 다당제와 국민의 선택에 따른 정권교체, 국민에 의한 지도자 직접 선출을 핵심으로 하는 서구 민주주의 제도를 그대로 실시할 수 없다는 것이다. 중국의 현실을 고려할 때 경제발전을 먼저 이루고 이를 주축으로 민주정치를 발전시켜야만 실질적으로 민주화가 이뤄질 수 있지, 나무를 접붙이듯 시도해서는 정치개혁을 이뤄낼 수 없다는 것이다.

그는 앞서 1980년대 중반 '중국의 경제개혁은 반드시 중앙권력의 집중을 필요로 하고 정부의 역량에 의해 추진돼야 하며, 한국·타이완·홍콩·싱가포르 등 아시아의 4마리 용은 이런 과정을 거쳐 산업화에 성공했다'는 '신 권위주의 이론'을 발표해 중국 학계와 정계의 주목을 받았다. 이는 중국공산당이 톈안먼 사건을 무력으로 진압하고 정부 주도의 경제개혁에 나서는 이론적 기반이 됐다.

장쩌민 주석은 1995년 9월 제 14기 5차 중앙위원회 전체회의에서 왕후닝 주임의 이론을 인용해 중국 지도자로는 처음으로 '개혁과 발전, 안정의 3자 관계'를 대내외에 천명했다. 정치와 사회가 안정된 가운데 개혁과 발전을 추진해야 하고, 이를 지속적으로 추진해야 정치와 사회도 안정된다는 것이었다. 한마디로 안정의 기초 위에서 정치개혁을 추진할 때만 중국의 진보와 발전을 담보할 수 있다는 주장이었다.

이 같은 이론은 이후 중국공산당이 정치개혁과 민주화를 미룰 때마다 논리적 근거로 사용됐다. 시진핑 국가주석이 왜 정치개혁에 미온적인지, 왜 서구 정치제도는 절대로 본뜨지 않겠다고 주장하는지 짐작하게 하는 대목이다.

장쩌민 주석 시절 왕후닝은 장 주석의 대외 이미지를 개선하는 데도 많은 노력을 기울였다. 카리스마가 없는 장 주석을 국제감각이 있고 대중친화적인 지도자로 부각시킴으로써 중국 지도자에 대한 서방의 부정적 편견을 걷어내려 한 것이었다.

1997년 11월 10일 장쩌민 주석이 중국을 방문한 옐친 러시아 대통령을 온몸으로 껴안은 것, 미국 방문 중 하와이 와이키키 해변에서 예고 없이 수영을 한 것, 하와이 주지사의 만찬장에서 즉흥연주를 한 것 등은 왕후닝이 장 주석을 정력적이고 현대적 감각을 지닌 세련된 중국 지도자로 보이도록 기획한 것이었다.

2007년 6월 25일, 후진타오 주석이 공산당 중앙당교에서 처음 제시한 '과학발전관'도 왕후닝과 그가 지도하는 중앙정책연구실에서 만든 것이다. 이후 조화사회(和諧社會)론, 신 농촌 건설, 자주적이고 창조적인 기술혁신을 강조하는 창신형 국가, 당의 집정능력 건설 등 후진타오 주석 집권 이후 제시된 일련의 정치구호와 이론 역시 모두 그가 이끄는 중앙정책연구실에서 나왔다.

왕후닝의 조적(祖籍, 조상의 원적)은 산둥성 라이저우(萊州)이지만 태어난 곳은 상하이로, 어릴 때부터 철학을 좋아했고 정치적 사고를 즐기는 경향을 보였다고 한다. 1974년 화둥사범대학에서 3년간 프랑스어를 전공했지만 외교 계통으로 나가지 않고, 상하이 푸단대학에서 국제정치학으로 전공을 바꿔 석사를 마쳤다.

대학 졸업 후, 푸단대학 교수로 있던 그는 1980년대 중반 쩡칭훙 당시 상하이 선전부장의 눈에 띄어 출세가도를 달렸다. 1995년 베이징의 중앙정책연구실에 들어가게 된 것도 당시 중앙판공청 주임이던 쩡칭훙 부장과 상하이 당서기를 지낸 우방궈 전인대 상무위원장의 힘이 컸다. 한때 왕후닝을 정치고문으로 삼으려 한 우방궈 상무위원장은 1994년 중앙정치국 상무위원이자 중앙서기처 서기로 자리를 옮긴 뒤 장쩌민 당시 국가주석에게 "왕후닝을 베이징으로 불러야 한다"고 여러 차례 건의한 것으로 알려졌다.

왕후닝을 잘 아는 사람들은 "그만큼 책을 많이 읽는 사람을 찾기 어렵다"고 입을 모은다. 그의 제자인 푸단대학 궈딩핑(郭定平) 일본연구중심 부주임은 "푸단대학 도서관에서 책을 빌릴 때마다 그의 서명이 없었던 책은 없었다"고 말하기도 했다.

왕후닝은 자신을 소개할 때 "저는 그냥 독서인일 뿐입니다"라고 한다. "일생에 가장 이루고 싶은 꿈이 무엇인가?"라는 기자의 질문에는 "좋은 책 몇 권 읽고, 좋은 학생 몇 명 가르치고, 좋은 책 몇 권 쓰는 것"이라고 답하기도 했다. 책을 폭넓게 읽어서인지 그의 논문은 심도 있으면서도 일반인도 쉽게 이해할 수 있다는 평가를 받기도 한다. 특히 중국 지도부가 가장 고민하는 문제를 다룬 데다 친절히 대책까지 제시하고 있다.

왕후닝의 장점 중 하나는 생각이나 이론이 한 곳에 머물지 않고 상황의 변화에 따라 부단히 변화하고 발전한다는 것이다. 이런 점에서 2022년 시진핑 집권기까지 최고의 정책 브레인으로 활동할 것은 분명하다.

시진핑의 그림자, 리잔수

ⓒ HELLO PHOTO

시진핑 국가주석의 눈과 귀는 리잔수(栗戰書) 중앙판공청 주임이다. 중앙판공청 주임 자리는 우리나라의 청와대 비서실장과 경호실장을 합친 막강한 위치로, 중국의 '문고리 권력'이다. 정보 수집 및 문건 작성 등도 맡고 있어 그 권력은 하늘을 찌를 정도다.

시 국가주석의 권력행사는 시간이 지날수록 최측근 참모들의 영향을 받고 있는데 그 중심에는 리잔수가 자리하고 있다. 시 국가주석은 과거 중국 최고 지도자가 러시아 수뇌부들과의 협상에 최고위급 외교관을 보내던 관례를 깨고, 리잔수를 파견할 정도로 그를 신뢰한다. 2015년 9월 방미 기간 중에도 주요 회의 때마다 그를 자신의 바로 옆자리에 앉혔다. 이처럼 시 국가주석의 전폭적 지지를 받는 그는 2017년에는 중국공산당 중앙정치국 상무위원으로 발탁될 것으로 보인다.

리잔수는 시 국가주석과 인연이 깊다. 허베이성 핑산(平山)현 출신인 그는 1983년 허베이사범대학 야간반을 늦깎이로 졸업한 뒤 우지현 서기가 됐다. 당시 시진핑은 바로 옆 정딩현 서기였다. 둘은 당시 각종 회의에서 여러 차례 교류했고, 그때마다 리잔수는 시진핑에게 강한 인상을 남겼다.

2011년 5월, 3박 4일간 당시 부주석이었던 시진핑은 구이저우를 시찰했다. 당서기인 리잔수는 시진핑의 모든 일정에 동행했다. 둘은 당시 중국이 당면한 현실과 개혁방향에 대해 많은 이야기를 나눴고, 시진핑은 리잔수의 개혁사상과 실사구시의 태도에 깊은 인상을 받았다고 한다.

리잔수는 유연한 인물로, 중국 권력의 양대 파벌인 공청단과 태자당 측과 원활한 관계를 유지하고 있다. 그는 1986년 허베이성 공청단 서기를 역임했다. 공청단파로 분류되는 이유다. 그는 이름에서 알 수 있듯이 혁명가 집안 출신으로, 국공내전 중 숙부 리정퉁(栗政通)이 산시성에서 전사했다고 한다.

리잔수와 시진핑을 이어주는 끈은 쩡칭훙이다. 쩡칭훙의 누이동생 쩡하이성(曾海生)이 리잔수의 삼촌인 리장장(栗江江)과 위잉소학교 동창이다. 시진핑이 리잔수를 문고리 권력으로 선택한 것도 공청단·상하이방·태자당 등을 모두 아울러 권력 이양기를 안정적으로 관리할 적임자로 봤기 때문이다.

리잔수는 시를 쓰는 시인이기도 하다. "대장부 말고삐 잡고 집 떠나 만리요, 지사가 시를 읊으니 눈물이 천 길이네(兒男縱馬家萬里, 志士吟詩淚千行)." 2004년 추석 하얼빈 쑹화강(松花江) 변에서 지은 〈강변에서 고향을 생각하네〉(江畔思鄉)라는 시의 한 구절이다.

극빈층 노동자의 초고속 승진의 신화, 왕양

ⓒ 서울신문 라이브러리

왕양(汪洋) 국무원 부총리는 2017년 새로 구성될 최고 지도부인 중앙 정치국 상무위원에 1순위로 거론되는 인물이다. 현 상무위원 7명 중 시진핑 국가주석과 리커창 총리를 제외한 5명이 이때 은퇴할 예정이다. 홍콩 〈동방일보〉(東方日報)는 부패 척결의 사령관 역할을 하고 있는 왕치산 중앙기율위 서기 자리를 왕양 부총리가 이어받을 것이라고 예상했다.

왕양은 리커창과 같은 공청단파로 분류되지만 안후이성 공청단에서만 일해 파벌에선 비교적 자유롭다는 평을 듣는다. 중화권 언론에선 그를 '외로운 늑대'로 부르기도 한다. 시진핑 정부 출범 이후 부패혐의로 낙마한 보시라이 전 충칭시 서기의 국유기업 역할을 강조한 '충칭모델'에 맞서 민간기업과 시장을 중시한 '광둥모델'을 내세워 정가의 화제를 몰고 다닌 스타 정치인이기도 하다.

왕양은 중국 남부 안후이성에서 노동자 집안의 셋째 아들로 태어났다. 어려서부터 아버지의 몸이 좋지 않아 어머니가 홀로 생계를 꾸려 나가다시피 했다고 한다. 때문에 왕양은 8살 때부터 짐수레를 미는 일을 하며 돈을 벌어야 했다. 왕양이 중학교를 졸업하던 해, 아버지는 병으로 사망했다. 생활은 몹시 곤궁했으며 당시에는 문화대혁명이 한창이었던 탓에 그는 고등학교 진학을 포기하고 1972년 6월 쑤현(宿縣)의 한 식품공장에 노동자로 취직했다.

문화대혁명이 종결되고 개혁개방의 기운이 꿈틀대던 무렵인 1970년대 말, 중국공산당은 우수한 청장년 간부양성과 발탁에 힘썼다. 중국공산당 중앙당교도 중앙의 청장년 간부양성 지시에 따라 각종 청장년 간부양성 과정을 개설해 지방의 당 조직으로부터 추천받은 간부 후보생을 양성했다.

1979년 장인의 추천을 받은 왕양은 중앙당교 이론선전간부 정치·경제학습 과정에 입학, 중앙당교에서 1년여 동안 양성교육을 받았다. 왕양이 안후이성 공청단 부서기에 취임했을 때는 후진타오 주석이 공청단 중앙서기처 상무서기를 맡고 있을 때였다. 왕양은 업무관계로 후 주석을 비롯해 왕자오궈(王兆國) 전인대 부위원장, 리위안차오 중앙조직부장, 리커창 부총리, 류윈둥 국무위원 등과 관계를 맺었다. 이 때문에 왕양은 공청단파로 분류되지만, 공청단파 '성골'로 보기에는 무리가 있다. 왕양이 공청단 중앙으로 올라가지 못한 것 역시 후 주석과의 교분이 깊지 못했음을 의미한다.

1984년 왕양은 안후이성 정부로 들어갔다. 성체육운동위원회 부주임으로 청장급 간부가 됐다. 그때 그의 나이는 30세였다. 그곳에서 4년을 일한 후 1988년 퉁링(銅陵)시 시장에 임명됐다. 당시 안후이성은 다른 지역과 마찬가지로 일반대중과 관료들의 사고방식이 극히 보수적이었다. 관료들은 당과 정부의 지도기관이 내놓은 공식문서에만 기초해 문제를 처리했을 뿐 그들에게 융통성과 신속한 일처리를 기대하기는 어려웠다. 때문에 덩샤오핑이 추진하던 개혁개방에도 미온적이었다.

왕양은 퉁링시가 구리광산에만 의지하며 한 발짝도 앞으로 나아가려 하지 않음을 안타까워했다. 관련하여 1991년 11월 지역신문인 〈퉁링일보〉(銅陵日報)에 '잠에서 깨라, 퉁링'이라는 제목의 글을 기고하기도 했다. 그는 글에서 퉁링은 경제건설에 대한 관념부족, 상품경제관념부족, 정신적인 나태, 개혁에 대한 의지 부재, 대외개방관념 부족 등 다섯 가지 문제를 지니고 있다고 강하게 질타했다. 숨김없이 적나라하게 공개된 데이터에 날카로운 분석이 더해져 이 글은 소문을 타게 됐다.

왕양의 평판은 덩샤오핑의 귀에도 들어갔다. 1992년 덩샤오핑이 남순강화를 마치고 베이징으로 돌아가는 도중에 안후이성 벙부(蚌埠) 역에서 왕양을 접견했다. 베이징에 돌아온 덩샤오핑은 주룽지에게 "안후이의 젊은 왕양은 사상이 있다. 양성하면 좋겠다"라고 말했다고 한다.

2005년 12월 왕양은 원자바오의 지명을 받고 중앙정치국 상무위원의 동의를 받아 중국공산당 충칭시 서기에 임명됐다. 그는 충칭에 도착하자마자 "사람의 생명은 가장 귀한 것이며, GDP가 사람의 생명에 우선할 수 없다"고 일성했다. 이는 충칭 지역의 혹독한 근무환경과 산업재해를 지적한 말로 시민들의 열렬한 환영을 받았다. 왕양은 2007년 광둥성 당서기로 발령되었는데, 그해 11월 30일 왕양이 충칭을 떠날 때 많은 사람이 그의 이임을 아쉬워했다고 한다.

6세대 선두주자 ①, 후춘화

ⓒ 서울신문 라이브러리

2022년을 준비하는 6세대 지도부가 있다. 시진핑 이후의 총서기 자리는 1960년대에 출생한 정치인들에게 돌아갈 가능성이 높다. 후춘화(胡春華) 광둥성 서기, 쑨정차이 충칭시 서기, 저우창 후난성 서기, 루하오 공청단 제1 서기 등이 대표주자들이다.

가장 앞서 있는 인물은 단연 후춘화이다. 그는 '리틀 후진타오'로 불리며 승승장구한 인물로, 덩샤오핑이 후진타오를 최고 지도자로 낙점했고, 장쩌민이 시진핑을 낙점했듯, 후진타오 주석이 차차기 총서기를 낙점할 것이라는 소문이 돌면서 그 주인공은 후춘화가 될 것이라고 예상하는 사람도 많았다.

이 때문에 내로라하는 한국의 정·재계 인사들도 방중 시, 으레 후춘화 서기를 찾아 눈도장을 찍었다. 하지만 후춘화의 가장 큰 약점은 시진핑 국가주석과 연결된 '끈'이 없다는 것이다. 시 국가주석 집권 이후 공청단은 철저히 견제받는 상황이어서 그의 힘이 빠지고 있는 것도 사실이지만 차세대 지도자 가운데 가장 빠르게 성장하고 있는 것만큼은 틀림없다. 리커창 현 총리의 계보를 잇는 공청단의 대표주자로서 그의 위상은 건재하다.

그와 후진타오의 인연은 1983년으로 거슬러 올라간다. 1983년 베이징대학 중문과 졸업을 앞둔 후춘화는 성적이 좋아 베이징의 좋은 직장으로 배치될 예정이었다. 하지만 그는 베이징을 선택하지 않고 티베트 자치구에서 일하겠다고 결정해 전국을 떠들썩하게 했다. 당시 공청단 중앙상무위원회 서기 겸 전국청년연합회 주석을 맡고 있던 후진타오는 패기 넘치는 후춘화를 눈여겨보았다.

두 사람의 인연은 티베트에서 더욱 단단해졌다. 1988~1992년까지 후진타오는 중국공산당 티베트 지구위원회 서기였고, 이 기간 후춘화는 공청단 티베트 지구위원회 부서기를 맡았다. 1989년 3월 라싸의 티베트인들이 소요사태를 일으키자 리펑 총리는 국부적인 계엄령을 선언했다. 후진타오는 계엄령을 집행했고, 후춘화를 반 소요지휘부 제 2 판공실로 보냈다. 이곳에서 후춘화는 준전쟁 지역이던 소요 지역을 샅샅이 훑으며 임무를 수행했고, 후진타오의 업무에 상당한 공헌을 하게 되었다. 이는 후진타오가 후춘화의 성실함과 총명함, 우직함을 몸소 이해하게 된 계기가 되었다.

1996~1999년까지 후춘화가 중앙당교에서 공부할 당시 후진타오는 중앙당교 교장이었다. 교장과 학생의 신분으로 두 사람은 다시 만난 것이다. 이후 2002년 후진타오가 공산당 총서기에 오르면서 후춘화는 쾌속승진을 거듭하게 되었다.

2년여 동안 공청단을 관장한 후춘화는 2008년 허베이성 부서기로 이동했고, 이듬해인 2009년 1월에는 후베이성 성장에 올랐다. 46세였던 그는 중국에서 가장 젊은 성장이 됐다. 그리고 얼마 지나지 않아

2009년 11월 네이멍구 자치구 서기로 발령을 받았다. 성장에 오른 지 10개월 만에 성 서기로 발탁된 것이다. 이후 후춘화는 제 18차 전국대표대회에서 중앙정치국원으로 승진하면서 광둥성 당서기로 임명됐다. 광둥성에서 일정한 성과를 거둘 경우 공청단 계파 몫으로 2017년 제 19차 전국대표대회에서 상무위원에 오를 가능성이 충분하다.

6세대 선두주자 ②,
쑨정차이

ⓒ 서울신문 라이브러리

쑨정차이(孫政才) 충칭시 서기는 농업부장을 거쳐 지린성 당서기를 역임한 차세대 대표주자로, 앞서 살펴본 후춘화 광둥성 당서기와 함께 6세대 지도군의 양두마차다. 두 사람은 모두 1963년생으로 나란히 최연소 성 서기에 올랐고, 이 같은 인사조치는 중국공산당이 후춘화와 쑨정차이를 유력한 차기 후보로 보고 경력관리를 하는 것으로 받아들여졌다.

후진타오 시대 후춘화는 선두주자로서 이미 전국적인 지명도를 갖고 있었지만, 쑨정차이는 후춘화와 동갑에 지방정부 서기로 이동하면서 다크호스로 떠올랐다. 하지만 쑨정차이가 경력이나 사회공헌도에서 후춘화에 미치지 못한다는 것이 일반적인 시각이었다. 후춘화가 베이징대학을 우등생으로 졸업하자마자 낙후한 소수민족 지구인 티베트자치구에 투신한 결단력이나 19년을 티베트에서 근무한 경력은 누구도 따라잡지 못한다. 게다가 후춘화는 공청단 제1 서기의 경력도 있고 무엇보다 후진타오 주석의 '태산'같은 지원을 받았다.

그러나 쑨정차이 역시 농업전문가로서의 전문성을 갖추고 있으며,

둘째가면 서러울 정도로 열성적으로 일에 매달리는 성격이라 리커창에 이어 차기 총리감으로 보는 시각이 많다.

쑨정차이는 1963년 9월 산둥성 룽청(榮成)시 후산(虎山)진에서 태어났다. 그는 농촌가정에서 태어나 가난한 유년 시절을 보냈다. 현지 마을 주민들의 증언에 따르면 쑨정차이는 공부를 무척 잘했고, 성격도 온화했으며, 학교에서 줄곧 반장을 했다고 한다. 그리고 졸업한 고등학교에서 대학에 진학한 3명 중 1명이었다고 한다.

1984년 쑨정차이는 산둥 라이양(萊陽) 농학원(현재 칭다오농업대학)을 졸업했다. 그는 곧바로 베이징시 농림과학원에 석사 연구생으로 들어가, 중국 옥수수 연구의 대가인 천궈핑(陳國平) 교수의 문하에 들어갔다. 천 교수는 1980~1996년까지 베이징시 옥수수 고문단 단장으로 일하면서 베이징시의 1무(畝, 약 200평)당 옥수수 수확량을 1979년 229킬로그램에서 1996년 481.6킬로그램으로 끌어올린 전문가다. 쑨정차이는 그의 밑에서 옥수수 밀생(密生, 빽빽하게 심어서 재배하는 방식)을 집중 연구했다. 석사학위를 획득한 후 쑨정차이는 그 학교에서 농작물의 재배경작학 박사학위까지 받았고, 그 후 정부의 장학금을 받아 영국에서 1년 동안 유학하기도 했다.

이후 베이징시 농림과학원 작물연구소 부주임으로 재직, 30세의 나이에 농림과학원 토지비료연구소 소장으로 등용됐다. 오래 지나지 않아 농림과학원 부원장에 발탁, 학계에서 유명세를 떨치던 그는 1997년 정치권에 입문할 것을 제안받았다. 이 제안은 그의 인생을 송두리째 바꿔 놓았으며, 학자에서 공산당 총서기 후보로 도약하는 시발점이 되었다.

당시 공산당 중앙은 각계 전문가들을 정계에 입문시키고자 했으며, 그 대상자 중 1명이 쑨정차이였다. 그는 철저한 현실주의자로 엄격한 이론과 과학적 방법을 견지한다. 그리고 상당한 성과와 좋은 평판을 바탕으로 빠르게 성장했으며 고속승진을 거듭했다. 그는 농업에 각별한 관심을 가지고 있던 원자바오 당시 총리의 눈에 들면서 원자바오 총리 계열 인사로 자연스레 편입됐다. 이후 베이징시 부서기 단계를 거치지 않고 곧바로 2006년 12월 농업부장을 맡아 가장 젊은 장관급 간부가 됐다. 당시 원자바오 내각의 가장 젊은 구성원으로 언론의 주목을 받기도 했다.

그는 지린성 당서기 재직 당시 낙후한 공업단지의 선진화와 북·중 경제협력에 특히 매진했다. 이는 쑨정차이의 지린성 서기로서 최대의 업적으로 남을 가능성이 높다. 관련 업적으로 지린성이 10년간 북한 나진항을 사용할 수 있는 권리를 얻게 된 것, 지린성과 나선시가 '나선 경제무역구 공동 개발 계획 기본합의서'를 체결한 것 등이다.

6세대 선두주자 ③,
루하오

ⓒ 서울신문 라이브러리

2008년 5월 4일, 중국 정계에서 정치분석가들이 깜짝 놀랄 만한 사건이 터졌다. 공청단 중앙서기처 제1 서기에 만 40세의 루하오(陸昊) 베이징 부시장이 임명된 것이다. 1967년 6월생인 그는 당시, 만으로 41세에서 한 달이 모자라는 40세였다.

루하오는 2012년 중앙위원으로 승진하면서 헤이룽장성 성장에 임명됐다. 중국공산당이 최근 간부들의 연경화(年輕化)를 외치지만 루하오 부시장의 승진은 실로 기록적이었다. 4세대 지도부의 최고 지도자인 후진타오 당 총서기 겸 국가주석이 공청단 제1 서기에 임명된 것이 만 41세이던 1984년이었다. 전임자인 후춘화 네이멍구 자치구 당서기 역시 만 43세로 2006년 11월에 공청단 제1 서기에 올랐다.

이 때문에 루하오는 중국 정계에서 '연경화 신기록 제조기'로 불린다. 만 27세이던 1995년 그는 직원이 5천 명이나 되는 베이징시 칭허(淸河) 방직공장의 공장장에 임명됐다. 역시 당시의 최연소 국유기업 최고 책임자였다.

32세이던 1999년 11월엔 청장(廳長)급인 베이징 중관춘과기원구 관리위원회 당조(黨組) 서기 겸 주임으로 승진했다. 이어 2003년 1월엔 만 35세의 나이로 베이징 부시장 자리에 올랐다. 중화인민공화국이 건국된 이래 베이징시 부시장 역사상 최연소였다. 이때부터 '중국 공산당과 정부 간부의 급속한 연경화'를 뜻하는 '루하오 현상'이라는 말까지 생겨났다.

그는 어릴 때부터 남달랐다고 한다. 산시성의 성도인 시안(西安)에서 85학교를 다니던 고교 시절 줄곧 반장을 했고, 국어, 수학에서 체육까지 모든 과목에서 뛰어나 동료 학생들을 가르쳐 주고 각종 허드렛일을 도맡아 해, 급우들이 '어린 선생님'이라는 뜻으로 '샤오라오스'(小老師)라고 불렀다고 한다.

정치적 감각과 리더십도 뛰어났다. 고교 시절 이미 시안 공청단 위원회의 유일한 중고생 위원이었고, 발이 넓고 모범생이었던 덕분에 고등학교를 졸업하지 않은 1985년 5월 중국공산당에 가입할 수 있었다. 공산당원이 된 시기가 아버지인 루훙성(陸鴻生)보다도 1년이 빨랐다. 수재들만 모인다는 베이징대학에 들어가서도 그의 독보적인 위치는 변함없었다. 만 20세이던 1987년, 문화대혁명 이후 처음으로 직선제로 선출하는 학생회 주석에 당선됐다.

그는 학교와 사회를 넘나들었다. 대학 시절에는 베이징시 학생연합회 부주석을 맡았고, 석사과정을 밟고 있던 1990년 8월부터는 베이징시 칭허 방직공장의 공장장 조리(助理)로 들어갔다. 부공장장을 거쳐 1995년 공장장으로 승진한 그는 과감한 개혁 끝에 엄청난 적자에 허덕이던 이 국유기업을 단번에 흑자로 전환, 2년 연속 우수공장장 영예를 얻었다. 베이징시 제3기 '10대 걸출 청년' 선정은 덤이었다. 이때의 경험을 바탕으로 〈당기 효익과 국유기업의 존망〉이라는 학술논문 겸 보고서를 발표하기도 했다. 국유기업의 채무 문제를 다룬 이 보고서 내용은 후일 그대로 채택돼 시행됐다.

공업경제와 식품 등 제품의 안전 및 품질감독 업무를 맡았던 베이징시 부시장 시절에는 풍부한 경제학 소양과 경영관리 경험을 잘 결합해 주위 사람들로부터 호평을 받았다. 한번은 베이징 시내의 대형매장 주인들에게 주차장을 빨리 확보하라고 지시했는데도 꾸물대자, 그는 신분을 밝히지 않고 시단(西單) 등의 주요 업장에 직접 차를 몰고 가, 시간을 잰 뒤 자신의 사례를 설명하며 이들을 설득해 관철시켰다.

그가 벼슬길에서 이처럼 독보적인 선두를 유지할 수 있었던 것은 1996~2002년까지 6년간 베이징 시장과 당서기를 지낸 자칭린 중국정협 주석의 후원 덕분이었다. 특히 중관춘과기원구 관리위원회 주임과 베이징시 부시장에 발탁된 데는 자칭린 주석의 힘이 많이 작용한 것으로 알려졌다. 따라서 그는 자연스럽게 자 주석의 정치계파인 장쩌민 계열 인사로 분류되었다.

하지만 그의 계파 성향이 짙은 것은 아니다. 그는 베이징대학에서 중국 유명 경제학자인 리이닝 교수의 마지막 수제자였다. 리커창 총리와 리위안차오 부주석도 리이닝 교수의 수제자들이다. 1982년 덩샤오핑이 점찍은 왕자오궈 제 2 자동차 부공장장을 공청단 제1 서기로 발탁한 이후 26년간 내부 승진하던 공청단의 인사관행을 깨고 그가 외부에서 최고 책임자로 올 수 있었던 것도 이런 공청단 출신 핵심 권력자들과의 인맥이 작용했기 때문이다.

그가 이처럼 고속승진을 할 수 있었던 것은 기본적으로 그가 가진

정치자본이 풍부했기 때문이지만, 파벌관계에서 비교적 중립적이었다는 점도 크게 작용했다. 상급자들은 그가 계파 간의 의사소통과 지도부 단결에 나름대로 역할을 할 것으로 보고 있다. 다만 괄괄한 성미와 독단적인 성격을 고쳐야만 최고 지도자 자리에 오를 수 있을 것이란 지적도 있다.

6세대 선두주자 ④,
저우창

© 서울신문 라이브러리

저우창(周强) 최고인민법원 원장도 눈여겨봐야 한다. 그는 2006년 9월 세간의 화제를 모으며 최연소 후난성 성장에 발탁되었다. 당시 중국을 통틀어 1960년대 출생자 가운데 첫 성장이었다. 이어 2010년 4월엔 후난성 서기에, 5개월 뒤엔 당서기 겸 인대 주임에 발탁됐다.

저우창은 후진타오를 수장으로 하는 공청단 출신 가운데서도 핵심 공청단원이다. 공청단의 최고 수장인 중앙서기처 제1 서기로만 8년을 근무했다. 공청단 중앙서기처 서기까지 포함하면 11년에 이른다. 단 1년간 중앙서기처 제1 서기를 지낸 후진타오 주석이나 리커창 상무위원의 5년보다도 재임기간이 길다.

저우창은 1960년 4월 후베이 황메이(黄梅)에서 태어났다. 그의 아버지 주선교(周善教)는 황메이현의 신카이(新開)진 부현장이었다. 그의 고등학교 교사였던 저우성(周勝)은 "저우창은 학업성적이 매우 뛰어났다. 특히 문학작품을 많이 읽어 어문 실력이 출중했다"고 언급했다. 저우창의 어머니 또한 "명절이나 휴일에도 저우는 하루 종일 바깥에 나가지 않고 책을 읽었다"고 전했다. 저우창의 대학 동료인 위안치궈(袁其國) 최고인민검찰원 검찰관은 "저우창은 취침을 위해 기숙사 불을 끈 뒤에도 혼자 회중전등을 켜고 공부했다"고 말했다.

저우창의 공청단 근무시절 업적 또한 탁월했다. 그가 제1 서기로 재직하는 동안 공청단은 '당이 요구하면 공청단은 행동한다'라는 구호 아래 여러 가지 사업을 성공적으로 완수했다. 중국 정부가 1999년부터 대대적으로 전개한 서부 대개발을 지원하기 위한 '대학생 서부자원 프로그램'부터 장강(長江), 황하(黃河) 등 오염이 심각한 중국의 주요 강들을 살리는 '모친하(母親河) 보호 액션', 그 외에도 박사복무단, 청년문명호, 청년지원자 프로그램 등 국가를 위한 다양한 청년활동을 전개했다. 또한 국제IT청년포럼, 중국타이다(泰達) 생물포럼, 해외학술인 귀국창업주(週) 등 많은 국제협력 사업을 만들었다. 2006년 9월 최연소 성장으로 발탁된 것은 후진타오 주석의 핵심 인맥인 공청단 출신이라는 점도 작용했지만 이와 같은 그의 탁월한 능력도 높이 평가됐기 때문이다.

이러한 정치적 업적을 배경으로 승승장구한 그가 2022년에 최고 지도부의 핵심 지도자로 우뚝 설 수 있을지 세인의 눈이 쏠리고 있다.

6세대 선두주자 ⑤,
딩쉐샹

ⓒ 서울신문 라이브러리

시진핑 국가주석의 측근들이 권력의 핵심으로 이동하고 있다. 시 국가주석의 권력기반을 다지고 개혁에 속도를 내기 위한 장기포석으로 보인다. 대표적인 인물이 딩쉐샹(丁薛祥) 당 중앙판공청 부주임 겸 국가주석 판공청 주임이다. 그는 2017년에 열리는 제 19차 전국대표대회에서 나이 제한으로 퇴임할 리잔수 현 판공청 주임을 승계할 것으로 예상되고 있다.

중앙판공청의 주요 직무는 당 중앙의 문건 작성관리, 중앙 주요 공작부서의 업무검사, 전국 당정 조직의 비밀통신과 비밀관리, 중앙 주요 기관에 대한 정보수집, 영도자 경호 등이다. 국가경영에 필요한 핵심 정보를 장악하고 관리하기 때문에 중국 권력의 중추로 통한다. 그림자처럼 시 국가주석을 보좌하면서 자신을 드러내면 안 되는 자리이다.

딩쉐샹의 파격적인 발탁 배경은 시진핑 국가주석과 무관하지 않다. 그는 시 국가주석이 2007년 상하이 당서기로 있을 때, 판공청 주임을 지냈다. 당시 시 서기는 2006년 부패혐의로 실각한 천량위 전 상하이 서기 사태 수습에 자신의 정치 명운을 걸었다. 이때 딩쉐샹은 시 서기를 도와 1년 만에 상하이 여론 수습과 행정 정상화에 탁월한 능력을 발휘했다. 위기관리 능력을 인정받은 시 서기는 같은 해 말, 중앙정치국 상무위원으로 승진하며 차기 대권을 예약했다.

이후 시진핑 서기는 딩쉐샹을 '국가의 탁월한 인재'라며 중용을 예고했다. 장쑤성 난퉁(南通)이 고향인 딩쉐샹은 1982년 상하이시에서 공직생활을 시작한 이후 30년간 상하이를 떠나지 않았다.

딩쉐샹도 '비서방'에 속한다. 중난하이의 비서는 요직으로 가는 지름길이다. '비서방'이 중국 정계의 3대 파벌이라고 불리는 이유다. 시진핑 국가주석 역시 겅뱌오 국방부장의 비서로 사회에 진출했다. 6세대 지도자 후보군인 저우창 최고인민법원장은 샤오양(蕭揚) 전 사법부장의 비서 출신이고, 쑨정차이 충칭시 서기는 베이징시 비서장을 역임했다.

비서정치는 중국 특유의 후견·피후견 시스템을 만들었다. 은퇴를 앞둔 지도자는 비서에게 요직을 알선해 준다. 퇴임 후를 대비한 보험이자 영향력을 행사할 창구를 확보하는 의미가 있다. 비서에게는 '주군'의 퇴직에 맞춰 새로운 정치인생이 시작된다. 우방궈 전 전인대 위원장의 비서였던 쑨웨이(孫偉)는 2011년 초 산둥성 부성장에 임명됐고, 원자바오 전 총리의 비서 추샤오슝(邱小雄)은 지금 국가세무국 부국장이다. 총리의 비서는 종종 경제 분야로 진출하기도 한다.

총결산, 험난한 시진핑의 신장정

중국 제5세대 지도자 시진핑 국가주석의 신장정(新長征)의 앞날은 험난하다. 2016년 벽두부터 대내외적 파고가 높아지면서 힘겨운 싸움을 예고하고 있다. 북한이 제4차 핵실험을 강행하면서 이를 빌미로 한·미·일 군사동맹의 대중 포위망이 탄력을 받기 시작했고, 경제적으로 증시폭락이 이어지면서 경착륙의 신호등이 울리기 시작했다. 타이완 독립을 추진하는 민주진보당(민진당)의 총통선거 압승으로 양안 관계도 흔들리면서 집권 4년 차에 접어든 시진핑 정권이 내우외환에 직면한 것이다.

충격파는 경제에서 시작됐다. 2015년 경제성장률이 6.9%를 기록하면서 25년 만에 7%대 경제성장률이 무너졌다. 수출 중심의 고도성장 신화가 사실상 깨지면서 세계의 엔진으로 작동했던 중국 경제가 서서히 꺼지는 분위기다. 2016년 중국 증시는 폭락을 거듭하면서 중국 경제의 경착륙의 적신호를 울렸다. 그동안 증시를 포함해 모든 시장을 통제할 수 있다는 자신감을 보여 온 중국공산당이 '보이지 않는 시장의 힘'에 무기력하다는 사실이 드러났다. 중국 경제가 고도화될수록 점점 통제가 어려운 금융 시장을 어떻게 다룰지 중국공산당에 새로운 숙제가 던져진 셈이다.

양안 관계는 최악으로 치닫고 있다. 2016년 1월 16일 타이완 총통선거에서 타이완 독립을 강령으로 삼고 있는 민진당 차이잉원(蔡英文) 후보가 압승을 거두며 타이완 역사상 첫 여성 지도자가 됐다. 그동안 '하나의 중국' 원칙에 호응하며 중국공산당과 협력 기조를 유지했던 국민당 정권이 권력을 내놓으면서 양안 관계에 높은 파고가 예상된다. 중국공산당은 '타이완 독립'을 강조하는 민진당의 집권을 우려해 왔다. 시 국가주석은 여러 차례 "타이완 독립세력이 양안의 분열과 대립을 가져오고 있다"고 경고했다. 중국공산당은 민진당의 집권으로 양안 관계가 요동치고, 타이완이 미국과 밀착해 미・중 관계까지 흔들리는 상황을 경계하고 있다. 이런 이유로 시 국가주석은 66년 만인 2015년 11월 반중 세력 저지를 위해 '신 국공(新國共) 합작'으로 불렸던 양안 정상회담을 강행하기도 했다. 중국 대륙과의 통일에 반대해 온 민진당 소속의 차이잉원 신임 총통이 노골적으로 타이완 독립의 방향으로 나아갈 경우 중국공산당 정권에 새로운 시련이 될 것으로 보인다.

중국의 대외관계 역시 먹구름이 가득하다. 2016년 1월 6일 북한의 제 4차 핵실험이 기폭제가 됐다. 그간 북한의 핵실험을 막기 위해 백방으로 힘을 썼던 중국으로서는 최악의 사태에 직면한 것이다. 2015년 9월, 북한 노동당 창건 70주년 기념식에 류윈산 상무위원까지 파견하며 북한을 설득했던 중국으로서 국제 사회에 무기력한 모습을 여지없이 보여 줬다. 더욱이 북한은 과거와 달리 제 3차 핵실험 당시 중국에 통보도 하지 않아 중국과 시 국가주석의 체면을 여지없이 구겨버렸다.

중국의 대외 전략에도 심각한 타격이다. 그동안 신형 대국 관계를 주창하며 국제 사회에서 미국과의 협력 기조를 강조해 온 상황에서 당장 대미 관계가 험악해졌다. 미국은 유엔 안보리에서 경제봉쇄 개념의 강력한 대북 제재를 원하고 있지만 중국은 '북한 민생을 타격할 수 없다'는 이유로 반대에 나섰다. 고분고분하지 않는 북한 김정은 정권도 밉지만 자칫 강경한 대북 제재가 북한 정권의 붕괴로 이어질 경우 중국의 외교안보 전략은 전면 수정이 불가피하다. 이른바 북한의 전략적 가치를 포기할 수 없는 중국은 '북핵의 덫'에서 벗어나기가 쉽지 않아 보인다.

시 국가주석이 가장 두려워하는 것은 한·미·일 3각 군사협력의 강화다. 취임 이후 박근혜 정부와의 관계를 돈독히 하며 한국을 미·일 군사동맹 구도에서 떼어내려는 노력을 아끼지 않았지만 이제 상황이 달라지고 있다. 북한 핵실험 이후 북핵 저지를 위한 한·미·일 군사협력 기조가 강화되면서 동북아 정세가 자칫 '한·미·일' 대(對) '북·중·러'라는 대립 구도로 자리 잡을 위험성이 커졌다. 이런 새로운 냉전 구도는 남중국해에서의 미·중 군사 대립을 격렬하게 하면서 중국의 대외 전략을 급속히 강경 기조로 변하게 할 수 있는 위험성이 크다. 조용히 군사적 힘을 기르면서 미국 중심의 국제 사회 재편을 도모하려는 중국의 전략에 차질을 빚는 동시에 군사비 급증에 따라 중국 경제가 위축되는 이중 위험에 노출된 것이다.

중국 국내 현안도 만만찮다. 고도성장의 그늘인 빈부격차는 이미 위험 수위를 넘어섰고 경제가 활력을 잃으면서 일자리 문제, 즉 실업 문제도 심각해지고 있다. 수출 주도 경제에서 내수 중심의 경제로 전환하는 과도기에 실업 문제는 사회적 불안을 야기해 정권의 발목을 잡을 개연성도 적지 않다. 지방정부의 과잉투자를 정리하는 과정에서 국유기업의 구조조정과 맞물릴 경우 경기침체를 가속화할 위험도 있다. 시 국가주석이 반 부패 투쟁에 올인하면서 권력의 부패는 다소 잠잠해지고 있지만, 정경유착의 악순환을 단절하지 않는 한 언제든지 악화될 소지가 다분하다. 이런 경제적·사회적 모순이 격화될 경우 1989년 톈안먼 사건과 비슷한 소요가 발생할 것이란 최악의 시나리오를 제시하는 전문가들도 없지 않다.

이런 국내외 현안에 직면한 중국이지만 미래를 그리 비관적으로 바라보지 않는다. 공산당 수뇌부는 입버릇처럼 “인지된 문제들을 해결하기 위해 노력하기 때문에 결코 큰 문제가 될 수 없다”고 언급해 왔다. 1921년 창당 이후 중국공산당은 숱한 어려움에 직면했지만 이에 굴하지 않고 난관을 극복해 왔다는 자신감이 여전하다.

무엇보다 공산당이 통치하는 중국의 정치시스템은 알려진 이상으로 촘촘하고 강건하다. 씨줄 날줄로 중국 전역을 지배하는 공산당 권력을 대체할 정치세력이 없기 때문에 향후 정치적 변동 가능성은 그리 크지 않다. 무엇보다 경제성장과 함께 육성된 중국의 중산층들은 공산당 통치에 적대적이지 않다. 서구식 자본주의하에서 중산층은 어느 정도 부가 축적될 경우 정치적 자유를 요구하며 정권에 반기를 드는 경우가 많지만 중국의 중산층은 자신들의 부를 키워 준 공산당의 지지기반이 되고 있다. 적어도 시진핑 집권이 끝나는 2022년까지 현 체제가 무난하게 중국을 이끌 것이란 분석도 이런 맥락이다.

고도성장기를 벗어난 중국 경제는 당분간 6%대 경제성장이 이어질 것으로 보인다. 지방정부의 부채가 눈덩이처럼 불어나고 과잉생산시스템 문제가 중국 경제를 괴롭히는 것은 사실이다. 부동산 버블과 이와 연계된 금융 부실 문제는 물론 국유기업 구조조정 과정에서 몇 차례 위기가 올 수도 있지만 금융시장 붕괴 등 전체적으로 중국 경제가 급격하게 무너지는 상황이 올 수 있다는 분석은 다소 섣부른 예측이다. 수출 위주의 경제가 내수 중심의 경제로 구조조정을 하면서 중국 전문가들이 예측하듯 4~5%대로 경제성장률이 떨어질 수 있지만 중국 경제 스스로 회복할 수 있는 힘은 남아 있다. 무엇보다 중국의 14억 명의 인구는 중국 시장에 외부의 충격을 견디게 하는 버팀목 역할을 하면서 중국 경제를 견인하는 동력으로 진화할 것이란 분석이 많다.

외교안보 전략의 핵심인 미·중 관계는 앞으로 더 많은 시련을 겪을 것으로 보인다. 미국 입장에서 미·일 군사동맹 강화는 적어도 향후 10년을 지속할 아시아 외교안보 전략이다. 강력한 미·일 군사동맹을 토대로 중국을 압박하는 미국의 군사 전략에 맞서 중국은 보다 힘겨운 싸움을 벌여야 할 운명이다. 북핵 문제가 최종적으로 해결되지 않는 한 동북아 정세를 흔드는 뇌관이 될 것은 불을 보듯 뻔하다. 미국은 북핵을 매개체로 한·미·일 군사동맹을 강화할 가능성이 크고 이는 중국을 압박하는 포위 전략으로 보다 확대될 개연성이 크다. 하지만 중국공산당은 이런 미국의 대중 포위 전략을 애국주의를 고취시키는 방식으로 국내 정치에 활용하면서 그들의 통치력을 강화하는 방향으로 활용할 것이다.

하지만 미국의 거대 자본이 중국 시장에 깊숙이 뿌리내리는 상황에서 미·중의 경제적 이해관계는 복잡하게 얽힌 상황이다. 미국은 중국의 파워가 일정 수준으로 커지지 않도록 관리하면서 세계 패권국으로서의 지위를 유지하려 할 것이나 중국 자체가 파국을 맞는 것은 미국으로서도 엄청난 손실이다. 그러나 향후 10년간 양국 사이에는 소소한 몸싸움이 끊이지 않을 것이며 군사적 대결장으로 변한 남중국해의 경우에는 갈등이 통제선을 넘어 확대될 개연성이 있다. 이처럼 2인 3각의 게임처럼 미국과 중국의 불안한 동거는 국제 사회의 변수가 될 가능성이 크다.

한·중 관계는 참으로 미묘하게 됐다. 개혁개방 이후 한·중 간의 경제협력은 21세기 들어 경쟁관계로 바뀌는 과도기를 맞았다. 전자와 조선 등 우리의 주력 수출 시장은 중국의 추격으로 협력관계를 유지하기 어렵게 됐다. 중국 경제전략이 바뀌어 새로운 관계정립이 필요하지만, 중국이 우리의 최대 교역국이자 투자국이란 지위는 당분간 변하지 않을 것이다. 다만 외교안보적 관점에서 한·중 관계는 갈등이 커지는 국면을 맞게 될 것이다. 북핵 문제가 그 뇌관이자 해법이 보이지 않는 미궁이다. 북한은 북·미 수교와 평화협정 체결, 대규모 경제지원과 북핵 문제를 맞바꾸는 식의 해결을 고수하고 있고, 2016년 미국 대선에서 승리한 정파와 새롭게 협상을 시작하겠다는 의지가 강하다.

그러나 북핵 문제에 대한 키를 쥐고 있는 미국은 이 문제를 한·미·일 군사동맹 강화로 활용한다는 전략을 가지고 있다. 미국의 이런 군사적 전략은 한·미 군사동맹으로 매인 우리로서는 거부할 명분도 힘도 없다. 미·일 군사동맹을 한·미·일 군사동맹으로 확대하려는 미국의 국제 전략 속에서 한·중 관계는 끊임없이 마찰을 빚을 수밖에 없는 구조다. 이런 한·중 간 안보적 관계가 경제적 협력을 저해하지 않는 선에서 관리할 수 있는 신(新) 사고가 절실한 시기다.

참고문헌

가미무라 고지, 송현웅(역)(2002), 《중국의 권력핵심》, 청어람미디어.

가오셴민 · 장카이화, 오수현(역)(2011), 《중국은 무엇으로 세계를 움직이는가: 6가지 키워드로 읽는 차이나 파워》, 글로연.

김동하(2011), 《차이나 소프트 파워》, 무한.

김명신(2013), 《중국경제 다시 읽어라》, 더난출판사.

김정계(2002), 《중국의 권력투쟁사, 1949~1978》, 평민사.

김하중(2003), 《김하중의 중국이야기 1: 떠오르는 용 중국》, 비전과리더십.

문유근(2014), 《시진핑의 차이나드림: 21세기 중국의 대국굴기 전략》, 북스타.

류사오보, 김지은(역)(2011), 《류사오보, 중국을 말한다》, 지식갤러리.

리청, 강준영 · 김만기 · 박보현(역)(2002), 《차이나 리더스》, 예담.

브루스 질리, 최준명(감역), 형선호(역)(2002), 《장쩌민》, 한국경제신문사.

셰궈중, 홍순도(역)(2012), 《중국경제의 진실: 중국이 말하지 않는》, 지식트리.

양중메이, 최준명(감역), 한우덕(역)(2002), 《후진타오: New China Leader》, 한국경제신문사.

예쯔청, 이우재(역)(2005), 《중국의 세계전략》, 21세기북스.

이강국(2016), 《일대일로 : 중국의 신실크로드 전략》, 북스타.

장팅빈, 차혜정(역)(2009), 《기축통화 전쟁의 서막: 중국과 미국의 힘겨루기》, 위즈덤하우스.

정덕구(2004), 《거대 중국과의 대화》, 삼성경제연구소.

조너선 D. 스펜서, 남경태(역)(2003), 《무질서의 지배자 마오쩌둥》, 푸른숲.

하마다 가즈유키, 곽해선(역)(2003), 《세계의 통화전쟁》, 경영정신.